Stefan Ruf

Klimapsychologie

Stefan Ruf

Klimapsychologie

Atmosphärisches Bewusstsein
als Antwort auf die Klimakrise

 INFO3 VERLAG

Für Christina und Silas und alle Klimaaktiven

ISBN 978-3-95779-109-2

Erste Auflage 2019

© Info3 Verlagsgesellschaft Brüll & Heisterkamp KG
Frankfurt am Main

Lektorat: Jens Heisterkamp, Frankfurt am Main
Korrektorat: Silke Kirch, Frankfurt am Main
Umschlag: Frank Schubert, Frankfurt am Main, unter Verwendung
einer Aufnahme der NASA
Typographie und Satz: Ulrich Schmid, de·te·pe, Aalen
Druck: CPI books, Leck

Inhalt

„Der Mensch kennt nur sich selbst, insofern er die Welt kennt, die er nur in sich und sich nur in ihr gewahr wird. Jeder neue Gegenstand, wohl beschaut, schließt ein neues Organ in uns auf."
Johann Wolfgang von Goethe

Vorwort

Dies ist ein ziemlich mutiges Buch – aber nicht, weil die Aussagen so provokant sind, dass man dazu viel Mut bräuchte. Nein, es ist mutig, weil es so viel Stoff umfasst und letztlich doch einen großen Anspruch hat, sodass ich mich in normalen Zeiten nicht an eine solche Aufgabe herangewagt hätte. Und wenn doch, dann hätte ich noch fünf weitere Jahre daran gearbeitet: abgewogen, verändert, hinzugefügt, gestrichen.

Wir leben aber nicht in normalen Zeiten. Wir leben in einer „Epoche der großen Transformation". Das sagen keine esoterischen Spinner, das sagt der wissenschaftliche Beirat der Bundesregierung. Wir leben in einer Zeit, in der eine „neue Aufklärung" (Ernst Ulrich von Weizsäcker) stattfinden müsste, in einer Epoche, die so etwas wie der „Flaschenhals" zwischen zwei Epochen ist und in der „radikal das neue Normale" sein müsste, was das Ausmaß der Veränderung angeht (so Bernd Ulrich in *Die Zeit*). Vergleichbare Begriffe wären vor ein paar Jahren als Weltuntergangsprophetie behandelt worden, heute werden sie von Vielen verstanden. Es hat sich also in unserem gesellschaftlichen Bewusstsein, im „Zeitgeist", etwas verändert, was der Autor dieses Buches zutiefst begrüßt. Namentlich in den letzten Monaten – in denen auch das Buch geschrieben wurde – ist in Deutschland durch die Fridays-for-Future-Bewegung und ähnliche Initiativen ganz viel ins Laufen gekommen. Wir leben also tatsächlich im

Zeitalter der großen Transformation – und es ist These des Buches, dass diese sich in drei Bereichen abspielt.

Der erste ist der Bereich der Natur: hier treten momentan in einer beängstigenden Geschwindigkeit Veränderungen im globalen Maßstab auf, wie es sie selten in der Geschichte der Erde gab. Einmalig ist, dass diese Veränderungen zu einem großen Teil menschengemacht sind: die Erde verändert ihr Antlitz also, es wird menschlicher. Unsere Hinterlassenschaften finden sich überall, von der Atmosphäre bis zum Meeresgrund, von den Wüsten bis zu den Polen. Deshalb wird unsere Zeit zurecht bereits das Anthropozän genannt. Besonders drastisch und potenziell irreversibel sind diese Veränderungen im Klimabereich, auf den dieses Buch im Besonderen eingeht. Auch weil der Autor glaubt, dass die Veränderungen, die notwendig sind, um die Klimakrise zu lindern, für viele andere Problembereiche (seien sie ökologisch oder sozial) ebenfalls hilfreich sind.

Der zweite ist der gesellschaftliche Bereich. Um die dramatischen Veränderungen, die in der Natur gerade geschehen, kleinstmöglich zu halten, müsste sich in unserer Kultur – unserer Wirtschaftsweise, unserem Lebensstil, unserer Ethik, unserer Ästhetik – Grundlegendes verändern. Vielleicht könnte man es so ausdrücken: Je kleiner die Transformation in der Natur bleiben soll (und sie sollte möglichst minimal sein!), desto größer müsste die Transformation in unserer Gesellschaft aussehen. Die gute Nachricht ist, dass aus meiner Sicht national und global eine gesellschaftliche Transformation bereits stattfindet, die vor ein paar Jahren so noch nicht zu erwarten war. Die schlechte Nachricht ist: sie geschieht immer noch viel zu langsam und bei der Natur kommt auf quantitativer Ebene davon fast nichts an.

Über die beiden ersten Ebenen der Transformation wurden in den letzten Jahrzehnten viele sehr gute Studien verfasst und Bücher geschrieben: sowohl über die katastrophalen Vorgänge in der Natur (Klimakrise, Artensterben, Wasser, Plastik) als auch über die Frage, was das mit unserem Denken und Verhalten zu tun hat. Es gibt auch wunderbare Bücher darüber, was wir verändern können und müssen (individuell und als Gesellschaft), um unseren ökologischen Fußabdruck zu reduzieren.

Worüber es nach meiner Ansicht nach zu wenig Wissen gibt, ist die dritte Ebene der großen Transformation. Das ist die Ebene des menschlichen Bewusstseins. Um aber die zweite Ebene wirkungsvoll, nachhaltig und demokratisch zu gestalten, ist diese dritte Ebene aus meiner Sicht essenziell. Wenn wir nicht verstehen, was uns (in uns selbst) hindert, angemessen zu handeln und wenn wir das Potenzial (in uns) nicht erkennen, das uns hilft, angemessen zu handeln, werden wir wahrscheinlich nicht in der Lage sein, rechtzeitig zu handeln – was für viele nicht-menschliche Wesen furchtbare Konsequenzen hätte. Und auch für viele menschliche; nicht nur in von uns weit entfernten Weltgegenden, sondern auch für uns und unsere Kinder – ökologisch und gesellschaftlich.

So beschäftigt sich das Buch mit dieser dritten Ebene, der seelischen Ebene. Das ergibt auch vor dem Hintergrund Sinn, dass der Autor Arzt und Psychotherapeut ist, nicht Klimaforscher oder Soziologe. Ziel des Buches ist es, klarer das Hindernde und Hemmende in uns herauszuarbeiten, genauso aber die inneren Ressourcen – unser Potenzial –, um zu einem angemessenen Tun zu kommen. „Angemessen" meint aus meiner Sicht *ein Handeln, das durchaus verzichtet, aber nicht als Verzicht erlebt wird.* Dass eine große gesellschaftliche Transformation (Ebene 2) nämlich ohne Verzicht gelingen soll, dass also acht Milliarden Menschen weiter voll auf

Wachstum und Konsum setzen – diesmal aber ganzheitlich und irgendwie solar – erscheint mir als Lösung der globalen Natur-Krise genauso unrealistisch wie das andere Extrem: dass acht Milliarden Menschen (vor allem die mit einem westlichen Lebensstil) aus Einsicht freiwillig dauernd Verzicht leben, mit Büßermiene und zusammengebissenen Zähnen. Wenn wir also eine Chance haben wollen auf eine wirkliche gesellschaftliche Transformation, dann müssen möglichst viele Menschen eine innere Transformation durchmachen, die man zu Recht Bewusstseinswandel nennen kann. Hier zu helfen, wären eigentlich zuvorderst Psychologie und Pädagogik gefragt.

Erstaunlicherweise aber existiert im Mainstream nahezu keine Literatur dazu. Es gab in den letzten Dekaden einige Pioniere wie Joanna Macy oder Arne Naess, aber ihre Überlegungen haben es nie in den Fokus der anerkannten Wissenschaft oder der Medien geschafft – was gar nicht gegen sie sprach. Jedenfalls besteht in diesem Bereich weiterhin ein großer Bedarf an Erkenntnissen, was eigentlich die Art des Problems ist, an dem wir leiden und wie und warum es sich so stabilisiert. Ersteres würde man in der Psychologie Diagnose, zweiteres Störungsmodell nennen. Und dann braucht es natürlich die Therapie, die immer auch mit den Ressourcen des Leidenden zu tun haben sollte.

Nun ist die Problematik aber viel zu komplex und zu groß, als dass sie unter bestehenden psychologischen beziehungsweise psychiatrischen Kriterien zu beschreiben wäre. Das wäre eine Anmaßung, die überhaupt nicht weiterhilft. Zumal die ganze Psychologie mit ihren Kriterien ja ein Kind eben jener Zeit ist, die die globale Krise durch ihr Denken hervorgebracht hat. Und trotzdem brauchen wir angesichts der Problematik auch Psychologie. Wie also bin ich vorgegangen?

Ich habe versucht, mich von den aktuellen äußeren Phänomenen in Natur und Gesellschaft leiten zu lassen und sie in eine Wechselwirkung mit unserem Innenleben zu bringen. Nur so kann ein Dialog entstehen. Und aus dem Dialog ein Verstehen und aus dem Verstehen eine Antwort, die mit Ver-Antwortung zu tun hat. Diese Methode beruht letztlich auf Goethes Ansatz, Naturforschung zu betreiben. Er nannte das ein „anschauendes Denken" und meinte damit ein ganzheitliches lebendiges Denken, das immer vom Phänomen auszugehen versucht. Und dabei abwartet, welche „Organe" im Seelen-Inneren es anspricht. Letztlich hat seine Haltung das ganze Buch in einem Maße durchdrungen, das mich selbst überrascht hat.

Mit dieser Methode also liegt der Fokus in den ersten zwei Kapiteln auf dem Reich der Natur (Ebene I) und ihrer krisenhaften Transformation. Hilfreiche Literatur dazu war mir unter anderem Capras Verständnis der Systemtheorie, Gleicks Verständnis der Chaostheorie, Lovelocks Gaia Theorie, Schellnhubers Verständnis der Klimaproblematik und Sloterdijks Raumbegriff. In den dann folgenden drei Kapiteln geht es mehr um die gesellschaftlichen Phänomene (Ebene II). Wie wurde unsere globale Gesellschaft, wie sie wurde? Hierbei blieb Sloterdijk wichtig, aber auch der französische Soziologe Bruno Latour, der deutsche Soziologe Hartmut Rosa sowie, neben vielen anderen, auch Harald Welzer waren für mich prägend.

Meine Aufgabe dabei lag neben einem Zusammendenken vieler wichtiger Einsichten (und dem schmerzhaften Weglassen vieler anderer) und dem eigenen Weiterdenken dieser Einsichten, immer wieder in psychologischen Dimensionen: wie also wirkten und wirken diese Phänomene des Außen auf das Innen? Um das bestmöglich beschreiben zu können, habe ich unter anderem auf zwei bestehende Konzepte aus der Entwicklungspsychologie und der Psychotherapie zurückgegriffen, die mir sehr hilfreich scheinen: das *Schema-Modell* und ein Modell der *inneren Anteile.* Ich habe damit versucht, innere Phänomene, die sich als Reaktion auf Transformationen in der Natur und der Gesellschaft in uns gebildet haben – körperlich, emotional, gedanklich – zu beschreiben. Ich hoffe, dass diese Sicht helfen kann, besser zu verstehen, warum wir oft eine verzerrte oder von unseren Gefühlen abgespaltene Wahrnehmung haben. Und wie man das schrittweise verändern kann. Das wäre also so etwas wie ein Verständnis- oder auch „Störungsmodell".

Das reicht aber aus meiner Sicht nicht aus – nicht für eine Transformation im Sozialen. Zum einen, weil es viel zu viel nach Verzicht und Defizit schmeckt, zum anderen, weil wir unsere Wahrnehmungsfähigkeit für unsere Mitwelt und ihre Grenzen wirklich noch deutlich steigern müssen, wenn wir die Gesellschaft intensiv und nachhaltig verändern wollen. Dazu müssen wir ein Sensorium entwickeln, das uns begegnungsfähiger macht: mit uns, mit unserer lokalen Mitwelt und – vermutlich wird das die größte Herausforderung: mit unserer globalen Mitwelt, denn viele der Probleme sind lokal nicht zu lösen. Begegnung bedeutet: den Anderen und das Andere spüren und fühlen, nicht nur denken. Individuell und lokal gibt es schon Methoden, wie wir da weiterkommen – aber was die Beziehung zum Globalen angeht: Wie soll das gehen?!

Wie in jeder Krise eine Chance liegt, könnte auch hier eine liegen. Vielleicht könnte uns ein wirkliches Bewusstsein unserer Atmosphäre, die in einer tiefen Krise steckt, dabei helfen, solch eine „globale Beziehungsfähigkeit" zu entwickeln. Aber in jedem Fall ist diese Entwicklung der Beziehungsfähigkeit etwas, das man in sich ausbilden muss – sie entsteht nicht von alleine. Woher aber die Ressourcen und das Potenzial dafür kommen können, darum geht es im dritten Teil des Buches: einige der Wahrnehmungsfähigkeiten, der Antennen dafür, haben wir nämlich schon aus unseren früheren Entwicklungsstadien als Menschen. Wir müssen unsere „indigenen" Fähigkeiten (im Buch werden sie magisch und mythisch genannt) wieder wahrnehmen und praktizieren. Wir brauchen aber auch Seelenfähigkeiten, die eher aus der Zukunft kommen als aus der Vergangenheit, eher aus dem Überbewusstsein als aus dem Unterbewusstsein.

Hierzu habe ich im dritten Teil des Buches diese Phänomene mit Entwicklungsmodellen von Philosophen und Bewusstseinsforschern zusammengebracht, die eine evolutionäre Sicht auf das menschliche Bewusstsein haben. Eine Sicht, die das Bewusstsein (und damit das Erleben der Welt) als wandelbar ansieht und insofern die gegenwärtige Sicht der Welt nicht als die einzig mögliche versteht. Prägend für dieses Buch waren in erster Linie Jean Gebser und C. G. Jung, aber auch Rudolf Steiner und der amerikanische Autor Ken Wilber. Wieder habe ich versucht, aus ihren Einsichten eine psychologische Beschreibung der inneren Fähigkeiten, die wir heute brauchen, zu gewinnen und weiterzuentwickeln – so gut mir dies möglich war. Diese zu entwickelnden Seelenfähigkeiten nenne ich *atmosphärisches Bewusstsein*. Es kann unser Welterleben sehr intensivieren und bereichern und hat mit Verzichtskultur nichts zu tun – mit Konsumverzicht aber durchaus.

Dieser gerade beschriebene innere Prozess würde auf ein verändertes Erleben der inneren und äußeren Welt herauslaufen: mit einem anderen Raum- und Grenzerleben, einem mehr sphärischen Erleben. Deshalb ist es aus meiner Sicht ein

Bewusstseinswandel. Und ich will im Buch immer wieder versuchen, dieses andere Erleben sprachlich darzustellen. Das ist natürlich ein unmögliches Unterfangen. Solche Räume sprachlich zu erschließen, dazu müsste man ein Dichter wie Rilke sein, – und, ja: er hat bereits vor hundert Jahren solche Räume sprachlich erschlossen. Auch Sloterdijk hat das auf vielen tausend Seiten versucht. Wir leben aber in extremen Zeiten, und so habe ich mein Bestes getan, Sprachräume zu kreieren, die dieses veränderte Raum- und Grenzerleben ein wenig erlebbar machen können. Wenn das in Ansätzen gelungen wäre, freute es mich. Aber das Erleben ist die eine Sache. Wir wünschen und brauchen auch Klarheit, die uns hilft, die nächsten Schritte auf der zweiten Ebene, der gesellschaftlichen Transformation, zu tun. Deshalb habe ich mich auch immer wieder um eine Zusammenfassung und Klarstellung bemüht. Beides braucht unterschiedliche Sprachstile: der erste ist eher zirkulär und intuitiv, der letztere eher kausal und rational.

Ich habe das Buch hauptsächlich für Menschen geschrieben, die sich in dieser Transformationszeit tiefer mit der darin enthaltenen psychologischen Problematik auseinandersetzen wollen. Aus meiner Sicht könnte es gerade auch für jene hilfreich sein, die in sich viel Hilflosigkeit und Lähmung angesichts der alarmierenden Nachrichten verspüren. Hilfreich könnte es auch für KlimaaktivistInnen sein, weniger für ihren eigenen bewundernswerten Prozess (da sind viele schon deutlich weiter als der Autor!), sondern um noch besser erkennen zu können, was sie von ihren Mitmenschen – zu Recht – verlangen. Wer Klimaskeptiker ist, wird dieses Buch sehr wahrscheinlich nicht lesen – und doch fände ich gerade das sehr gut. Weil es ja viel mehr von der psychischen Dimension der Problematik handelt, könnte daraus vielleicht ein Austausch entstehen. Und wir brauchen den Dialog ganz dringend, um nicht weiter in eine soziale Spaltung der Gesellschaft zu rutschen.

Wer aber auch immer das Buch liest: Ich hoffe, dass daraus Dialoge entstehen. Denn wir sind alle Pioniere in dieser Umbruchepoche und die nächsten zehn Jahre zählen. Insofern hätte sich das Buch dann am meisten gelohnt, wenn daraus ein weiterführender Prozess entsteht, der uns allen, Ihnen und mir, weiterhilft, in Richtung Vertiefung und Verbreiterung. Vor allem aber in ein Zukunft-schaffendes Handeln!

Berlin, im Herbst 2019

Prolog

Atmosphärisches Bewusstsein

Ist es nicht ein merkwürdiges Phänomen: Wir leben unter einer Atmosphäre, einer Hülle um unseren Planeten, die schützt, die nährt, die wärmt, die Leben gibt. Und obwohl wir alle wissen, dass sie da ist, sehen wir sie nicht. Insofern ist die Atmosphäre in unserem alltäglichen Erleben überhaupt kein bewusstes Phänomen. Sie ist in unserem Erleben das, was ein Teil ihres Namens ausdrückt: *Atmos* bedeutet *Hauch*. Ein unsichtbarer Hauch ist diese Sphäre! Sie bildet mit ihrer hauchzarten und gleichzeitig gewaltigen Membran eine Hülle, eine Grenze, die das irdische Reich vom kosmischen trennt. Und damit eine *Sphäre* kreiert, *was so viel wie Kreis oder Kugel* bedeutet. Aber – halt! Das ist das nächste Paradox. Das, was sie bildet, ist überhaupt keine Kugel (und auch kein Kreis). Weder aus unserer Perspektive noch von außen betrachtet ist es das. Es ist vielmehr ein gekrümmter Raum, den sie schafft, zwischen zwei Grenzen gelegen: der irdischen Grenze des Erd-Bodens, auf dem wir stehen und aus dem wir sind, und der kosmischen Grenze.

Aber mit dieser Art von Grenze werden wir, die wir so gerne logisch und klar denken, noch unsere liebe Not haben. Denn unsere Atmosphäre ist nach oben hin ein sehr komplexes Gebilde: vier Schichten (plus Magnetosphäre), alle durchsichtig (und so für den realistischen Blick scheinbar gar nicht vorhanden), die sich, Schicht um Schicht, ausdehnen über dem Erdkreis. Es gibt zwar so etwas wie Grenzregionen zwischen den einzelnen Schichten, aber die variieren in Größe und Höhe. Die für uns wichtigste Grenze zwischen Troposphäre und Stratosphäre, in der sich auch das CO_2 konzentriert, schwankt beispielsweise zwischen zehn und 16 Kilometern Höhe. So folgt Schicht um Schicht mit einer kurzen Übergangszone als Grenzregion, die jedoch für das Auge unsichtbar ist (siehe Skizze und Erklärung im Kasten). Die letzte – die Magnetosphäre – dehnt sich bis zu 600 000 Kilometer hinaus in den Kosmos und bildet immer wieder ein Resonanzorgan – wie eine riesige kosmische Pauke –, in dem beispielsweise die Sonnenwinde vibrieren und zum Teil zurückgestoßen werden. Wo bitte ist hier die Grenze?

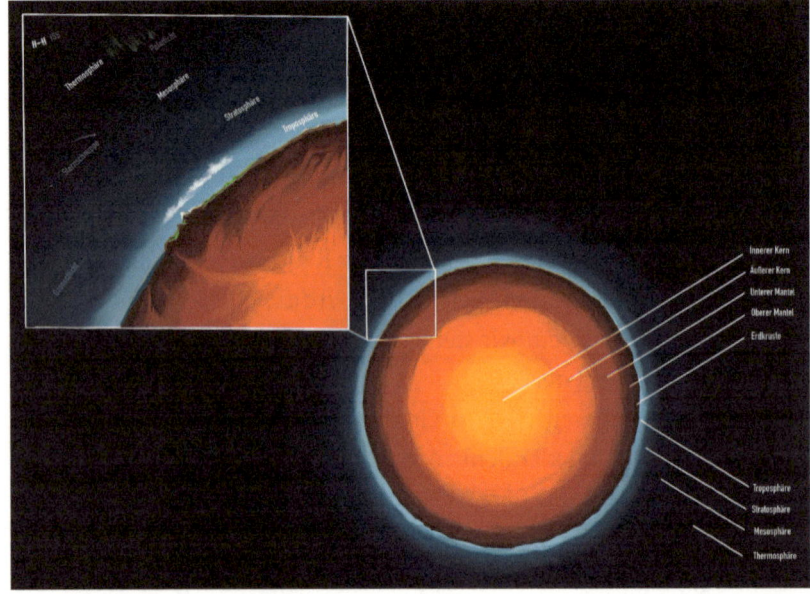

Abbildung 1 (Grafik: Olaf Bandini)

Atmosphärenanatomie

Die unterste Schicht ist die Troposphäre: in ihr findet alles Leben statt, deshalb deckt sie sich fast völlig mit der Biosphäre. Es ist die Schicht, in der wir leben. Die unsichtbare Grenze oder Übergangszone zur nächsten Schicht schwankt zwischen zehn Kilometern Höhe (polare Regionen) und 16 Kilometer Höhe (Tropen). Bei uns ist sie ungefähr zwölf bis vierzehn Kilometer hoch. Es ist die Höhe der Kondensstreifen der Flugzeuge. Darüber beginnt die Stratosphäre, in der extreme Winde (die Jetstreams) peitschen und in der es bis zu minus 70 Grad kalt sein kann. In rund 50 Kilometern Höhe kommt die nächste Grenze: die Stratopause und das Tor zur Mesosphäre öffnen sich. Die Temperatur kann hier grenznah auf minus 100 Grad sinken, aber je höher es geht, desto wärmer wird es. Am Ende, im Übergang zur Thermosphäre auf etwa 90 Kilometern Höhe sind es etwa null Grad. In der Thermosphäre findet schon der Übergang in den Kosmos statt, hier zieht beispielsweise die ISS ihre Kreise. Aber immer noch ist kein vollständiges Vakuum erreicht, denn es kommen noch einige Gase vor. In der Exosphäre, die ab 500 Kilometern Höhe beginnt, gibt es bald nur noch Wasserstoffatome. Hier ist nach der NASA-Definition der fließende Übergang in den Weltraum; hier befindet sich auch die Magnetosphäre. Diese hat aber genauso eine Schutzfunktion im elektromagnetischen Bereich wie es die tiefere Atmosphäre im stofflichen Bereich hat.

Wenn wir unseren Blick aber gen Erdboden richten (um scheinbar mit dem Leichteren anzufangen, denn hier stehen wir „auf dem Boden der Tatsachen") dann entpuppt sich auch diese Grenzregion als völlig diffus. Erstens besteht „der Boden" zu zwei Dritteln aus Wasser oder Eis. Und zweitens ist auch diese Grenzregion nicht dicht, sondern durchlässig für tiefere Schichten, aus denen beständig Stoffe wie CO_2 oder Methan, Mineralien oder Lava in die Atmosphäre gelangen, um an ihr zu gestalten. Genau betrachtet ist auch dieser Boden nur eine Sphäre, also wieder ein gekrümmter Raum zwischen zwei anderen. Denn in der Tiefe der Erde gibt es weitere davon: unter der Krustensphäre, von der wir gerade sprachen, liegen verschiedene Mantel- und Kernsphären.

Und als wäre das nicht schon schwer genug zu imaginieren, gehört zu dem vollständigen Bild selbstverständlich dazu, dass sich alle Sphären, ob dichter oder weniger dicht,

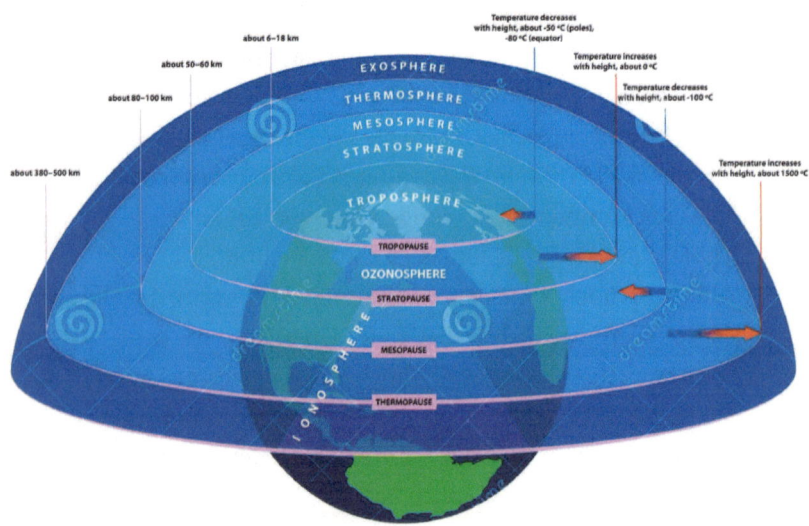

Abbildung 2: Aufbau der Atmosphäre (Quelle: Dreamstime.com)

beständig bewegen, innerhalb ihres Raumes und im Verhältnis zueinander.

Wir leben also – wie alles Leben – in diesem gekrümmten Raum im untersten Teil unserer Atmosphäre, der Biosphäre oder Troposphäre. Eingegrenzt von zwei anderen Sphären: der festen Erdkruste und der Stratosphäre.

Zwischen diesen beiden Grenzregionen, mit denen beständig Materielles und Nicht-Materielles ausgetauscht wird, bildet sich also dank der Atmosphäre eine „Atmosphäre", in der wir leben können. Aber wieder geht unser rationales Denken in die Irre: diese Biosphäre wird nicht von „ihr" gebildet. *Sie wird von allem gebildet, was in ihr lebt*: das Wasserstoffatom, die Holzkohle, das Great Barrier Reef, der Eukalyptusbaum, das Hochmoor in den Anden, die Milchkuh, Sie, ich – *wir alle bilden diese Atmosphäre zusammen.* Und so landen wir bei einem weiteren Paradox: einerseits gibt uns die Atmosphäre den Raum zum Leben – hier sind wir also Empfangende. Und andererseits bilden wir mit an diesem Lebensraum – hier sind wir also Mitschöpfer.

So leben wir in diesem gekrümmten Raum zwischen zwei durchlässigen Grenzen, die Tore sind zu anderen Sphären und meinen (wenn wir überhaupt darüber nachdenken), dass wir auf einer festen Kugel leben, die nach oben hin offen ist – wenn nicht gerade die Wolken den Blick verhängen. Offen hin zu den unendlichen Weiten des Kosmos. Und dabei vergessen wir oft – das war ja unser Ausgangspunkt – dass wir eine Atmosphäre haben, die uns umhüllt und versorgt. *Sie ist das einzige Medium, das uns global verbindet*: Land ist unterbrochen, Wasser ist unterbrochen, Eis ist unterbrochen: alleine die Troposphäre (Biosphäre), mit ihren staubförmigen, wässrigen, wärmenden und abkühlenden Komponenten ist wirklich global. Sie könnte uns – genau betrachtet – ein Bewusstsein geben von unserer globalen Verbundenheit. Wenn wir uns ihrer bewusst wären ...

So aber treibt uns die Atmosphäre erst um, seit sie sich mehr und mehr verkapselt. Seit sie also dichter wird, als es uns allen guttut. Aber, wir haben es ja gerade gesehen: wir alle bilden die Atmosphäre und es ist wissenschaftlich unbestritten, dass wir an dem Verdichtungsprozess großen Anteil haben. Höchste Zeit also, mehr Bewusstsein von ihr und diesen Vorgängen zu erlangen. Zeit also, an einem „atmosphärischen Bewusstsein" zu arbeiten, das uns hilft, mehr von diesen wechselwirkenden Prozessen wahrzunehmen und zu erkennen – und nicht nur intellektuell zu wissen.

I. Kapitel

Biosphäre

Hier wird die Erde als lebendiger Organismus beschrieben, dem Begriffe wie organisch-anorganisch nicht gerecht werden. Und es ist vom Menschen die Rede als Teil dieses lebendigen Organismus, der aber die „Fühlung" verloren hat für seine Atmosphäre, sei es die äußere, in der die CO_2-Konzentration steigt, sei es die innere, von der er sich mehr und mehr entfremdet. Am Ende werden zwei unterschiedliche Kurven gegenübergestellt: eine dynamische Wachstumskurve und eine zyklische vom Werden und Vergehen. Und es werden zwei Fragen gestellt, die uns im weiteren Verlauf beschäftigen werden: Was blockiert uns in unserem Handeln? Und welche Seelenfähigkeiten brauchten wir, wenn wir nicht mehr blockiert wären, um angemessen zu handeln?

> *„Die Menschheit hat ein großangelegtes geophysikalisches Experiment begonnen, das es in dieser Form weder in der Vergangenheit gab noch in der Zukunft ein zweites Mal geben wird."*
> Roger Revelle[1]

Wann fängt eine Sache an zu existieren? Das ist in den meisten Fällen selbst im Nachhinein schwer zu sagen. Was den Klimawandel anbelangt, ist es *dreifach* schwer.

Denn wie sieht Klimawandel denn aus? Der Hauptverursacher, ein chemisches Molekül, die Kohlenstoffverbindung

CO_2, ist ein natürliches Gas – willkommener „Sauerstoff" für Billiarden von Pflanzen: unsichtbar, riecht nicht, schmeckt nicht, lärmt nicht, tut nicht weh. Sein Anstieg ist, prozentual gesehen, minimal: von 0,028 Prozent auf 0,04 Prozent in der Atmosphäre. Und der Konzentrationsprozess, der das Problem ist, findet rund 16 Kilometer über unseren Köpfen statt – hier entsteht eine minimal dichtere Atmosphäre, die dazu führt, dass Sonnenstrahlen zwar weiterhin problemlos eindringen können, nach ihrer Reflexion auf der Erde aber nicht mehr so gut abstrahlen können. Dadurch erwärmt sich, wie in einem Treibhaus, die Erde, peu à peu – eigentlich ganz unspektakulär. Wenn man also irgendeine chemische Verbindung konstruieren müsste, die sich dazu eignet, ein dramatisches Geschehen über eine längere Zeit möglichst undramatisch in die Wege zu leiten – hier hätte man sie.

Eine Sache fängt auf Erden an zu existieren, wenn sie sich zeigt – das ist die *eine* Bedingung. Aber sie muss auch wahrgenommen werden – das ist die *andere*. Wahrgenommen von einem Wesen, das wahrnehmen kann, das also ein Bewusstsein hat. Damit aber eine Sache wie der „Klimawandel" (wir werden noch sehen, dass „Klimakrise" das deutlich angemessenere Wort ist) wahrgenommen werden kann, braucht es mehr als ein paar Augen oder eine Nase und einen passenden Begriff, denn wir haben ja schon gehört, dass sie durch die primären Sinne nicht wahrnehmbar ist. Neben dem, dass sie erstmal da sein muss, braucht es also Geräte, die Konzentrationen messen können. Es braucht Einheiten und Maßstäbe für diese Geräte. Und es braucht zähe Wissenschaftler, die an etwas dranbleiben, das erst mal ziemlich unspektakulär anmutet. Das ist die *zweite* Bedingung.

Aber auch damit ist es nicht getan. Denn auch Werte und Konzentrationen, sagen wir die Temperatur- und CO_2-Konzentrationskurven der letzten 50 Jahre, sind ohne weiteren Kontext ziemlich nichtssagend. Es braucht also *drittens* eine sehr komplexe Wissenschaftsmethode, die sich mit systemischen Vernetzungen, Wirbelbildungen, Transformationsvorgängen im Bereich der vier Elemente, also des Wässrigen, Luftigen, Erdigen, Feurigen beschäftigt. Und zwar nicht nur lokal, sondern global. Denn das Klima ist kein lokales Phänomen, sondern ein den Globus umspannendes: gigantische Flusssysteme in der Tiefe des atlantischen Ozeans wollen genauso mitbedacht werden wie Jetstreams (also Luftströme) in der Stratosphäre Euroasiens; Lavabewegungen unter kilometerdicken Eisschichten der Antarktis genauso wie riesige Methangasfelder, die in den (noch) gefrorenen Permafrostböden Sibiriens lagern. Sie alle hängen irgendwie miteinander zusammen; eine Verändrung des einen Systems verändert auch das andere.

Aber wenn man das Klima verstehen will, darf man es nicht nur als ein physikalisches Geschehen fassen. Das wäre, mit seinen komplizierten Strömungs- und Wirbelprozessen (mit denen sich die Chaosphysik in den letzten 50 Jahren beschäftigt hat) schon kompliziert genug. Auch Prozesse aus der Biosphäre selber, der Atem der Wälder, das Gewicht der Biomasse zu einem gewissen Zeitpunkt, die unterschiedlich intensive Reflexion von Sonnenlicht, abhängig davon, ob sich auf der Fläche Wüste oder eine Wiesenlandschaft befindet, spielen hier mit hinein. Und ebenso haben kosmische Faktoren, entstanden durch periodische Rüttelungen und Neigungsschwankungen unseres Planeten in seiner Bahn um die Sonne, ihren Einfluss. Überhaupt: Klima und Leben sind ohne die Wärme und das Licht, also ohne den Einfluss des Kosmos, nicht zu verstehen.

Und last but not least hat sich in diese Reiche der Natur und des Kosmos ein Akteur mit hineinvernetzt, der sich aus ihren Reichen schon so ziemlich verabschiedet wähnte: der Mensch! All das musste und muss in ein wissenschaftliches Konzept gebracht werden, mit dem gedacht, gemessen und gerechnet werden kann: das Konzept der Klimawissenschaft.

Drei Dinge mussten also zusammenkommen: das Phänomen, die Wahrnehmung mittels technischer Gerätschaften und ein Begriff davon mittels einer sehr komplizierten wissenschaftlichen Theorie/Methode. Erst dann begann der Klimawandel zu existieren. Und natürlich konnten sie nur zusammenkommen, weil es schon eine Geschichte davor gab, eine Vor-Geschichte, sowohl der Erderwärmung als auch der Klimaforschung. Erstaunlicherweise dauerten beide Vorgeschichten sogar ziemlich gleich lang: etwa rund 250 Jahre. Zusammengekommen aber sind sie im Jahre 1958 auf einem mächtigen Vulkan, dem 4000 Meter hohen *Mauna Loa* auf Hawaii. Zusammengebracht hat sie ein amerikanischer Chemiker, Edward Keeling. Vielleicht ist es nicht unwesentlich, dass Keeling kein ganz typischer Vertreter seiner Zunft war.

In seiner kurzen Autobiographie (*Belohnungen und Bestrafungen beim Vermessen der Erde*) nennt er das Kindheits-Kapitel *Between Art and Science*: 1928 in der Nähe von Chicago geboren, sah es lange Jahre so aus, als ob er eine Karriere als Konzertpianist einschlagen würde. Als 13-Jähriger verbrachte er die Samstagnachmittage in den Salons reicher Damen, für die er musizierte, um damit das Familieneinkommen aufzubessern. Dass das notwendig wurde, war im doppelten Sinne den Nachwehen der großen Depression von 1929 geschuldet und hatte mit seinem Vater zu tun. Der war nämlich bis zu eben jener Depression Investmentbanker gewesen und litt unter den Folgen des Finanzcrashs nicht nur materiell, sondern auch seelisch. Er hielt die sozialen Folgen des Finanzsystems für eine Katastrophe und – schlimmer noch – für eine vermeidbare Katastrophe. Keeling spricht in seiner Autobiographie bewundernd über das Engagement und das hohe Ethos seines Vaters; er war es, der das wissenschaftliche Element in seine Erziehung brachte, der ihn die Ehrfurcht vor Natur und Kosmos gelehrt hatte, indem er schon mit dem fünfjährigen Edward astronomische Modelle bastelte. Da in dieser sehr knappen Autobiographie kein Platz ist für Nebensächlichkeiten, wird es ihm wichtig gewesen sein – und uns auch: denn die Verknüpfung von Wirtschaft und Wissenschaft sind wichtiger Topos in diesem Buch, genauso wie der Mangel an Ehrfurcht und Staunen, was die Natur anbelangt. Beides also schien Keeling mitbekommen zu haben, zusammen mit einer hohen Musikalität.

Schließlich entschied sich Keeling doch für ein Chemiestudium und promovierte über Polymerverbindungen, konnte sich aber (was bei dieser Thematik schlüssig gewesen wäre) ein Leben im Labor nicht vorstellen. Immer wieder nutzte er freie Zeiten für wochenlange Exkursionen in die einsamen Bergwelten der Rocky Mountains, um zu klettern, aber auch, um geologische und astronomische Studien zu betreiben. Keeling war aber bei allem Freiheitsdrang ein sehr gewissenhafter Wissenschaftler, der mit dem damals neuesten Gerät sorgfältige und sehr komplizierte Messungen unternahm. Und er war offensichtlich mit einem starken Willen und großer Beharrlichkeit ausgestattet. Beides brauchte er: Beharrlichkeit, um über 40 Jahre an Messungen dranzubleiben, die erst einmal nicht besonders sensationell erschienen. Und einen starken Willen, um auch dann noch dranzubleiben, als die Messungen langsam sensationell wurden. Und damit für die eine oder andere Lobbygruppe auch sensationell bedrohlich.

1957 wurde er also mit einem Forschungsprojekt beauftragt, das mit der Frage der unterschiedlichen Verteilung und zeitlichen Konstanz von CO_2 zu tun hatte. Das war für Wissenschaftler aus unterschiedlichen Gründen interessant. Zum einen hatte es schon seit längerem von einzelnen Wissenschaftlern den Verdacht gegeben, dass unser auf fossilen Energieträgern basierendes Wirtschaftssystem etwas am CO_2-Gehalt verändern könnte, was dann Einflüsse auf Klima und Erwärmung haben könnte. Es gab aber auch ganz andere Gründe, die CO_2-Verteilung interessant zu finden, die von der Atomphysik bis hin zur C14- Datierungsmethoden reichten. Neu an der Forschung war, dass es nun technisch deutlich bessere Messgeräte als in der Vergangenheit gab, die überdies in der Lage waren, kontinuierlich, also durchgehend über das

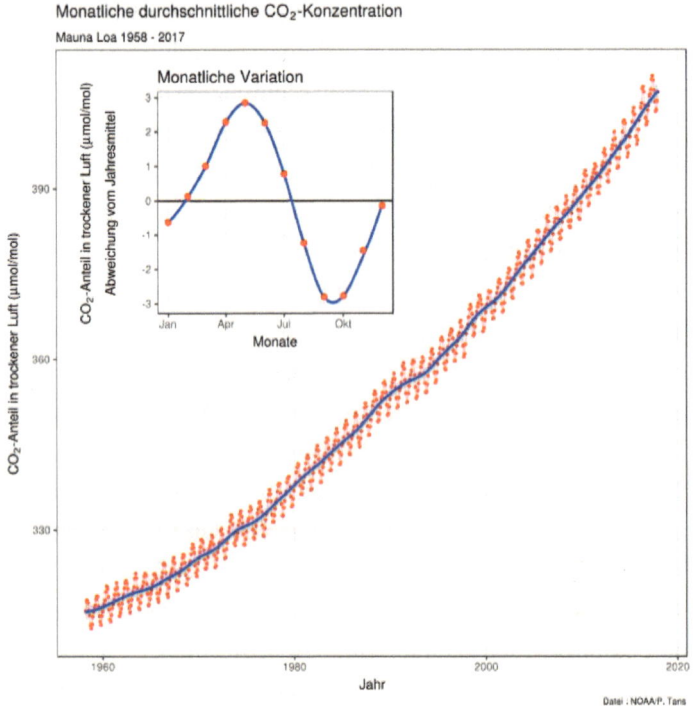

Abbildung 3: Zwei Keeling Kurven

Jahr, zu messen. Gemessen wurde auf einer Station in der Antarktis und auf regelmäßigen Messflügen in der Stratosphäre. Hauptmesspunkt aber war eben jener Vulkan auf Hawaii, der Mauna Loa, Keelings Homebase.

Schon nach wenigen Jahren zeigten sich erstaunliche Ergebnisse. Ergebnisse von ganz unterschiedlicher Qualität. Die einen hatten einen zyklischen Charakter, die anderen einen linearen. Die einen waren faszinierend, die anderen alarmierend (siehe Graphik).

Zyklische und lineare Kurven

Die zyklischen Kurven umfassen Qualitäten von Rhythmus und Wechselwirkung: die Erde als gesamter planetarer Organismus hat einen Rhythmus von Ein- und Ausatmen. Keeling fand nämlich heraus, dass der CO_2-Gehalt in der Atmosphäre schwankt, aber nicht chaotisch, sondern in festen Rhythmen. Er ist morgens höher als abends, er ist im Frühjahr größer als im Herbst, die Konzentration ist auf der Nordhalbkugel etwas kleiner als auf der Südhalbkugel. Die Erde, sie atmet über ihre Biosphäre, über die Trilliarden von Wesen: Algen, Plankton, Farne, Bäume ein und aus (und weil es auf der Nordhalbkugel mehr Vegetation gibt, ist die CO_2-Konzentration minimal kleiner). Die Erde, sie macht den Eindruck eines lebendigen Organismus, der atmet, ein und aus, der dabei sein „Zwerchfell", das in der Biosphäre liegt, ein Stück weit verschiebt, je nach Jahreszeit, in der mehr Biomasse emporwächst oder abstirbt. Und diese Verschiebung hat sogar Auswirkungen auf ihre Rotation: sie führt zu leichtgradigen Unregelmäßigkeiten über die Unwucht der Masse, sodass die Erde gleichmäßiger oder ungleichmäßiger rotiert.

Bevor ich auf die andere Kurve zu sprechen komme, möchte ich gerne bei diesem Sachverhalt verweilen, den Blick weg von Mauna Loa und Keeling wenden und ihn etwas weiten – angereichert mit Erkenntnissen, die Keeling damals noch nicht haben konnte.

Die Erde atmet also über ihr „Zwerchfell" ein und aus, was wiederum – erstaunlicherweise – (feine) Auswirkungen auf ihre Rotationsgeschwindigkeit hat. Und das hat Einfluss auf ihre Atmosphäre. Denn durch die biologischen Prozesse, die auf ihr stattfinden, verändert sich die Zusammensetzung ihrer Hülle. Die Konzentrationsverhältnisse in dieser feinen Hülle, in dieser Membran, die sich um ihre Kugelgestalt schmiegt – (oder ist sie Teil ihrer Gestalt, nur in etwas geringerer Verdichtung?) – sind nicht so, wie sie chemisch wären, wenn es keine Atmungsprozesse gäbe. Sie sind aus dem „natürlichen" Gleichgewicht gebracht. Es ist verändert: weil da etwas atmet, weil da etwas lebt.

Man schreibt das und man liest das und man liest es vielleicht sogar mit einer gewissen Faszination – und doch. Man sollte kurz innehalten und darüber nachdenken:

Die Erde atmet ein und aus. Und sie hat eine Atmosphäre, die sie von allen anderen bisher bekannten Planeten, ob innerhalb oder außerhalb des Sonnensystems, unterscheidet: eine Atmosphäre, die, mit den Methoden der Physik oder der Chemie betrachtet, abnorm ist, weil die Konzentrationsverhältnisse von Stickstoff, Sauerstoff, Kohlendioxid aus dem natürlichen chemischen Gleichgewicht gefallen sind. Weil die Temperatur nicht stimmig ist. Weil der Salzgehalt ihres Meeres nicht stimmig ist. Sicher, auch die Atmosphären eines Mars und einer Venus sind komplizierte Gebilde, auch deren Prozesse sind so komplex, dass es einer besonderen Form der Physik bedarf, der Chaosphysik, sie zu berechnen. Aber ihre

Atmosphären haben ein Konzentrationsverhältnis, das aus physikalisch-chemischer Sicht normal ist. Anders unsere Erde; sie ist gewissermaßen aus dem üblichen Gleichgewicht gefallen. Und dieses Gleichgewicht ist „gestört", weil da etwas auf ihr atmet, weil da etwas auf ihr lebt. Und das was lebt, ist zutiefst verbunden mit dem was nicht lebt – weil *sie* lebt. Die Erde – ein lebendiger Organismus!

Das gleiche gilt nicht nur für die Atmosphäre, es gilt auch für die Hydrosphäre (das Wässrige) und die Lithosphäre (das Erdige), für den Boden, auf dem Sie gerade sitzen, er ist voller Leben: Milliarden von Mikroben bevölkern ihn, beleben ihn, machen, so Sie sich auf einem fruchtbaren Landstrich befinden, eine belebte Humusschicht. Organisches und Anorganisches formen einen Organismus, den Humus. Aber auch wenn Sie in der Wüste säßen oder auf einem Felsbrocken in den Kalkalpen oder auf einem Basaltbrocken am Meer – Sand, Fels, Lava sind durch einen Prozess gegangen, einen Stoffwechsel gegangen, durch den sich Lebendiges und Nichtlebendiges, Organisches und Anorganisches miteinander ausgetauscht, verwoben und verbunden haben, sodass es nicht mehr separiert zu denken ist. Nehmen wir, schließlich ist er ja einer der Protagonisten dieses Buches, erneut den Kohlenstoff – diesmal aber in einem Stoffwechselkreislauf, den Sie in drei Minuten gelesen haben werden, der aber als Vorgang viele Millionen Jahre gedauert hat oder in Zukunft dauern wird.[2] Auch das ist eigentlich wieder eine Imagination:

CO_2 wird in der Atmosphäre durch Wolken an Wasser gebunden; es bildet sich Kohlensäure. Regnet es, greift der leicht saure Niederschlag das mineralische Gestein des Bodens an – was zur Bodenverwitterung führt. Dabei wird die Kieselsäure herausgelöst (diese besteht aus Silikat) und es werden neue mineralische Verbindungen gebildet. In diesem Prozess nun wird Kalk (Kalzium und Hydrogencarbonat – da steckt das CO_2 drin) ausgewaschen und freigesetzt. Die Kalkverbindungen gelangen nach und nach über Bäche und Flüsse ins Meer. Dort werden sie von unterschiedlichen Meerestieren (Muscheln, Krebsen, Garnelen) verwendet zum Aufbau ihrer Schalen und Skelette. Nach dem Ende ihres Lebens versinken sie auf den Grund des Meeres. Hier bilden sich mit der Zeit riesige Flächen von Karbonatsedimenten.

Alles, was ist, ist in Bewegung. Das gilt auch für die Kontinentalplatten, selbst wenn das aus menschlicher Perspektive kaum wahrnehmbar erscheint. Insofern bleiben auch diese „Kalkmeere" nicht an Ort und Stelle, sondern verfalten sich, denn sie „ruhen" auf den tektonischen Platten der Kontinente oder Ozeane, die sich jedes Jahr 1,5 Zentimeter voneinander weg beziehungsweise aufeinander zu bewegen. Sie bewegen sich auf dem feurigen Element, der oberen Mantelsphäre (siehe Abbildung). Bewegen sie sich aufeinander zu, wird irgendwann der mit Milliarden Tonnen Muschelkalk bedeckte Meeresboden hochgedrückt, wird zu Bergen, zu Kalkalpen. Oder wird wieder eingedrückt, zwischen den Kontinentalplatten zermalmt, kommt in Berührung mit der glutheißen Lava und wird irgendwo in einer Vulkaneruption wieder ausgespien, aus der Lithosphäre in die Atmosphäre, wo sich das CO_2 wieder aus dem Vulkandampf löst und sich in 16 Kilometern Höhe anlagert. Dort wird es dann wieder durch Wolken an Wasser gebunden.

Also auch die Lithosphäre ist nicht nur anorganisch zu denken. Die Erde als Ganze ist ein lebendiges System. Dieser Gedanke lebt seit vielen Jahrtausenden in den unterschiedlichsten spirituellen Traditionen; und auch in der westlichen philosophischen und naturwissenschaftlichen Geschichte wurde er immer wieder von einzelnen großen Geistern gedacht.[3] In den 1960er Jahren wurde er in die moderne naturwissenschaftliche Tradition hereingebracht von James Lovelock und Lynn Margulis. Wie Lovelock, ein Chemiker, Biochemiker, Geophysiker, Mediziner und Erfinder, auf die Idee kam, die ihm „plötzlich ... wie eine Eingebung", kam, beschreibt er in seinem 1992 erschienen Buch *Gaia – die Erde ist ein Lebewesen"*.[4] Er war Mitte der 1960er Jahre bei der NASA angestellt, um das Viking-Sondenprogramm zu entwickeln. Dabei ging es zu einem großen Teil um die Marsmission und die Frage, ob es auf unserem Nachbarplaneten Leben gibt. Lovelock und Lynn Margulis aber entwickelten in den nächsten Jahren die Organismustheorie der Erde weiter. Ein Nachbar von Lovelock, der Literaturnobelpreisträger William Golding (*Lord of the flies*) hatte die Idee, die Theorie nach der griechischen Erdgöttin *Gaia-Hypothese* zu nennen. Obwohl Lovelock von Anfang an betonte, dass seine Theorie überhaupt nicht esoterisch zu verstehen sei – Gaia sei kein beseelter, kein selbstbewusster Organismus, sondern ein komplexes lebendiges System ohne Steuermann – wurde die Theorie anfänglich heftig von der konventionellen Wissenschaft bekämpft, denn sein systemischer, ganzheitlicher Ansatz konnte einer reduktionistischen Biologie, Biochemie und Geologie nicht verständlich sein. Die Forschungsmethoden von Lovelock und seiner Kollegin Lynn Margulis waren aber immer vollständig kompatibel mit der konventionellen Naturwissenschaft (und nach meinem Wissen ist keine ihrer Grundtheorien widerlegt worden) – der einzige Unterschied war ihre Offenheit für neue Ideen und ihr fachübergreifender Ansatz. Lovelock beschreibt ihn so:

„Die herkömmliche Wissenschaft definiert ‚Ökosystem' als stabiles, sich selbst erhaltendes System aus lebendigen Organismen und ihrer unbelebten Umwelt. Nach dieser Anschauung verändern die Organismen ihre Umwelt nicht, sondern passen sich ihr lediglich an. Aus der Gaia-Perspektive betrachtet sind die beiden Komponenten des Systems, das Lebendige und das Nichtlebendige, zwei eng gekoppelte und wechselwirkende Kräfte, die einander formen und beeinflussen."[5]

Organisches und Anorganisches bilden also zusammen einen Organismus, ein System. Lovelock vergleicht das mit einem Mammutbaum: 97 Prozent des Mammutbaumes ist abgestorben: „Der massive Stamm ist tot, die dicke Rinde ist tot. Der einzige lebendige Teil des Baumes ist eine dünne Zellschicht (Kambium) zwischen Stamm und Rinde." Natürlich waren auch die 97 Prozent einmal lebendig. Und natürlich ist der Mammutbaum das Ganze und nicht nur die drei Prozent, in dem sich die lebendigen Prozesse abspielen. Der Mammutbaum, dieser mächtige, lebendige biologische Organismus, ist ein Ganzes, eine Gestalt: eine lebendige Gestalt! Genauso ist die Erde, Gaia, die aus organischen und anorganischen Anteilen besteht, ein Ganzes: eine lebendige Gestalt.

Bevor ich nun in Kürze wieder zurück zu Keeling und dem Mauna Loa und zu der angedeuteten zweiten Kurve komme, möchte ich unseren Blick noch einmal erweitern, quasi noch ein paar weitere Fenster öffnen, die Keeling so noch nicht zur Verfügung standen. Fenster, die in den letzten 60 Jahren in den unterschiedlichsten Wissenschaftsbereichen aufgegangen sind und die alle mit zwei Erkenntnissen zusammenhängen. *Erstens:* Dinge, ob lebendig oder nicht, hängen miteinander zusammen, sind vernetzt, teilen Räume miteinander. Sie sind isoliert gar nicht zu verstehen. Es gibt insofern keine Umwelt, sondern eine Mitwelt. Und das gilt, *zweitens,* auch für geistige Prozesse. Geist existiert nicht im luftleeren Raum und nicht in einer völlig abgekapselten Innenwelt. Auch der Geist vernetzt sich mit dem Inneren und Äußeren.

Einige Beispiele:

- Der Mensch ist umgeben von äußerer, „fremder" Natur, die er aber beständig in sich einführt, in seine innere Natur, indem er einatmet und ausatmet, indem er isst und ausscheidet. Er ist aber auch umgeben – nein, hier spätestens stimmt „umgeben" nicht mehr – er ist durchdrungen von „fremder Natur": allein in unserem Darm, in unserer „inneren Natur" haben wir mehr „äußere Natur" als wir Zellen im eigenen Körper haben: das Mikrobiom, was da in unserem eigenen inneren Klima lebt und es prägt, übertrifft quantitativ unsere eigene Zellzahl um ein Vielfaches. Dort leben rund hundert Billionen Bakterien, insgesamt mit einem Gewicht von bis zu zwei Kilo, und helfen uns bei dem Prozess des inneren Stoffwechsels: also uns Welt anzueignen und Welt auszuscheiden.[6] Innere und äußere Natur sind also vernetzt bis in unseren Körper hinein. Rilke beschreibt das wunderbar:

Durch alle Wesen reicht der eine Raum:
Weltinnenraum. Die Vögel fliegen still
durch uns hindurch. O, der ich wachsen will,
ich seh' hinaus, und in mir wächst der Baum.

- Unsere Psyche, sowohl die emotionale als auch die kognitive, ist nur vorstellbar in einer Wechselwirkung mit unserem Leib, dem Körper, der aus biologischen Zellen besteht, inklusive seines Darms und dessen Mikrobiom, das äußere Natur ist. Die Neurowissenschaftler kommen immer weiter weg von dem Bild, dass alle kognitiven Vorgänge allein an das Gehirn gebunden seien: ein Gehirn, das in Ermangelung einer effektiveren Hardware als Speichermedium für die Software unseres Ichs noch ein paar Dekaden aushalten muss, bevor es dann anderweitig zu speichern wäre. In diesem alten Bild diente der Körper lediglich zwei Zwecken: Das Gehirn dahin zu tragen, wo es hinwollte, und es mit ausreichend Sauerstoff und Zucker zu versorgen. In den letzten Jahren hat man aber immer genauer zu verstehen gelernt, wie „Lernen" und die Heranbildung von Individualität an ganzheitliche Prozesse gebunden sind: der Geist ist verkörpert (man nennt das „Embodiment Science"). Alleine die Haltung unserer Handflächen (nach oben oder nach unten) kann unsere Stimmung verändern, genauso wie die Zusammensetzung unserer Darmflora Depressionen befördern kann – oder eben nicht. Ich und mein Körper sind also bis tief ins Bewusstsein hinein vernetzt. Der Philosoph Merlon Ponty sagte: „Der Leib ist nicht im Raume, er wohnt ihm ein."[7]

• Es braucht aber nicht nur einen Körper, es braucht auch Beziehung nach außen, um ein Mensch zu werden. Die Bindungstheorie hat in den letzten 40 Jahren ausführlich belegt, wie es zu einer beständigen Wechselwirkung, zu Interaktion, Kommunikation, „Kommunion" zwischen Mutter (und Vater) und einem Neugeborenen kommt. Wie das Lächeln des Kindes erwidert wird oder eben nicht und wie beides zu einer Weiterführung der Reaktion führt. Lächelt die Mutter zurück, führt es vielleicht zu einer Vertiefung, einer tieferen Resonanz zwischen den beiden. Lächelt sie nicht, kommt es vielleicht zu einer angstvollen Mimik der Kleinen – verbunden mit einem aufmerksamen Gewahren, wie die Mutter darauf reagieren wird: lacht sie vielleicht, dann ist alles gut; schaut sie weiter so, dann ist etwas nicht in Ordnung. Vielleicht ist das zum Weinen. Das aber macht wieder was mit der Mutter. Es ist wie ein Tanz, den die beiden tanzen und der beide verändert: immer wieder, jedes Mal ähnlich und doch neu. Ein Tanz, der beide tief prägt: über Wochen, Monate, Jahre. Nicht nur seelisch, sondern auch biologisch. Und biologisch heißt auch genetisch. Das Genom verändert sich durch Erfahrung, durch Wechselwirkung mit der Umgebung. Man nennt das Epigenetik.[8]

Es sollte deutlich geworden sein: das Bild des abgekapselten Subjekts, das sich seiner Umwelt anpasst, mehr oder weniger, oder das einen absoluten Geist hat, der quasi im luftleeren Raum stattfindet (ob nun als rein materielle Vorstellung im Sinne der „Absonderung des Gehirns" oder als dualistische unter Einschluss einer Unsterblichkeitsvorstellung ist dafür gar nicht entscheidend), dieses Bild ist auf keiner Ebene mehr haltbar. Weder in der Beziehung zur Natur (der Ökologie), in der Beziehung zu den Mitmenschen (dem Sozialen) noch in der Beziehung zum eigenen Körper (Embodiment). Das Problem ist nur: wir haben das noch nicht wirklich verstanden, auch wenn es wissenschaftlich evident ist. Unser Erleben verläuft immer noch so, als wären wir körperlos und weltlos. Unser Erleben hat mit der gegenwärtigen Welt nicht viel zu tun. Latour nennt deshalb unseren gelebten, scheinbar materialistischen Lebensstil eine Utopie – weil wir damit überall leben, aber nicht auf der Erde![9]

Es dürfte klar geworden sein, dass in all den Ansätzen der ganzheitliche Gedanke und Gedanken wie Kooperation, Kommunikation, Dialog, Wechselwirkung und Vernetzung zentral sind. Dieser Ansatz ist auch essenziell für die Klimawissenschaft, wie wir weiter unten noch genauer sehen werden. Ohne ihn hätte man die Problematik des Klimawandels nicht so schnell erkennen können. Und auch hier gilt das Gesetz der Wechselwirkung: Je mehr man ihn versteht, desto mehr versteht man von der Idee der Wechselwirkung und des Netzwerkes. Wenn man aber kooperiert, kommuniziert, wechselwirkt, dann ist eine Entität ganz wichtig: die der Grenze – der Grenze des Gegenübers. Das mag die Zellmembran sein, die Haut des oder der Geliebten oder die Atmosphäre von Gaia. Manchmal darf oder soll man sogar über die Grenze gehen, wenn man kommuniziert, quasi unter die Haut. Man muss aber immer wahrnehmen, dass man es tut. Damit man ein „Ja" wahrnimmt, wenn man es tut – denn sonst sollte man es nicht tun. Auch darauf werden wir zurückkommen.

Jetzt aber ist es soweit, endlich zu Keeling und ins Jahr 1958 zurückzukehren und uns die zweite Kurve anzuschauen, die alarmierende. Denn hier geht es um einen unbemerkten Grenzübertritt!

Lineare Kurven

Kommen wir zurück zu dem was Keeling am Mauna Loa entdeckte. Die zweite Kurve, die er fand, hatte nichts von einem rhythmischen Geschehen, sondern war Ausdruck eines mächtigen linearen Wachstumsprozesses: die CO_2-Konzentration in der Atmosphäre stieg von Jahr zu Jahr mit einer unglaublichen Dynamik an. Für Keeling war das eine irritierende Erfahrung, neben der oben beschriebenen zyklischen Kurve kontinuierlich Jahr für Jahr einen Anstieg des CO_2 in der Atmosphäre verzeichnen zu müssen. Der von ihm bemerkte Prozess setzt sich seither weiter fort. Die Konzentration lag zu Keelings Zeiten Ende der 1950er Jahre Jahre noch bei 317 ppm. Diese Abkürzung bedeutet „parts per million". In Prozent ausgedrückt bedeutet das, dass 0,0317 Prozent der Atmosphärenluft aus CO_2 bestehen. Das ist im Vergleich mit dem Stickstoffgehalt (78 Prozent) und dem O_2-Gehalt (20 Prozent) verschwindend gering. Dass minimale Konzentrationen in einem systemischen Organismus riesige Auswirkungen haben können, ist aber spätestens seit der Ozonlochproblematik durch Fluorchlorkohlenwasserstoffe (FCKW) in den letzten 30 Jahren bekannt geworden. Diese kamen in der Atmosphäre in einer Konzentration vor, die rund 1 000 000 Mal (!) geringer war als die des CO_2. Trotzdem waren FCKW verantwortlich für ein Loch in der Atmosphäre über der Südhalbkugel, das bis zu 27 Millionen Quadratkilometer Fläche hatte.[10] FCKW in geringster Konzentration hatte also katastrophale Auswirkungen auf die Atmosphärenhaut der Erde. Dies konnte erfreulicherweise durch eine globale Initiative gebremst werden. Dass kleine Mengen einer Substanz große Auswirkungen auf einen Organismus haben können, müsste aber schon davor, nämlich spätestens seit der Entdeckung der Hormone klar gewesen sein, deren Konzentration im Körper oft im Nanobereich liegen. Die CO_2-Konzentration hat inzwischen – nachgewiesen im Jahr 2015 – die 400 ppm Marke überschritten, Tendenz weiterhin steigend. Aber wie kann das sein?

Auch hier müssen wir wieder den Mona Loa verlassen und ein paar „Fenster" öffnen, die Keeling 1960 noch nicht in dem Maße zur Verfügung standen wie uns. Wobei: dass der CO_2-Ausstoß seit Beginn der Industrialisierung kontinuierlich angestiegen ist, war schon damals bekannt. Auch wusste man längst, dass CO_2 als größeres Molekül in der Lage ist, Wärme innerhalb der Atmosphäre zu halten. Versuche dazu hatte bereits der große französische Wissenschaftler Fourier

Ende des 18. Jahrhunderts durchgeführt. Insofern gab es durchaus damals schon kritische Wissenschaftler, die mit Sorge den jährlich zunehmenden CO_2-Ausstoß der Menschheit betrachteten. Über das Ausmaß des von Menschen in die Atmosphäre geblasenen CO_2 gab es aber unterschiedliche Ansichten; ebenso über dessen Auswirkungen.

Deshalb hier einige Zahlen und Fakten:

Die Menschheit verbraucht jeden Tag rund 15 Milliarden Liter Öl, das ist so viel wie in 550 000 Ölgüterwagen passen. Aneinandergekoppelt ergäbe das einen Zug von 4450 Kilometern Länge, er würde also vom Nordkap bis nach Sizilien reichen. Jeden Tag! Und nur Öl! Hinzu kommen der Kohle- und Gasverbrauch und die dazugehörigen Emissionen. Im Jahr 2016 wurden weltweit 700 Millionen Tonnen Braunkohle gefördert und 6,2 Milliarden Tonnen Steinkohle. Im gleichen Jahr waren es über 3,5 Milliarden Tonnen Erdgas. Diese Energie brauchen wir, um unser globales Wirtschaftssystem am Laufen zu halten: um Güter zu produzieren, die weltweit konsumiert werden. Um die Mobilität zu gewährleisten, diese Güter von China nach Amerika zu schicken oder andersherum. Und Manager und Touristen gleich mit. Aber auch um unsere Häuser zu heizen. Und für „unser täglich Brot" in Form von billigem Fleisch, Wurst und Käse.

Egal, wie wir zu unserem kapitalistischen Wirtschaftssystem stehen – kritisch oder wohlwollend fasziniert oder etwas dazwischen – wir fragen uns viel zu selten, wo diese in der Menschheitsgeschichte absolut einmalige Dynamik der Produktion und Beschleunigung herkommt. Wie kann man in so kurzer Zeit so viel produzieren? Millionen Güter, Radiowecker, Handys, Turnschuhe, Fahrräder, Autos, Flughäfen. Woher kommt dafür die Energie? Was gibt sie uns? Sie stammt aus dem Bauche Gaias: Längst verstorbene Wesen,

Bäume, kleinere und größere Meeresbewohner, die versteinert, verwest, verwandelt sind in Kohle, Öl und Erdgas, liefern uns den Treibstoff für ein Wirtschaftssystem, das uns Wachstum, Konsum, Sicherheit, Bequemlichkeit liefert wie nie zuvor in unserer Geschichte – und jedes Jahr mehr davon. Der Klimaforscher Schellnhuber nennt das den „fossilen Flaschengeist".

Verbunden mit dieser Dynamik der Mehrproduktion des CO_2 ist leider eine zweite Dynamik, die ebenfalls zu einem Anstieg führt: Wir vernichten auch die Lebensformen, die dafür sorgen, dass CO_2 der Luft wieder entzogen wird: Wälder, Moore, Humusböden. All diese Netzwerke atmen und speichern CO_2, entziehen es also der Atmosphäre. Man nennt das Negativemission. Sie aber werden bei dem Kampf um Böden für Sojafelder, Rohstoffe oder Weiden vernichtet. So kommen also zwei Entwicklungen zusammen: es wird viel mehr CO_2 produziert als früher und es wird viel weniger CO_2 aus der Atmosphäre entnommen. Diese beiden Prozesse erklären den steilen Anstieg der Kurve.

Wenn aber mehr produziert wird, als verarbeitet werden kann, kommt es zu einem Ungleichgewicht. Es entsteht entweder ein Gewinn oder ein Defizit, im Falle des CO_2 ein Defizit. Es wird zu viel „ausgeatmet". Wer aber bezahlt dieses Defizit? Viele Jahrzehnte konnte die Schuld, der „fossile Schatten des Flaschengeistes", ausgeblendet und verleugnet werden. Das ging mittels zweier „Strategien": die Schattenseiten des Systems, das initial von Europäern und Amerikanern befeuert wurde, wurden in eine andere Welt verlagert, die man die „Dritte" nannte. Und sie wurden als unbezahlte Rechnung in die Zukunft geschickt. Auch hier müssen wir kurz innehalten und in Ruhe reflektieren, was das heißt:

Wir leben also gegenwärtig auf Kosten der Zukunft, also

der nächsten Generationen von menschlichen und nicht-menschlichen Lebewesen – je nach Alter auch unserer eigenen! Und auf Kosten von etwa rund 80 Prozent der Menschen, die sich den westlichen Lebensstil (der aber mittlerweile nicht nur im Westen gelebt und auch dort nicht von allen westlichen Menschen gelebt wird!) nicht leisten können, die aber so weit separiert von uns leben, dass wir die Folgen nicht sehen müssen – außer, sie kommen als Flüchtlinge in unser Land oder als Bettler in unsere Fußgängerzonen.

Um die Folgen des Lebens in unserer Zivilisation anschaulicher zu machen, gibt es seit einigen Jahren zwei Konzepte: den World Overshoot Day (WOD) und den CO_2-Fußabdruck. Der WOD ist der Tag im Jahr, von dem ab wir mehr verbrauchen, als die Erde regenerieren kann. Ab diesem Tag leben wir auf Pump. Dieser Tag war 1970 noch der 23. Dezember. Mittlerweile ist es Ende Juli soweit. Auf Pump leben heißt, über die Grenzen gehen. Das wäre nicht weiter schlimm, wenn wir mehr als einen Planeten zur Verfügung hätten. Jeder weiß, dass das nicht so ist.

Aber ich glaube, dass Termini wie „Dritte Welt" einen Hinweis darauf geben, dass wir genau das immer noch unbewusst denken. Dass wir in unserem modernen Denken so abgespalten sind von unserer realen Welt, dass wir unbewusst meinen, dass uns doch mehr als eine Erde zur Verfügung steht (oder aber, dass wir als Menschen der Erde entwachsen seien und sie gar nicht mehr wirklich bräuchten). Das würde bedeuten, dass wir gegenwärtig mit unserem Wirtschafts- und Wissenschaftssystem in einer Ideologie leben, die uns suggeriert, dass es einen anderen Ort für uns gibt als den bestehenden. Das Fachwort dafür wäre: U-topie, der Nicht-Ort. Das Wissenschaftssystem, das sich besonders viel darauf einbildet, faktisch und materialistisch zu sein, es hat die Menschheit zu einer Haltung geführt, die den Fakten und der Materie auf dieser Welt gar nicht gerecht wird – also in eine andere Welt, in eine Utopie.[11] Wir gehen also über eine Grenze. Und wir gehen ja nicht nur beim Klima über eine Grenze. Johan Rockström, ein schwedischer Wissenschaftler, hat mit seinem Team neun Bereiche identifiziert, in denen wir als Menschheit in Gefahr sind, über die Grenze zu gehen, neun planetarische Belastungsgrenzen.[12]

Wie aber identifiziert man eine Grenze auf einem Planeten, der rund ist und groß?

Aber zurück zu unserer linearen Kurve des CO_2-Anstieges. Parallel dazu steigt – und das ist das eigentliche Problem – die Temperatur. Etwa um einen Grad ist die Weltdurchschnittstemperatur seit 1880 angestiegen. Die Erde fiebert. Gegenwärtig bewegt sie sich auf Prognosen zwischen drei und vier Grad zu und das ist aus folgendem Grund alarmierend: es besteht nämlich eine große Gefahr, wenn zwei unterschiedliche Prozesse aufeinanderstoßen, ein zyklischer und ein linearer. Auch in der Natur kann das passieren, zum Beispiel bei einem Vulkanausbruch. Man spricht von *Tipping Points,* von *Kipppunkten*: Generell sollte man beim Konzept der Erderwärmung ein ähnliches Bild im Kopf haben als wenn man auf den menschlichen Organismus schaut: also zwei Grad mehr Jahresdurchschnittstemperatur würden 39 anstatt 37 Grad Körpertemperatur bedeuten. Und das sind eben nicht nur zwei weitere Grad mehr, sondern es markiert den krankhaften Fieberzustand. Und es gibt eine weitere Parallele zum Klima: wie es bei einem menschlichen Organismus bei einer Sepsis, also einer schweren Entzündungsreaktion mit Fieber (jeder Intensivmediziner kennt das leidvoll!), zu einem Zustand kommen kann, wo es kippt, sich Prozesse also plötzlich in eine völlig andere Richtung entwickeln, anstatt graduell anzusteigen (ein Blutdruck, der eben noch gesenkt werden musste, weil er viel zu hoch war, bricht plötzlich zusammen und die gegenteiligen Medikamente sind gefragt), so ist es auch mit dem Erdorganismus: Wenn die Durchschnittstemperatur steigt, dann heißt das eben nicht, dass es immer wärmer wird, sondern dass Prozesse plötzlich ganz andere Bahnen einschlagen können. Zum Beispiel könnte bei einem Temperaturanstieg auf über zwei Grad der Golfstrom plötzlich völlig versiegen und dann würde es in vielen Bereichen Europas nicht wärmer, sondern kälter. Oder wenn die Permafrostböden in der Arktis auftauen, kommt so viel organisches Kohlenstoffmaterial in die Atmosphäre, dass alle Zwei-Grad-Ziele völlig illusorisch wären. Selbst wenn man danach die menschengemachte Treibhausgasmenge noch drastischer als geplant reduzieren könnte, wären viele Entwicklungen dennoch irreversibel!

Selbstverständlich: es gibt dynamische Kurven auch in der Natur. In Prozessen, die wir als gesund bewerten würden: beispielsweise dem exponentiellen Wachstum von Nervenzellen bei der Heranbildung eines kindlichen Gehirns im Bauch seiner Mutter. Überhaupt sind alle Organbildungsprozesse im kindlichen Embryo initial dynamische Wachstumskurven, bei denen es, siehe oben, zu natürlichen „Kipppunkten" kommt. Nur so entsteht etwas Neues; aus einer Ansammlung von Nervenzellen: ein Gehirn; aus Muskelzellen, Gelenk und Knochenzellen und vielem mehr: eine Hand. Aus ausreichend vielen Imagozellen in der Raupe: ein Schmetterling. In der Systemtheorie nennt man das eine Emergenz. Es entsteht eine höhere Ebene des Seins, eine neue Gestalt, ein neuer Attraktor. Aber dieses exponentielle Wachsen ist darauf angewiesen, dass es im Kontakt zu seiner Umgebung, zu seiner *Grenze*, stattfindet. Sonst geht es nicht! Und, das ist die zweite

Bedingung, es kommt immer auf den zeitlichen Maßstab der Skala an: dem dynamischen Werdeprozess steht am Ende ein ebensolcher Verwesungsprozess gegenüber, in dem „zu Staub wird, was aus Staub geboren wurde". Ein- und Ausatmen.

Letzteres gilt auch für den pathologischen Wachstumsprozess, Ersteres aber nicht. Es ist geradezu die Definition eines krankhaften Wachstumsprozesses, dass der Bezug zur Grenze verloren wurde: Die Wachstumsrate eines Tumors stellt sich beispielsweise ähnlich dar wie das Wachstum eines neuen Organs im embryonalen Organismus; auch hier würde man eine steil ansteigende lineare Kurve sehen, wenn man das Wachstum der Krebszellen abbilden, und eine zyklische Kurve, wenn man die gesunden Zellgewebe in der Umgebung des Tumors beschreiben würde. Auch nach kosmischen Katastrophen, also zum Beispiel nach dem Einschlag des riesigen Meteoriten, der wahrscheinlich hauptverantwortlich für das Aussterben der Dinosaurier vor 66 Millionen Jahren war, gab es einen starken linearen Anstieg der CO_2-Konzentration, der ein bis dahin stabiles System des Erdklimas zum Kippen brachte (allerdings war selbst dessen Kinetik nach allem, was wir wissen, deutlich langsamer als der gegenwärtige CO_2-Anstieg). Man könnte natürlich einwenden, dass auch diese Kurven trotzdem natürliche Kurven sind, schließlich spielen sie sich in der Natur ab – wo sonst?! Aber mit dem verlorenen Grenzsensorium, mit dem Aus-dem-Kontakt-Fallen mit ihrer Umwelt, sind organische, natürliche Lebensprozesse nicht mehr vereinbar. Die Folge sind krankhafte Prozesse (Krebs) oder kosmischen Katastrophen in der Natur, die in ihrer Radikalität und in ihren einseitigen Wachstumskräften ohne wirklichen Dialog mit dem Bestehenden zur Zerstörung des Gesamtsystems führen. Allerdings – was das Beispiel des Kometeneinschlages angeht – ist zumindest ein erweiterter Naturbegriff vonnöten: es ist ja ganz klar ein kosmischer Einschlag, der quasi von außen auf die „Natur" prallte. Und der Komet, der mit seinen rund 50 000 Kilometern in der Stunde in Mittelamerika einschlug und einen Krater mit einem Durchmesser von 160 Kilometern hinterließ, war mit Sicherheit nicht in Kontakt mit den komplexen Wechselwirkungen des Systems Erde zur Zeit der Dinosaurier.[13] Aber natürlich kann man auch die Haltung vertreten, dass die Natur für ihre Entwicklung genau solche Katastrophen braucht. Dass diese Katastrophen, die sich als tödlich für Milliarden von menschlichen und nicht-menschlichen Lebewesen erweisen würden, aber durch etwa 20 Prozent der gegenwärtigen Weltbevölkerung wissentlich induziert werden, ist aus meiner Sicht nicht vertretbar.

Dass es in der Natur aber Entwicklung, Weiterentwicklung gibt, ist dagegen unstrittig – es gibt ein evolutionäres Prinzip. Dieses evolutionäre Prinzip gilt auch für den Menschen und sein Bewusstsein. Das wird uns im vorletzten Kapitel beschäftigen. Und so viel sei schon vorweggenommen: ein evolutionäres Prinzip ist nicht mit einer zyklischen Kurve zu beschreiben. Eine solche Kurve muss auf jeden Fall auch dynamische Aspekte haben.

II. Kapitel

Außen und innen.
Der weitere Kurs des Buches

Im Prolog hatten wir gesehen, wieviel Potenzial darin stecken könnte, ein atmosphärisches Bewusstsein zu erlangen. Im letzten Kapitel haben wir gesehen, was für Katastrophen entstehen können, wenn wir es nicht erlangen. Im Prolog also war die Frage, warum wir nicht mehr daran arbeiten, eher eine Einladung. Hier nun wird sie existenziell drängend: Warum tun wir nicht mehr!? Lassen Sie uns also den Blick von der Außenwelt auf unsere Innenwelt richten. Lassen Sie uns also endlich psychologisch werden.

Ich möchte im Folgenden die These vertreten, dass mit den beiden Kurven, mit denen wir uns beschäftigt haben, eine Dualität beschrieben ist, die zwei ganz unterschiedliche Seinsweisen, zwei Qualitäten, zwei Haltungen abbildet. Für die erste Kurve spielen natürliche Prozesse eine Rolle: sie sind zyklisch, sie sind rhythmisch, sie „atmen", sie haben mit Werden und Vergehen zu tun und sehr viel mit Vernetzung und Wechselwirkung. Ein Verständnis für sie kann nur aus einer ganzheitlichen systemischen Perspektive erwachsen, denn man muss die Verwobenheit, die Verbundenheit mit ihnen begreifen um sie zu verstehen. Die zweite Kurve hat mit einem dynamischen Wachstumsprozess zu tun, der sich natürlich *auch* in der Natur abspielt, von seiner Grundqualität aber nicht natürlich (organisch), zumindest nicht natürlich balanciert ist. Diese Grundqualität entspricht in vielem der gegenwärtigen modernen Bewusstseinshaltung. Ich werde sie im Folgenden vereinfachend die Weltanschauung der Moderne nennen. Sie konnte nur entstehen und man kann sie nur verstehen, wenn man ein Bewusstsein hat, das eher dualistisch, reduktionistisch und technisch arbeitet – also abgespalten von der ursprünglichen Verwobenheit. Eine steil ansteigende Kurve wird normalerweise immer mit Entwicklung assoziiert.

Es sind also zwei unterschiedliche Sichtweisen, die zu unterschiedlichen Wahrnehmungen der Natur führen und in der Folge zu unterschiedlichem Handeln ihr gegenüber. Im einen Fall ist die Natur „Ressource" und „Produktionsmittel" oder Ausstattungshintergrund in einem komfortablen „Freizeitpark". Im anderen Fall bilden wir alle zusammen, menschliche und nicht-menschliche Wesen, ein großes Ganzes. Dieses große Ganze ist nur in einem systemischen Miteinander vorstellbar. Die Natur ist Quelle, „Source", für uns und wir sind es für sie. Diese beiden unterschiedlichen Sichtweisen auf die äußere Natur haben ihre Entsprechung in unserer inneren Natur, in unserem Seelenraum, der Psyche. Wenn wir die Welt eher in Richtung eines zyklischen Bewusstseins wahrnehmen, haben wir ein anderes Bewusstsein, als wenn wir sie linear-dynamisch wahrnehmen. Wir tragen diese beiden Dynamiken also auch in uns. Dort sind sie keine Kurven, sondern *Schemata* oder *Anteile*. Beides werden wir in den nächsten Kapiteln noch ausführlich beschreiben.

Diese beiden Sichtweisen passen weder im Außen noch im Innen zusammen. Aber: in den seltensten Fällen, so die These, kommen diese beiden Sichtweisen heute fein säuberlich getrennt vor: weder auf der äußeren Bühne noch auf der inneren. Die überwiegende Mehrheit der gegenwärtigen „modernen Menschen" lebt beide Seiten und wir alle tragen beide Seiten in uns. Sie bekämpfen sich im Äußeren und im

Inneren. Man könnte sagen: sie sind miteinander „verstrickt", nicht verwoben. „Zwei Seelen wohnen, ach in unserer Brust", ließ schon Goethe seinen Faust sagen. Und wo zwei Seelen, die einen so unterschiedlichen Charakter haben, derart verstrickt sind, entsteht ein handfester Konflikt. Dieser innere Konflikt hemmt uns zu handeln, wo wir so dringend handeln müssten. Es wird in den nächsten drei Kapiteln also darum gehen, diese Verwobenheit oder Verstrickung der zwei Seinsweisen in uns besser zu verstehen. Und nach Möglichkeit abzumildern. Als Psychologe würde man sagen: Die nächsten vier Kapitel liefern uns ein „Störungsmodell" für unsere Krise – das ist es, was man in der Psychotherapie als erstes tut: man erarbeitet ein Störungsmodell – und man erarbeitet es, weil (vertieftes!) *Verstehen* so wichtig ist für ein Verändern.

Das ist der eine Zugang zu dem Problem. Aber ich möchte die Frage, was uns hindert zu handeln, noch von einer anderen Seite aus betrachten und der oben bereits beschriebenen Frage des Raumes und der Grenze nachgehen – und auch diese hat mit unserer Psychologie zu tun.

Könnte es sein, dass ein Großteil unseres nicht angemessenen Handelns damit zu tun hat, dass wir eine verzerrte Wahrnehmung für Raum und Grenzen haben?! Könnte es sein, dass da, wo wir Grenzen wahrnehmen (seien es Körpergrenzen, seien es Warengrenzen, seien es planetarische Grenzen) oft gar nicht die wirklichen Grenzen liegen? Und die wirklichen Grenzen da sind, wo wir sie nicht wahrnehmen? Nun, wissenschaftlich gesehen ist es offensichtlich so:

- Bereits 1972 wurden die Grenzen des Wachstums im Bericht des Club of Rome aufgezeigt – jene Grenzen also, die auf einer räumlich begrenzten Fläche, die ein runder Planet nun einmal bietet, für eine Wirtschaftsphilosophie bestehen, die auf grenzenloses Wachstum gepolt ist. Vor zwei Jahren hat der Club of Rome eine aktualisierte Version nachgelegt, die nichts von den katastrophalen Prognosen von 1972 zurücknehmen musste (und deshalb nun eine „zweite Aufklärung" fordert – einen Bewusstseinswandel).

- Der Rockström-Bericht (2017) zeigt die planetaren Grenzen und ihre Überschreitung in neun Bereichen auf.
- Diese Grenzüberschreitungen wurden wie oben beschrieben sowohl national (World Overshoot Day) als auch individuell (Ökologischer Fußabdruck/CO_2 Fußabdruck) ausgerechnet.

Wir liegen im Westen sowohl national als auch individuell weit über dem, was uns als Raum zusteht, weit über der Grenze. Aber das ist im Alltag nicht erkennbar, es ist nicht wahrnehmbar mit unseren Sinnen, es ist nicht emotional fühlbar. Deshalb brauchen wir abstrakte Berechnungen, die vielleicht unseren Verstand erreichen, weil es mit unseren Sinnen und unserem Gefühl offensichtlich nicht funktioniert. Mein Auge erkennt einen schön designten VW Passat vor meinem Haus, der „mir" gehört: „Habe ich gekauft, Jahreswagen, war ein fairer Preis". Mein Auge erkennt, dass er auf der Straße steht, in Deutschland, ein deutsches Produkt, rund fünf Meter lang und zwei Meter breit: mein Auge sieht also genau Raum und Grenze. Was es nicht sieht, sind die mindestens 14 000 Teile, die in dem Wagen stecken, die aus der ganzen Welt kommen. Es sieht nicht das Eisenerz, um nur ein Beispiel zu nennen, das aus einer rund einen Kilometer tiefen Mine im Amazonasbecken gewonnen wurde – dort, wo einmal Regenwald stand, der im Austausch mit der Atmosphäre CO_2 verwandeln konnte. Und es sieht auch nicht das CO_2, das dieses an sich klar definierte Stück Raum mit seinen Grenzen jedes Mal in die Atmosphäre pustet, wenn ich mit ihm fahre. Insofern ist der Raum nicht, was er scheint: viel mehr Raum als zwei mal fünf Meter waren nötig, um dieses Auto zu produzieren und es war ein globaler Raum, kein deutscher. Und die Grenzen sind nicht die, als welche sie scheinen: der Wagen ist auch verbunden mit brasilianischer Erde – letztlich steht ein Stück brasilianischen Bodens vor meiner Tür (und ebenso Böden aus Afrika, Nordamerika, Asien). Und es steht auch nicht nur vor meiner Tür. Sobald es fährt, dehnt es sich aus bis in die Atmosphäre. Aber wie soll ich das *erkennen* mit meinen Sinnen? Wie erkenne ich die Grenze für CO_2-Konzentration in der Atmosphäre? Wie die für Wasserverbrauch? Für Plastik? Wie die Grenze des Wachstums unseres Wirtschaftssystems? Und wie erkenne ich vor allem meine persönliche Grenze oder Grenzüberschreitung in alldem?

Wenn ich ein köstliches (oder auch weniger köstliches, weil ziemlich billiges) Schnitzel esse, woran soll ich da schmecken, dass ich über die Grenzen gegangen bin und Schaden anrichte? Wie in der Gegenwart neben dem Schwein an Menschen denken, die weit weg wohnen und denen ich buchstäblich den brasilianischen Boden wegesse, auf dem das Soja für das Schwein für ein paar Jahre wuchs, bevor er dann erodierte? Und in der Zukunft meinen Kindern und Enkeln und vielleicht auch mir selbst, indem ich für die Vernichtung von Regenwald gesorgt habe und von Humusboden – beides wichtige CO_2-Binder.

Wenn ich zu einem Yoga-Wellnesswochenende auf Samos fliege, „im Einklang mit meiner Seele und der Natur", und es mir danach wirklich sehr gut geht, woran soll ich da merken, dass ich (neben sicher sehr gesunden und guten Dingen) eine Menge Schaden anrichte durch meinen Billigflug?

Wenn ich meine Kinder jeden Tag mit dem sicheren SUV in die Schule fahre, damit sie wohlbehalten durchs städtische Verkehrschaos gelangen, was soll sich daran schlecht anfühlen (außer dem Stress, den ich mir selber antue – aber doch für eine gute Sache!)?

All diese Grenzüberschreitungen werden nur durch Untersuchungen oder quantitative Berechnungen bewusst, mit denen wir unseren Fußabdruck erkennen können. Eine andere Möglichkeit haben wir gerade nicht, weil die meisten von uns es direkt nicht „spüren" können, was sie bewirken. Und wie auch: der Anfang des letzten Kapitels hat uns ja gezeigt, wie unmöglich es ist, ein Zuviel an CO_2 zu spüren.

Könnte es also sein, dass wir eine unzureichende und verzerrte Wahrnehmung für Grenzen haben? Und nicht nur für die Wachstumsgrenzen. Sondern auch für andere Grenzen der Natur: die Grenzen zwischen Innenwelt und Außenwelt, zwischen lebendig und nichtlebendig, beseelt und unbeseelt, oben und unten, Kultur und Natur, zwischen den unterschiedlichen Sphärenschichten und so weiter. Könnte es sein, dass hier im Westen eine (globale) Kultur entstanden ist, die auf Grenzwahrnehmungen aufgebaut ist, die sich so weit von der Natur wegbewegt haben, dass ganz vieles nicht mehr stimmig, nicht mehr real ist, was sie als Raum oder Grenze wahrnimmt – obwohl wir uns für totale Realisten halten? Basiert diese Kultur also auf einer *verzerrten und unzureichenden* Wahrnehmung für Grenzen? *Verzerrt* hieße, dass wir sie oft gar nicht oder falsch wahrnehmen: also dort Grenzen wahrnehmen, wo gar keine sind, und andererseits dort keine Grenzen wahrnehmen, wo durchaus welche existieren. *Unzureichend* hieße, dass wir sie da, wo wir sie richtig wahrnehmen, oft nicht spüren: wir können sie nur *denken*, nicht spüren und fühlen. Jedenfalls nicht im Alltag.

Wenn das stimmte, dann würde das noch viel besser erklären, warum wir nicht ausreichend ins Handeln kommen. Denn zum Handeln werden Menschen normalerweise durch Wahrnehmungen gebracht, die einen Eindruck hinterlassen, welcher nicht nur gedanklich-abstrakt ist: Ich sehe einen Moskito, ich höre ihn und ich spüre, wie er mich sticht. Das schmerzt und juckt und bevor ich noch richtig denken kann, schlage ich zu – und ein toter Moskito segelt auf den Boden. Zum Handeln werden wir also durch Wahrnehmungen gebracht, die zu Empfindungen, Gefühlen und Gedanken führen. Aber solche Wahrnehmungen, gerade was die Klimafrage angeht, haben wir im Alltag kaum oder nur verzögert – und für viele andere ökologische Fragen gilt das ebenfalls.

Auch diese Problematik wird zum Teil mit dem Störungsmodell erklärt. Wir scheinen verzerrt wahrzunehmen und von unseren Gefühlen und Empfindungen abgetrennt: darin besteht die „Störung". An dieser Störung müssen wir arbeiten. Aber – das ist die Hypothese dieses Buches – damit ist es noch nicht getan: Was uns fehlt, ist eine Sensibilität, ein *Organ für Grenzen und ihre Überschreitung*. Ich möchte sie Grenzsensibilität nennen. Um hier weiterzukommen, brauchen wir einen potenzialorientierten Ansatz. Wir müssen an unsere inneren Ressourcen. Teile davon sind menschheitsgeschichtlich gesehen sehr alt. Sie kommen gewissermaßen aus unserem Unterbewusstsein. Andere Teile davon – jene, die mit einem globalen oder atmosphärischen Bewusstsein zu tun haben, aber sind evolutionär gedacht sehr neu. Sie müssen quasi aus der Zukunft kommen. Man kann auch sagen: aus dem Überbewusstsein. Damit werden sich die letzten drei Kapitel des Buches ausführlicher beschäftigen.

Die folgenden vier Kapitel setzen sich also viel mit einem Störungsmodell auseinander, dessen Grundpfeiler von mir das *Schema der Moderne* genannt wird. Die danach folgenden Kapitel handeln von einem Ressourcenmodell, das von mir das *atmosphärische Bewusstsein* genannt wird.

Auf dem Weg durch die nächsten Kapitel werden wir ziemlich viel Material begegnen, was es spannend machen kann, aber manchmal auch nicht ganz einfach. Aber in der Fülle des Stoffes werden uns folgende Begriffe immer wieder begegnen:

- *Grenzen* und ihre verzerrten Wahrnehmungen
- *Sphären* und ihre Übergänge in andere Sphären
- *Wechselwirkung* zwischen außen und innen (hier geht es um ein verändertes Raumbewusstsein)
- *Entwicklung:* zyklisch, linear quantitativ oder qualitativ (hier geht es also um ein Zeit- und Entwicklungsbewusstsein)
- *Innere Anteile, Schemata und Seelenorgane* (hier geht es um ein erweitertes Selbstbewusstsein)

Fangen wir also an, das Äußere mit dem Inneren zu verbinden. Fangen wir an mit uns und unseren inneren Anteilen. Um besser zu verstehen, was uns „stört", besser wahrzunehmen und zu fühlen, was wir tun.

III. Kapitel

Gegenwärtige Vergangenheit

Hier werden zwei Konzepte aus Psychologie und Wissenschafts-
theorie vorgestellt: Schema und Paradigma, die wir verstehen
müssen, um klarer zu sehen, was uns hindert, zu handeln.

„Das Vergangene ist nicht tot; es ist nicht einmal vergangen.
Wir trennen es von uns ab und stellen uns fremd."
Kindheitsmuster von Christa Wolff

Wenn wir also tiefer eindringen wollen in die Klimapsychologie und damit zu einem Verständnis dessen, was uns hindert, unser Verhalten zu verändern, müssen wir das tun, was
man in der Psychotherapie oft macht: uns mit unserer Vergangenheit beschäftigen. Nur so können wir die Gegenwart
verstehen. Bei einem Patienten bedeutet es, sich mit seiner
Biographie zu beschäftigen. In unserem Fall, in dem ein
Großteil der Menschheit quasi „Patient" ist, bedeutet es, sich
mit unserer Geschichte als Menschheit auseinanderzusetzen,
sowohl mit der Geschichte unserer Naturwissenschaft als
auch mit unserer sozialen Geschichte. Damit aber klar wird,
dass das nicht als Geschichtsexkurs um der Geschichte willen
gedacht ist, sondern dass diese Geschichte konkret etwas mit
Ihnen und mir zu tun hat (und genau genommen Gegenwart
ist), wird es notwendig, drei Begriffe einzuführen: den des
Schemas, des *Paradigmas* und des *Mythos.* Die These der

nächsten Kapitel wird nämlich sein, dass wir durch diese Geschichte buchstäblich tief geprägt wurden, dass uns also 500 Jahre Wissenschaftsgeschichte „in den Knochen" sitzen. Und dass diese tiefe Prägung nicht nur auf rationaler Ebene wirkt, sondern deutlich tiefer. Tiefer heißt: da werden emotionale Prozesse und Körperprozesse angerührt, die uns im Alltag nicht bewusst sind; sie spielen sich quasi als „Hintergrundrauschen" im Halbbewussten oder Unterbewussten ab. Und sind damit umso wirkmächtiger. Und hemmen uns zu handeln!

Wie prägend solche Muster sein können und wie langlebig, darüber ist in den letzten Jahren im Bereich der Medizin und der Psychologie, vor allem der Traumapsychologie, viel geforscht worden. Gerade im Verfolgen von traumatischen Kindheitserlebnissen (durch Kriege, aber auch durch häusliche Gewalt und Vernachlässigung) erwächst gegenwärtig in der Forschungsgemeinschaft mehr und mehr ein Bewusstsein, wie wirkmächtig diese sind: Denk-/Emotions-/Körpermuster werden über mehrere Generationen übertragen, (epi)genetisch und über andere Wege. Diese Übertragung findet aber nicht nur bei Traumata statt, sondern bei prägenden Ereignissen jeglicher Qualität. Jedenfalls, so meine These, kann man den tiefen Eindruck, den das moderne wissenschaftliche Weltbild auf uns macht, nur verstehen, wenn man die Methoden der Psychologie auf die Soziologie und die Geschichte anwendet. In diesen Fachbereichen wird das moderne wissenschaftliche Weltbild meist mit Begriffen wie *Glaubenssätze, Wertvorstellungen, Einstellungen, Theorien, Gedanken* umschrieben. Das impliziert aus meiner Sicht aber eine Unterschätzung der Macht dieses Weltbildes, die ihm nicht gerecht wird. Und damit unterschätzt man auch die Mühe, die es macht, es zu verwandeln. Deshalb werde ich die beiden Begriffe *Paradigma* und *Schema* jetzt herleiten und definieren.

Schema

Dieser Begriff, den man mit „Erlebensmuster" übersetzen kann, ist heute sehr gebräuchlich, in der Psychologie sowieso, aber auch bis in die Alltagssprache hinein. Entwickelt hat ihn der Schweizer Psychiater Jean Piaget. Wenn wir zum Beispiel an einen Ort kommen, an dem mehrere Schienen parallel verlaufen, sich ein erhöhter Gehweg direkt neben den Gleisen befindet (meist sogar überdacht) und dort Züge halten, dann wird die Assoziation der meisten Menschen wohl „Bahnhof" sein – und das wohl fast immer zurecht. Mit dieser zunächst rein gedanklichen Assoziation sind aber für fast alle von uns auch intensive Erfahrungen von Abschied oder Begegnung verknüpft: also Emotionen. Diese Emotionen werden sicher auch in unserem Gehirn abgebildet. Sie manifestieren sich aber in unserem *Körper*, wo wir sie auch erleben: Abschieds-Traurigkeit, die uns Brust und Schultern beschwert; Wiedersehens-Freude, die uns durch Arme und Beine tanzt. Das alles, also die gedankliche Assoziation „Bahnhof" genauso wie das emotionale und körperliche leise Mitschwingen, wird in uns aktiviert, wenn wir an „Bahnhof" denken oder einen solchen sehen (zumindest dann, wenn wir irgendwelche Erlebnisse damit verbinden). Das Problem ist nur: der gedankliche Aspekt des Schemas Bahnhof ist uns bewusst, der emotionale und körperliche normalerweise nicht. Emotionen und Körperempfindungen bleiben ein unbewusstes „Hintergrundrauschen", das in ebensolch unterbewusste Willensimpulse fließt (was etwa von der Werbebranche bereitwillig genutzt wird). Vielleicht werden Sie plötzlich schwerer, etwas energieloser, wenn von einem Bahnhof die Rede ist (und aus der Tiefe Emotionen unserer schmerzhaften Trennung vor 15 Jahren aufsteigen, die doch längst verdaut scheint). Oder irgendwie inspirierter (schließlich werden Sie am Wochenende einen alten Freund am Bahnhof abholen).

Die Bedeutung dieses emotionalen und körperlichen „Hintergrundrauschens" wird nun noch stärker berücksichtigt in der psychotherapeutischen Schemadefinition, die von Forschern wie Klaus Grawe und Jeffrey Young ausgearbeitet wurde und zum Beispiel in der heute sehr populären Schematherapie benutzt wird. Young, der Begründer der Schematherapie, definiert Schema als „ein weitgestecktes Muster aus Erinnerungen, Emotionen, Kognitionen und Körperempfindungen ..., die unser Bewusstsein prägen/beeinflussen und unser Verhalten steuern." Was ist damit gemeint? Vielleicht kennen Sie das unangenehme Gefühl, allein auf einer Party zu sein; alle haben scheinbar Spaß, nur Sie selber nicht. Und vor allem: alle haben einen Gesprächspartner, nur Sie nicht. Dass das objektiv kein schöner Zustand ist, ist keine Frage; dass er sich für viele Menschen derart unangenehm anfühlt, schon. Denn von außen betrachtet fragt man sich: wo liegt das Problem? Sie sind sicher, es ist warm, man hat meist mehr als ausreichend zu essen und zu trinken; es gibt eigentlich keinen Grund für das starke Erleben zweier unangenehmer Emotionen: Angst und Scham. Als hätten Sie etwas Böses getan – haben Sie aber nicht. Schematherapeutisch betrachtet sind diese starken Emotionen, die man auch körperlich fühlt, eine Aktualisierung, also ein Wiedererleben von alten emotionalen Zuständen von Ausgrenzung und Einsamkeit. Man kann es auch anders ausdrücken: In solchen Situationen erwacht eine unsichere, kleine Kind-Seite zu neuem Leben in einem erwachsenen Körper. Indem sie das tut, setzt sie einem scheinbar selbstbewussten Erwachsenen, ob nun Anwalt oder Gynäkologin, die Brille eines unsicheren kleinen fünfjährigen Kindes auf. Sie merken das nur meistens nicht, denn die Außenwelt, an der Sie sich orientieren, ist die der Erwachsenen. Innerlich aber fühlen Sie sich sehr klein. Sie können natürlich alles Mögliche dafür tun, dass Sie dieses Schema nicht spüren: Sie können Partys vermeiden; sich schnell durch ein oder zwei Bier locker machen; Sie können sich eine Maske zulegen, die möglichst interessante Geschichten zum Besten gibt; Sie können sich eine emotionale Panzerung zulegen. Trotzdem steckt einem dieses Schema, das man „Unzulänglichkeit/Scham" und „Isolation" (oder Nicht-ok-Schema) nennen könnte, buchstäblich in den Gliedern. Warum erwacht dieses Schema zum Leben? Weil gewisse Außenreize (alle anderen sind groß/selbstbewusst/gehören zusammen/ wissen, was zu tun ist/keiner interessiert sich für mich) Erinnerungen wecken an frühere Zustände, in denen man so etwas erlebt hat und in denen das durchaus auch objektiv bedrohlichen Charakter hatte; schließlich war man als kleines Kind auf eine fürsorgliche Umwelt angewiesen.

Das Problem liegt nun aber darin, dass durch die „Aktualisierung" dieses alten Schemas eine Wechselwirkung eingeleitet wird, die zur selbsterfüllenden Prophezeiung und zum Teufelskreis werden kann: weil ein „alter Film" abläuft, verhält man sich „schemakonform": unsicher, gehemmt, abweisend, übertreibend. Das mag dann in der Tat Menschen abstoßen und den Betreffenden in seiner Selbsteinschätzung bestärken. Das heißt: ein aktiviertes Schema wirkt nicht nur in die Innenwelt, es wirkt auch nach außen und verändert insofern auch die Außenwelt, was dann erneut die Innenwelt verändert! *Und dieses Reaktionsmuster wird aus der Vergan-*

genheit, nicht aus der Gegenwart gesteuert. Das wird im Weiteren ein wichtiger Punkt sein.

Ein solches Schema spielt sich auf einer psychischen Ebene ab, die zwischen dem Bewusstsein und dem Unterbewusstsein liegt, auf einer Ebene dazwischen. Es ist liegt insofern nicht total im Unbewussten – das ist das Positive. Aber es verzerrt, wenn es aktualisiert wird die Wahrnehmung der Gegenwart. Vielleicht ist es vergleichbar mit der berühmten rosaroten Brille (die aber eben auch grau sein kann). Ist ein Schema aktiviert, trägt man die Brille, ohne zu bemerken, dass man die Brille trägt. Es gibt aber in der Psychotherapie Techniken, die einem helfen, das zu bemerken. Insofern ist ein aktiviertes Schema „halbbewusst" – und man hat die Chance, es sich bewusst zu machen (mehr dazu im übernächsten Kapitel).

Ich werde im Folgenden meine Theorie ausführen, das uns heutigen, (post)modernen Menschen *allen*, mehr oder weniger, ein Schema in den Gliedern steckt, nämlich das der Moderne: wir alle sind von ihm „imprägniert", wie Harald Welzer schreibt.[14]. Was aber heißt imprägniert? Es bedeutet, dass sich uns allen tiefe Denk-, Fühl- und Körpermuster eingeprägt haben, die unser Welterleben und damit unser Welthandeln prägen.

Eine andere Möglichkeit sich klarzumachen was ein Schema ist, bietet dieses Vexierbild (Abbildung 4). Wahrscheinlich sehen Sie zwei Menschen, ein Liebespaar, nicht wahr? Aber schauen Sie noch einmal genauer hin. Dann werden Sie feststellen, dass es sich um eine Illusion handelt. Auf dem Bild ist nämlich überhaupt kein Liebespaar zu sehen. Sondern es sind – sehen Sie es nicht?! Genau: Delphine. Und wenn Sie sich ein wenig bemühen, können Sie jetzt ohne Schwierigkeiten hin- und herspringen zwischen Liebespaar

Abbildung 4:
Was sehen Sie?

und Delphinen. Mal sehen Sie in der Außenwelt das eine, mal das andere Motiv. Aber wo werden sie eigentlich gebildet? Richtig, das Bild entsteht in Ihrer Innenwelt. Allerdings nicht rein innerlich und nicht beliebig: es bildet sich ja *an* der Außenwelt, es bildet sich, indem Sie ein Bild anschauen, das zwei unterschiedliche Betrachtungsweisen anbietet – diese aber werden wiederum nach Ihrer inneren „Gestaltung" realisiert. Es gibt die schöne (und vielleicht gut erfundene) Anekdote, dass dieses Bild bei einer Ausstellung in Melbourne einer Gruppe Nonnen gezeigt wurde und diese sich über die unkeusche Szene erregten – der führende Museumsdirektor konterte scheinbar verblüfft: er habe vorher eine Kindergartengruppe geführt und diese hätten ihm Delphine beschrieben; er wisse also gar nicht, was sie meinten …

Ein Schema ebenso wie ein Fixierbild lebt also im *Dazwischen* zwischen außen und innen und es steuert unser Erleben der äußeren und der inneren Welt. Und damit erschafft es ein Stückweit unsere Welt(-sicht).

Ein wenig mag dieses Fixierbild auch symbolisch stehen für unsere gegenwärtige Schwierigkeit, wenn wir in die Welt schauen: Wir sehen in unseren globalen Krisen entweder das Soziale oder das Ökologische. Wir können uns mal auf das eine, dann wieder auf das andere einlassen, aber wir bekommen es einfach nicht zusammen. Wir tragen zwei Parallelwelten in uns, in denen man entweder seine Liebe zur Natur lebt oder zum Mitmenschen. Aber beides gleichzeitig geht offensichtlich nicht. Denn die Repräsentanz in unserem Inneren, das „Organ", wie Goethe es genannt hätte, ist zerteilt: zwei Seelen, ach, in unserer Brust. Zwei Seelen mit unterschiedlicher Erlebensweise. Wie diese zwei Seelen uns immer wieder in große Unsicherheit, Zweifel und Widersprüche stürzen, darauf werden wir im achten Kapitel zurückkommen.

Wie diese Denk-, Fühl- und Empfindungsmuster der Moderne nun konkret aussehen, soll im Weiteren ausgeführt werden. Allerdings brauchen wir dazu noch das Verständnis eines weiteren Begriffes, den des Paradigmas.

Die Kategorien, die zu einem Schema gehören, sind zusammengefasst also:

- Gedanken,
- Gefühle und
- Körperempfindungen.

Paradigma

Wie kommt es, dass Sie wahrscheinlich zutiefst skeptisch wären, wenn Ihnen jemand folgende Geschichten erzählen würde: Ein Hammer sei gerade wie von Geisterhand vom Boden auf den Tisch geflogen oder die Milch sei sauer geworden, obwohl doch heute Morgen erst frisch gekauft, was unumstößlich beweisen würde, dass die Nachbarin eine Hexe ist. Oder jemand würde erzählen, dass „im Land der Skythen große Teile unbewohnbar sind, denn trotz seines Reichtums an Gold und Edelsteinen können es Menschen nicht betreten, weil dort riesige Greife horsten ...“

Nun, es kommt daher, dass Sie und ich im 21. Jahrhundert leben und nicht im späten Mittelalter. Heute gilt ein ganz anderes wissenschaftliches Paradigma, das heißt, ein anderer Grundkonsens von dem was wahr und möglich ist und was nicht. Auch damals hätte man wahrscheinlich nicht jeder dieser Behauptungen sofort zugestimmt: Die erste und die zweite Aussage wären vielleicht sofort bei der einfachen Bevölkerung durchgegangen. Um sie aber „wissenschaftlich“ zu erhärten, hätte man einen Inquisitor bemühen müssen, der dann mittels streng festgelegter Prüfungsmethoden (heute würde man sagen: standardisiert) die Richtigkeit der Aussagen durch Befragung und Folter überprüft und damit möglicherweise eine Hexe überführt und ihrer gerechten Strafe zugeführt hätte. Die letzte der Aussagen aber wäre für alle eine Tatsache gewesen, denn der berühmte und gelehrte Rektor der Pariser Sorbonne, Kardinal d`Ailly, hat sie in seinem Standardwerk *Imago Mundi* 1410 eigenhändig aufgeschrieben.[15]

Der für dieses Buch relevante Aspekt des Begriffes Paradigma liegt darin, dass er uns zu verstehen hilft, dass „Wahrheiten" der Zeit unterworfen sind und weder schon immer galten noch für immer gelten werden. Was religiöse Wahrheiten angeht, tut sich unsere Zeit mit dieser Erkenntnis ziemlich leicht. Was wissenschaftliche Wahrheiten angeht, dagegen nach wie vor ziemlich schwer.[16]

Ins Bewusstsein der Weltöffentlichkeit kam der Begriff in den 1970er Jahren mit den zwei großartigen Büchern von Fritjof Capra: *Das Tao in der Physik* und *Wendezeit*. Capra hat darin einen Begriff des amerikanischen Wissenschaftssoziologen Thomas E. Kuhn aufgegriffen. Dieser hatte in den 1960er Jahren ein Buch über Wissenschaftsgeschichte veröffentlicht (*Die Struktur wissenschaftlicher Revolutionen*), in dem er auf erhellende Weise darlegte, dass auch die Wissenschaft in ihren Sichtweisen stets im Wandel ist. Nichts ist im klassischen Sinne objektiv. Und nichts ist für immer gegeben, vielmehr verändern sich Sichtweisen und indem sie sich verändern, sieht die Welt plötzlich ganz anders aus. Zum Beispiel dreht sich nach einem Paradigmenwechsel diese Welt dann um die Sonne, anstatt die Sonne um Welt. Bis es aber dazu kommt, dass sich die wissenschaftliche Sichtweise verändern kann, muss eine Menge passieren, denn innerhalb der Wissenschaft gibt es gewisse Regeln, Werte, Denkmuster, über die man sich zum Teil bewusst und ausgesprochen, zum Teil auch unausgesprochen und unterbewusst geeinigt hat. Diese werden nicht einfach über Bord geworfen, bloß weil jemand vielleicht eine interessante Idee hat, sondern sie haben eine große Beharrungsmacht. Um bei dem eingängigsten Beispiel zu bleiben: nur weil es seit der Antike immer wieder Astronomen gab, die die Sonne im Zentrum sahen und nicht die Erde, wurde das wissenschaftliche Grundgerüst oder der Grundkonsens im Mittelalter nicht geändert.[17]

Ein Paradigma ist in jedem Fall wirkmächtig. Um es zu

stürzen, sind laut Kuhn mindestens zwei Dinge notwendig: es müssen ausreichend viele Beobachtungen zusammenkommen, die mit dem alten Paradigma nicht zu erklären sind, also für Irritation sorgen in der Forschergemeinschaft. Und zweitens muss mindestens eine außergewöhnliche Forscherpersönlichkeit hinzukommen, die in ihrer Genialität einen neuen Ansatz einbringt, der das Problem zufriedenstellend löst. In unserem Beispiel war das Kopernikus. Kommen diese beiden Sachverhalte zusammen, findet eine „wissenschaftliche Revolution" statt und ein neues Paradigma ist entstanden, das seinerseits so lange das „Leitmedium" bleibt, bis wieder so viele irritierenden Beobachtungen und das eine oder andere Genie dazu kommen, um es durch ein Neues zu ersetzen.

Kuhn dachte den Paradigma-Begriff jedoch sehr fachbezogen: Die Astronomen haben ihr Paradigma, die Chemiker ein anderes und die Juristen wieder ein ganz anderes. Nachdem aber nun schon seit mindestens 200 Jahren die Naturwissenschaft als Ganzes unglaublich prägend war für alle wissenschaftlichen Disziplinen[18] – und nicht nur für diese, sondern für die Gesellschaft als Ganze –, weitete Capra den Paradigma-Begriff auf zweifache Weise aus: Erstens beschreibt der Begriff bei ihm ein Leitbild, das nicht nur für die Naturwissenschaftler, egal ob Physiker, Chemiker oder Biologen, handlungsleitend war. Auch die Ärzte, Juristen, Theologen oder Psychologen wollten so forschen und denken wie die Physiker und Astronomen.

Zweitens ist das Paradigma prägend für die Gesellschaft als Ganzes, auch als Nicht-Wissenschaftler nehmen wir sehr viel auf von dieser Art des Weltzugangs, des Denkens, Fühlens und Handelns. Am offensichtlichsten ist diese Prägung in den technischen Erfindungen der letzten 200 Jahre zu sehen und in unserem mehr oder weniger selbstverständlichen Umgang mit ihnen. Capra definiert Paradigma deshalb als „eine Konstellation von Begriffen, Werten, Wahrnehmungen und Praktiken, die eine Gemeinschaft miteinander gemeinsam hat und die eine besondere Sicht der Realität bildet, welche der Art und Weise zugrunde liegt, wie sich die Gemeinschaft selbst organisiert."

Diese Erweiterung ist sehr wichtig, weil sie den Paradigma-Begriff von einer wissenschaftlichen Gemeinschaft auf eine soziale Gemeinschaft ausweitet. Solange es das Spezialwissen einiger Astronomen gewesen wäre, dass nicht die Erde, sondern die Sonne im Mittelpunkt unseres Kosmos steht, hätte das gesellschaftlich keinen Einfluss gehabt. Das Wissen wurde aber weitergegeben (auch wenn das erst verhindert werden sollte) und erwies sich als im tiefsten Sinne prägend. Es hat das gesamte Verständnis der Welt und der Rolle des Menschen darin und damit den Zeitgeist neu geprägt – bis zu uns heutigen. Und das, was da in uns geprägt wurde, hat mit dem Schemabegriff zu tun. Es fühlt sich ganz anders an, ob die Sonne der Mittelpunkt ist oder die Erde. Es hat also emotionale und sensorische Einflüsse auf unser Welterleben. Das Paradigma prägt also ein Schema.

Mit diesen beiden Begriffen – Paradigma und Schema – ausgestattet ist es nun möglich, auf die westliche Wissenschaftsgeschichte in einer Weise zu schauen, die nichts mit Geschichte als der Wissenschaft vom Vergangenen zu tun hat, denn die Geschichte lebt aktualisiert in uns. Und insofern sie uns festhält, verhindert sie Gegenwart.

IV. Kapitel

Die Atmosphäre reißt,
der Mensch verkapselt sich

In diesem Kapitel wird, ausgehend vom Umbruch in der Renais-
sance, der ein ganz neues Verständnis des Himmels und der At-
mosphäre hervorbrachte, die Entstehung des „Schemas der Mo-
derne" beschrieben: eines Welterlebens, das extrem beeinflusst
ist von einer Naturwissenschaft, die sich nicht am Lebendigen,
Vernetzten, Wechselwirkenden orientiert, sondern am Toten.

Auch wenn es natürlich nicht vollständig möglich ist: Um in
Ansätzen zu verstehen, was für ein Bewusstseinswandel in
der Renaissance einsetzte, der zu einem völlig neuen Atmo-
sphärenverständnis führte, müssen wir versuchen, uns ein
wenig einzufühlen in das zuvor herrschende mittelalterliche
Weltbild, in dem der Kosmos noch fest verbunden mit der
Erde erlebt wurde. Und die Verbindung zwischen den kosmischen Welten und den irdischen Welten ging über Sphären,
also gekrümmte kreisförmige Räume, die zwischen zwei
Grenzen entstehen, die wiederum zu anderen gekrümmten,
kreisförmigen Räumen führen: In jeder dieser Sphären war
eine eigene Welt angesiedelt: die Planetensphären, die
Fixsternsphäre mit dem Tierkreis, die Kristallsphäre; dahinter die Sphären der Engel, Erzengel, Throne – zuletzt Gott. Im
Inneren der Erde gab es die sublunaren Sphären der vier Elemente, darunter die Sphären des Fegefeuers und der Hölle.
Charakteristisch für das mittelalterliche Denken war aber

Abbildung 5:
Geozentrisches Weltbild, Ende des 15. Jahrhunderts

auch ein Weltgefühl, in dem die Dinge beseelt erlebt wurden und aus sich heraus Wirkungen auf andere Dinge, auf Tiere und Menschen ausüben konnten: Hostien, geweihte Kerzen, Heiligenreliquien waren aufgeladen mit einer guten göttlichen Kraft, die sie erfüllte, und sie konnten diese Kraft weitergeben, an Menschen, an andere Dinge, die dann auch davon erfüllt wurden.[19]

Es geht hier nicht darum, unterschiedliche Zeiten gegeneinander auszuspielen. Weder also geht es im Folgenden um eine Verklärung des Mittelalters als „gute alte Zeit" – das war sie nicht – noch um eine Verteufelung oder Verspottung dieser Epoche als „finsteres Mittelalter" – das war es auch nicht. Es war eine andere Zeit mit einem anderen Bewusstsein. Eine Welt, viel durchlässiger für die vielen anderen Welten, die im mittelalterlichen Kosmos ebenfalls real waren. Weshalb man selbst im Alltag in direkten Kontakt treten konnte mit dem Wirken der Unterwelt: Dämonen konnten erscheinen, furchtbare Drachenwesen konnten auftauchen, Hexen konnten mit Hilfe des Teufels ihr Unwesen treiben. Aber auch die Überwelt hatte ihre „Fernwirkungen": über das Wirken der Planetensphären oder des Tierkreises in der Fixsternsphäre und über die Wirkungen der Heiligen, der Engel und Erzengel, vielleicht gar Maria oder Christus selbst, war der Himmel mit der Erde, war das Göttliche mit dem Menschlichen fest verbunden. Die damalige Welt war in vielem unberechenbar, sie war sicher in manchem auch kein schöner Ort, weswegen auch der Tod nicht halb so schrecklich schien wie uns heutigen – gab er doch die Möglichkeit, die Erdensphäre zu verlassen und in die himmlischen Sphären vorzudringen. Aber eines war bei allem Leid (und aller Freude, die es auch gab!) selbstverständlich: Himmel und Erde gehören in diesem Welterleben zusammen. Es gibt eine schützende göttliche Atmosphäre über den Köpfen, die umhüllt. Und: die Erde steht im Zentrum des kosmischen Geschehens. Alle weiteren Sphären bauen sich um dieses Zentrum auf, in konzentrischen Kreisen, nach innen oder nach außen. Und sie sind getragen von einer Äthersubstanz, der Quintessenz, an der die Planeten und an der die Fixsterne in ihren Sphären irgendwie befestigt sind, beziehungsweise in der sie gleiten. Der Mensch ist ein Mikrokosmos dieses Makrokosmos, eine kleine Welt in der großen.

Dieser Selbstverständlichkeit setzte das Wirken von Nikolaus Kopernikus ein Ende. Dabei ging es Kopernikus mitnichten darum, die Himmelssphäre zu zerstören.[20] Seine Intention war es vielmehr gewesen, endlich eine vernünftige Erklärung für die von der angenommenen, idealen Kreisform abweichenden Planetenbahnen zu finden, in denen diese um die Erde zogen. Dieses Phänomen war in den Jahren vor Kopernikus immer sorgfältiger beobachtet worden und hatte für immer mehr Konfusion gesorgt, weil sich diese Bahnen einer Gesetzmäßigkeit, wie sie der „Kosmos" schon bei den Griechen eigentlich forderte, nachweislich entzog.

Diese Erklärung fand sich schlagartig, indem Kopernikus das alte Erklärungsmodell auf den Kopf stellte. Wobei – die Formulierung wird der Tat nicht gerecht: er stellte aus seiner Sicht kein Erklärungsmodell auf den Kopf, sondern die Welt. Und natürlich stellte er sie nicht auf den Kopf. Aber er stieß sie aus dem Zentrum in die Peripherie. Das Zentrum besetzte von nun an die Sonne, um die sich alle Planeten drehten. Die Erde war einer davon, der dritte von sieben.

Wir sprechen heute noch von einer „Kopernikanischen Wende", wenn plötzlich eine Erkenntnis da ist, die alles auf den Kopf stellt. In diesem Fall war es Kopernikus' Theorie, dass das verwirrende Gewirr der Planetenläufe viel eleganter und schlüssiger erklärt werden kann, wenn man die Perspektive wechselt: Die Planeten bewegen sich nur solange merkwürdig und unberechenbar, solange man an der Theorie festhält, dass sie sich um die Erde bewegen. Sobald man den Gedanken zulässt, dass es auch ganz anders sein kann, im Zentrum der Bewegung also nicht die Erde, sondern die Sonne steht, machen alle Phänomene plötzlich Sinn! Er setzte anstelle des verwirrenden Chaos ein elegantes mathematisches Gesetz, das dann von Kepler, Galileo und Newton wei-

ter ausgearbeitet und verfeinert wurde. Wenngleich Kopernikus nicht der erste war, der diese Theorie entwickelte, war es
Kopernikus, der den Anstoß gab, dass diese Theorie so weit
ins allgemeine menschheitliche Bewusstsein vorstoßen
konnte, dass sie „Weltbild" (Paradigma) werden konnte. Andererseits hat sich für unser tägliches Erleben trotz der „Kopernikanischen Wende" nicht viel geändert: „Unsere" Sonne
geht auf und unter und hat ihren Sonnenlauf den Tag über;
nur wenn wir darüber nachdenken, wissen wir, dass die Erde
sich um die Sonne dreht und nicht umgekehrt, aber wir fühlen und spüren es im Alltag nicht. Letztlich ist also Koper-
kus' Theorie für die meisten von uns nach wie vor kein Welterleben geworden, es ist eine Theorie, an die zwar jeder
glaubt, die aber nicht empfunden wird.[21]

Ich glaube aber, dass Kopernikus durch seine „Wende"
den Anstoß gab für ein ganz neues Welterleben, das für
unser tägliches Erleben, also unser Bewusstsein, tatsächlich
sehr prägend und auch für die Klimaproblematik sehr
relevant ist (und dazu muss man gar nicht spüren, dass wir
uns um die Sonne drehen). Durch das neue Paradigma
kamen nämlich in den nächsten Jahrhunderten Entwicklungen in Gang, die implizit wirkten. Implizit bedeutet hier:
sie wirken in der Sphäre des Halbbewussten oder auch
des Unterbewussten – und manifestieren das, was wir also
Schema nennen und was bis in die seelisch physische Konstitution hineinwirkt. Sie sind unserem Verstand nicht in dem
Sinne klar, wie ihm klar ist, dass sich die Erde um die Sonne
dreht. Entscheidender also als die Erkenntnis, dass die Sonne
in der Mitte steht, war womöglich, dass Kopernikus das
Himmelsfirmament, das hüllende und tragende Zeltdach,
das die Erde schützte und die Menschen barg vor den Ge-
walten der himmlischen Sphäre, zerstörte. Nicht, weil er es

mittels Ozon vernichtet hätte, sondern weil er es als Illusion „enthüllte".[22]

Sobald man die Tatsache anerkennt, dass sich die Erde um die Sonne dreht, gibt es kein Himmelsfirmament mehr, an dem die Planeten befestigt sind wie an einer Zirkuskuppel – die Planeten schweben dann frei im unendlichen kalten Kosmos! Die Erde ist mit einem Male nackt und ungeschützt. Sehr schön sieht man das in der folgenden, bekannten Abbildung, die lange nach Kopernikus verfertigt wurde und sehr schön die damals vorgestellten Sphären und auch die Schwierigkeiten illustriert, die es machte, sich aus diesem alten Denkmodell herauszuschälen. Sie wird allerdings der mittelalterlichen Welt insofern nicht gerecht, als die Erde in Form einer Scheibe dargestellt wird. Das war im Unterschied zum Sphärenmodell und dem geozentrischen Weltbild im Mittelalter keinesfalls einhelliger Konsens; auch nicht in theologischen Kreisen.[23]

Kopernikus schaut durch die durchsichtige Himmelskuppe hindurch und atmet als erster Mensch „kosmischen Geist" – und er überlebt! Weil sich – das sehen wir auf dem Bild noch nicht – die Kuppel als Illusion herausstellt. Und weil man „im Kosmos atmen kann". Man braucht sie also nicht zum Überleben, die Atmo-Sphäre. Eigentlich gibt es keine Atmosphäre! Der Mensch ist nackt und ungeschützt dem unendlichen, kalten Kosmos ausgeliefert. Und es gibt keine Fixsternsphäre, die unveränderlich ihre Kreise zieht. Da ist ein unendlicher weiter, kalter Weltraum mit Milliarden von Sternen. Pascal sagte: „Das ewige Schweigen der unendlichen Räume versetzt mich in Schrecken". Das ist die erste Implikation. Die zweite ist mindestens ebenso gewaltig: Wenn es keine schützende Atmosphäre gibt und keine Himmelssphären, bevölkert von Heerscharen von Engelhierarchien, keinen mächtigen Schöpfergott und Allbeweger da-

Abbildung 6: Flammarions Holzschnitt, der Mensch überwindet die Sphären, 1888

hinter, ist dann vielleicht die ganze Idee von einem göttlichen Weltenlenker Illusion? Natürlich ist Gott auch in der Weite des Weltenraumes vorstellbar oder in irgendeiner anderen Dimension. Aber es ist in jedem Fall ein anderer als der Gott der mittelalterlichen Himmelssphäre mit seinen Legionen von Engeln. Und wenn schon kein wohlgeordneter Fixstern-himmel existiert, wer weiß, ob es ihn überhaupt gibt, diesen Gott? Spätestens vierhundert Jahre später weiß Nietzsche: er ist tot. Aber bereits hundert Jahre vor Nietzsche wird Laplace sagen: „Gott, diese Hypothese brauche ich nicht".

Wen es aber gibt und wer eben durch diese Erkenntnis he-rausgetreten ist aus seinem Erdenrund, ex-zentrisch gewor-den, das ist der Mensch. Der Mensch, der die nackte hüllen-lose Erde ein wenig mehr von außen betrachtet. Das Objekt, mit dessen Hilfe er das tut, ist der Globus. Wer aber die Welt wie von außen sieht, sie vielleicht sogar in seinen Händen halten kann wie Atlas, ist auch ein Stück weit draußen. Sloterdijk formuliert: „Wer Globus sagt, ist draußen." Er stellt sich der Welt gegenüber, er separiert sie und sich. Die Welt wird zu einem Objekt der Beobachtung. Zum Ding. Zu seinem Ding. Und der Mensch, der ja mit seinem Leib eigentlich auch ein Stück Welt ist, macht seinen Körper auch ein wenig zu einem Ding – zu seinem Ding. Und bewegt sich somit aus sich heraus – in seinen Kopf. In dem er fortan faszinierende Konzepte von seiner Welt entwerfen wird …

Und quasi gleichzeitig mit dem Bewusstsein, dass es in der Vertikalen einen unermesslichen Raum gibt, dehnt der (europäische) Mensch nun seinen Raum aus – in die Horizontale. Kolumbus, und vor und nach ihm innerhalb eines halben Jahrhunderts Dutzende andere Entdecker, wagt im Jahr 1492 die Reise in den Westen, der bis dahin „verhüllt"[24] war für den europäischen Menschen. Eine „neue Welt" wird entdeckt. Wahrscheinlich beginnt damit dieses unbewusste Konzept von den „mehreren Welten", als gäbe es mindestens zwei. Und beide existieren, die neue und die alte Welt, auf einem Planeten, der kugelförmig ist. Gigantische Mengen an Raum also, nicht nur im Himmel, sondern auch auf dieser neuen Welt: im Westen. Dieser wird mit heißer Kälte erobert – „kolonisiert". So dehnt sich das europäische Bewusstsein allmählich über den ganzen Weltenraum aus, den es damit globalisiert. Dieses Bewusstsein, exzentrisch auf einem Globus zu leben, kommt damit „auf die Welt". Die Entdeckungen von Kopernikus, Kepler und anderen waren ja astronomische Entdeckungen. Aber jetzt traten die Entdecker auf und machten für alle erfahrbar, dass die Erde eine Kugel ist und dass es unermesslichen Raum gibt: nicht nur im Kosmos, sondern ebenfalls auf dieser Kugel. Denn auch wenn wohl nicht alle Menschen im Mittelalter überzeugt waren, dass die Erde eine Scheibe ist, so war doch das Welterleben ein deutlich flächigeres (siehe Kapitel IX). Es muss also für die damaligen Menschen ein Schock gewesen sein und gleichzeitig ein wohliger Schauer, dass Magellan mit ein paar Karavellen von Portugal gen Westen in See stechen konnte und drei Jahre später ein Teil der Mannschaft von Osten zurückkehrte.

Dieses Welterleben ist nun mit bestimmend für das Wissenschaftskonzept der beginnenden neuen Zeit: das Paradigma der modernen Wissenschaft. Wo sich in der Antike und im Mittelalter geistige und physische Welt durchdrungen haben, sind sie jetzt getrennt; heute würde man sagen: dissoziiert. Die Himmelsphären, sie sind nicht mehr und kommunizieren nicht mehr über unterschiedliche Stufen der Dichte miteinander. Das Geistige, wenn es denn existiert, ist kategorisch getrennt vom Reich der Materie. Und das gilt auch für den Menschen selber: auch durch ihn geht dieser Riss: Kopf und Körper, Geist und Leib sind getrennt.

Der erste, der das mit aller Macht postuliert und eine Philosophie entwickelt, die bis heute prägend wirkt, ist René Descartes. Er erhebt mit seiner Trennung von Geist und Materie den Dualismus zum Konzept: Geist hat nur der Mensch (da, wo er nicht Körper ist), alles um ihn herum ist geistlose Materie (und endloser leerer Raum!). Verbunden wird der Geist mit der Materie nur in einem winzigen Umschaltorgan („Relais") im menschlichen Kopf: der Zirbeldrüse. Francis Bacon, ein Zeitgenosse von Descartes, nimmt diesen Gedanken auf: Wo kein Geist ist, sondern das Reich der Materie, da ist alles erlaubt. Landschaften, Pflanzen, Tiere gelten in diesem endlosen leeren Raum als unbeseelt. Deshalb hat der Mensch der „Neuzeit" alle Freiheit, sie sich nutzbar zu machen: „Wissen als Macht über die Natur" (Bacon), die man auch quälen darf, wenn es dem Menschen nutzt. Wo aber kein Geist ist, keine Seele, da braucht es keine Qualitäten, nein, da *gibt es keine* Qualitäten, die man wissenschaftlich beschreiben müsste. Da kann man messen und wiegen, da herrscht das Gesetz der Quantität. Das ist das Motto von Galileo Galilei: „Alles messen, was messbar ist. Und alles messbar machen, was noch nicht messbar ist."

Und Galilei hat nun, wieder viel mehr implizit als explizit, durch seine Forschungen intensiv daran mitgearbeitet, das Bild vom toten Planeten Erde zu erzeugen, auf dem zufälligerweise trotzdem Leben möglich ist (also das tote Gegenbild zu Gaia – siehe Kapitel I). Wie das? Nun, Galileo war in erster Linie Astronom. Große Teile seiner Naturerkenntnis leitete er aus der Beobachtung der Himmelsköper ab. Durch sein Fernrohr, ein „Hightech"-Instrument des frühen 17. Jahrhunderts, beobachtete er Jupiter und beschrieb als erster dessen Monde: Jupiter hatte Monde, die sich beobachten ließen, so wie die Erde einen Mond hat. Sie drehten sich nachweislich also nicht um die Sonne, sondern offensichtlich um einen anderen Planeten. Himmelskörper mit diesem „Verhalten" waren in der ptolemäischen und aristotelisch-theologisch geprägten Weltsicht nicht vorgesehen, wonach sich jeder Himmelskörper eben um die Erde drehte.

Galilei folgerte aber auch, dass die Erde letztlich genauso ein Planet war wie Jupiter oder Saturn und sich damit genauso um die Sonne drehte wie diese. Und ihr Verhalten, ihre Bahnen, ließen sich genauso beschreiben, nein: berechnen wie die der anderen Planeten. Hier schwang auf einer unbewussteren Ebene eine Gedankenfigur durch den Raum, die dann im 19. Jahrhundert als der „*Nichts-als-Gedanke*" explizit ausgesprochen wurde: Die Erde ist letztlich „nichts als" ein mächtiger Gesteinsbrocken, der seine berechenbaren Kreise zieht im leeren Raum, zusammen mit anderen Planeten wie Venus, Jupiter und Mars. Ein Uhrwerk, angestoßen vor Urzeiten, vielleicht noch durch den Impuls eines göttlichen Uhrmachers, der sich längst von seinem Werk zurückgezogen hat. Vielleicht auch durch die Macht des Zufalls.

Dieses reduktionistische Nichts-als-Denken setzte sich fort im 19. Jahrhundert in die Reiche der Lebenswissenschaften, in Biologie und Medizin. Der Mediziner Rudolf Virchow, ein Humanist und Sozialreformer, arbeitete an einer Medizin, die die physikalischen Prinzipien der Gesetzmäßigkeit, Kausalität, Mechanik im menschlichen Körper entdeckt, „eine Physik der Organismen". Der Körper ist „nichts als" Materie. Das Gehirn ist „nichts als" eine Art von Leber: Wie Letztere Galle ausfließen lässt, lässt Ersteres Gedanken ausfließen. René Du Bois-Reymond, im 19. Jahrhundert neben Virchow einer der großen Physiologen, schrieb an einen Freund: „Wir haben uns verschworen, die Wahrheit geltend zu machen, dass im Organismus keine anderen Kräfte wirksam sind als die genauen physikalisch-chemischen."[25] Und letztlich wirkt dieses Denken weiter in der Medizin, der Biologie, der Genetik des 20. und 21. Jahrhundert; es wirkt bis heute (und, wir werden es im nächsten Kapitel sehen, es wirkt auch in den Wirtschaftswissenschaften, der Technik, in der Soziologie und weiten Teilen der Politik).[26]

Ein wissenschaftliches Paradigma (wir erinnern uns: „Werte, Begriffe, Techniken, die man teilte") hatte also Erfolg, eilte von Entdeckung zu Entdeckung. Zentrale Gedanken in diesem Paradigma waren: Rationalität, Analyse (Zerlegung), Reduktionismus, Quantität, Linearität, es folgten noch die Faktoren Expansion, Konkurrenz, Quantität und Herrschaft.[27]

Der abgekapselte Mensch wird eine Insel

Der kanadische Philosoph Charles Taylor beschreibt Aspekte dieses Prozesses in seinem bedeutenden Buch *Ein säkulares Zeitalter* und charakterisiert ihn mit dem Terminus „buffered" (abgepuffert). Das Welterleben des vor-modernen Menschen beschreibt er als „porös". Taylor vertritt die These, dass der Mensch seit der Neuzeit das erste Mal das Erleben hat, „dass der menschliche Geist begrenzt (ist), sodass diese Gedanken, Gefühle und so weiter im Inneren angesiedelt sind." Der menschliche Geist hat also einen klar abgegrenzten Ort, der von allem Lebendigen und Seelischen klar getrennt ist (einschließlich dessen, was lebendig an ihm selbst, seinem Körper ist). Dieses Erleben kann natürlich umso stärker werden, je mehr ein Wissenschaftsparadigma die Position erhärtet, dass es Geistiges höchstens noch in anderen Menschen gibt: das Reich der Natur besitzt keinen Geist und das Reich der Metaphysik, wo der Geist noch eine Zuflucht findet, ist möglicherweise nur Illusion. Taylor nennt das mit Max Weber „die Entzauberung der Welt", die dadurch erklärbar wird, dass das Wahrnehmungsvermögen nicht mehr so umkreisoffen, nicht mehr so porös ist.

In diesem neuen „abgepufferten" Erleben gibt es keine Fernwirkungen mehr: keine Dämonen können dem modernen Menschen mehr etwas anhaben, genauso wenig wie der Stand des Merkurs ihn beeinflusst. Seine Innenwelt ist sicher, sie ist sein, sie ist *abgekapselt von der Außenwelt*. Und das, was die Innenwelt verunsichern könnte, hat wiederum mit der eigenen Innenwelt zu tun, dem Unterbewusstsein, den Trieben, die er vielleicht noch nicht ganz im Griff hat. Aber wenn er versagt, so ist es nicht mehr die Wirkung von Saturn, es ist auch nicht der Zauberspruch einer Hexe oder gar des Teufels selbst, der einen Einfluss auf das Schicksal nehmen kann. Und wenn er etwas leistet, so liegt es nicht am geweihten Amulett des heiligen Hieronymus, das er um den Hals trägt, sondern an ihm selbst. Der Mensch wird Herr (und später auch Frau) seines und ihres Schicksals! Auch die Welt der Vorfahren, der Ahnen, blieb plötzlich außen vor. Für sie und von ihnen war nichts mehr zu erbitten – was immer sie getan hatten, war irrelevant, denn sie waren längst gestorben. Und gestorben hieß schlicht tot: abgespalten, kalt, nicht existent. Deshalb tue, was immer du tun willst, zu Lebzeiten. Tue es in dem Raum, der sich auftut – es gibt genug davon, auch wenn er ziemlich kalt ist ...

Wunderbar kommt dieses Lebensgefühl in einem Gedicht von *Heinrich Heine* zum Ausdruck:[28]

Am Meer, am wüsten nächtlichen Meer
steht ein Jüngling-Mann
die Brust voll Wehmut, das Haupt voll Zweifel
und mit düsteren Lippen fragt er die Wogen
(...)
Es murmeln die Wogen ihr ew'ges Gemurmel,
es wehet der Wind, es fliehen die Wolken,
es blinken die Sterne, gleichgültig und kalt.
Und ein Narr wartet auf Antwort.

Was also ist passiert? Könnte es sein, dass sich durch die kopernikanische Wende nicht nur etwas in unserer Sicht des Himmelsfirmaments, der Atmosphäre, geändert hat? Könnte es sein, dass sich dadurch auch etwas an der Konstitution des Menschen veränderte, an der physisch-seelischen und geistigen Konstitution des Menschen? Hat er, der er sich seit Beginn der Neuzeit freier, aber auch „nackter", unbehauster, ungeschützter gefühlt hat, sich aus dieser neuen Welt zurückgezo-

gen? Wohl auf eine doppelte Weise. Einmal aus seiner Innenwelt, indem er sich aus dem Körper mehr in den Kopf begeben
hat. So wurde das Denken mit der Zeit immer kälter, rationaler, intellektueller. Zum anderen aus der Außenwelt, indem er
einen Schutzschild, eine seelische Rüstung, angelegt hat, die
ihn abgrenzte von der als kalt und feindlich erlebten „Umwelt".
Er hat sich eine Atmosphäre um seinen Körper gelegt. Eine
Grenze, die scheinbar schützt. Vor der kälteren Welt draußen
und den Gefühlen von Unsicherheit und Unbehaustheit innen. Ein Schutz, der ihn gleichzeitig freier und unabhängiger
macht. Eine Kapsel-Grenze, die ein wenig wie ein faustischer
Pakt anmutet und etwas vermittelt, für das man einen hohen
Preis zahlt. Und je mehr man bekommt davon, desto höher der
Preis.

Was also begann als eine Geschichte von Aufbruch und
Freiheit endete in einem Teufelskreis:

- Erkenntnis führt zu Isolation und Unsicherheit;
- diese Verkapselung, die scheinbar schützt vor der Kälte im
  Äußeren und den Isolationsgefühlen im Inneren, führt
  dazu, weniger zu fühlen und zu spüren.
- Das damit einhergehende Erlebnis von Leere führt zum
  Rückzug ins Rationale mit noch mehr rationalen Erkenntnissen
- und verstärkt die Verkapselung.

So entstehen eine ganz neue Psyche und Psychologie.

Dass mit diesem Prozess Tür und Tor geöffnet wird für
den Konsumismus, der für einen Großteil unserer heutigen
Probleme verantwortlich ist, soll Thema des nächsten Kapitels sein.

In jedem Fall wurden die Grenzen im Vergleich zum Mittelalter, aber auch im Vergleich zu anderen zeitlich vorange-

henden Kulturen verschoben. Die Seeleninnenwelt war mehr und mehr abgegrenzt von der Außenwelt, der Mikrokosmos (so nannte man im Mittelalter und in der Alchemie den Menschen mit seinem Leib, der Seele und dem Geist) wurde abgekoppelt vom Makrokosmos, der äußeren Natur. Galt der Mensch in vielen philosophischen Schulen der Antike und des Mittelalters (und auf eine ganz andere und zugleich ähnliche Weise in den indigenen Kulturen) als kleine Welt in der großen Welt der Natur und des Kosmos, mit vielen Wechselwirkungen zueinander, so wurde er jetzt zu seinem eigenen Kosmos. Allerdings zu einem Inselkosmos. Der Mensch wurde eine Insel in einem riesigen Ozean. Und Zentrum der „Insel" war das kugeligste, das globalste, was der menschliche Körper zu bieten hatte: der Kopf. Der Ozean aber um die Insel hatte nicht mehr viel „Ozeanisches" zu bieten: denn der äußere Kosmos wurde kalt, tot, mechanisch – und ein Raum von unermesslicher Größe, ob auf der Erde oder im Weltraum.

Aber was sich da im Äußeren, vielleicht auch als Reaktion auf den *Atmosphärenriss*, an Rüstung um den Menschen bildete beziehungsweise von ihm gebildet wurde (quasi eine eigene dichte Atmosphärenhaut an der Grenze seines Körpers) hatte ja nicht nur Nachteile. Es führte zu einem Zuwachs an individueller innerer Welt: die Renaissance ist jene Periode, in der es zu einem Siegeszug des Individuums, des Individuellen kam wie nie zuvor.

Das Schema der Moderne

Nachdem wir nun im Zeitraffer eine Wissenschaftsgeschichte der Neuzeit nachvollzogen haben, sind wir jetzt in der Lage, das erste Mal in einem konkreten Sinne Klimapsychologie zu betreiben. Indem wir die Erlebensweise des modernen Menschen beschreiben: ein Erlebensschema, das ich das *Schema der Moderne* nennen möchte. Ein Schema, so wurde es weiter oben hergeleitet, ist ja etwas wie ein Erlebensmuster, also mehr als nur ein Gedanke. Es schwingen dabei neben Gedanken auch Gefühle und Körperempfindungen mit, die zu einer gewissen Haltung führen. Haltung ist zurecht auch umgangssprachlich ein Wort, das man sowohl auf die körperliche Haltung beziehen kann („Steh mal aufrecht!") als auch auf die seelische („Reiß dich mal zusammen!"). Dass beides zusammengehört, verstehen Fußballinteressierte sehr gut, wenn von der „Körpersprache" der Spieler gesprochen wird („zu wenig Spannung"). So ein „Erlebensmuster" – das soll noch einmal betont werden – spielt sich im Zwischenraum zwischen Unterbewusstsein und Bewusstsein ab: im Halbbewussten. Und es führt immer auch zu einer Handlung, zu einer Reaktion.

Wenn wir also versuchen, uns ein wenig einzufühlen in das Schema, das durch die Geschichte der Neuzeit kreiert wird, dann könnte es im Seeleninnenraum ungefähr folgende Gedanken/Gefühle/Empfindungen/Haltungen auslösen.

Schema der Moderne:

Gedanken: *Freiheit von Gott und der Natur, denn man ist ihr entwachsen/„Ich bin eine Insel"/Die Wirklichkeit ist unbelebt, Expansionsdrang*
Emotion/Seelenhaltung:
Stolz/Einsamkeit/LEERE/Unruhe
Körperempfindung/Körperhaltung: *der aufrechte Gang/im Kopf/abgekapselter von außen und innen/aktionsbereit*

Wenn wir ein äußeres Bild bräuchten für diese Haltung, dann könnte das am Anfang der „Neuen Zeit" ein Seefahrer sein (nicht zufällig, wie oben beschrieben) – heute, an ihrem Ende, nach der Hochzeit der Globalisierung, könnte unser *Schema der Moderne* archetypisch vielleicht so aussehen wie Abbildung 7 zeigt.

Mehrere Punkte möchte ich noch einmal besonders erklären:

1. Das Schema der Moderne ist – wie auch das Schema in unserem Beispiel mit der Party zeigte – nicht die ganze Zeit in uns modernen Menschen aktiv, sondern wird in bestimmten Situationen aktiviert und pausiert in anderen – und pausieren heißt: es ist nicht präsent in unserem Bewusstsein. In welchen Situationen es aktiviert wird, werden wir im achten Kapitel betrachten. Aber wann immer es aktiviert ist, handeln wir nicht gegenwärtig, sondern aus unserer Vergangenheit.
2. Die Hypothese, dass dieses Schema mit Beginn der Neuzeit in der Gesellschaft aufgetreten ist und uns heute als Weltgesellschaft stark beeinflusst, bedeutet natürlich

Abbildung 7: Schema der Moderne

nicht, dass es nicht auch zuvor schon Emotionen von Stolz, Einsamkeit, Unruhe und Leere gegeben hat. Oder dass es nicht zuvor schon Menschen gab mit Expansionsdrang und einem starken Freigeist. Natürlich waren alle diese Emotionen schon zuvor vorhanden und auch heute gibt es alle diese Emotionen unabhängig von dem Schema: Ich kann zum Beispiel Stolz in mir fühlen, wenn ich eine schwierige Aufgabe gemeistert habe. Aber das Gesamterleben ist dann ein ganz anderes als das Gesamterleben im *Schema der Moderne*. Außerdem ist es durchaus möglich, bei einzelnen Denkern oder Denkschulen im antiken Griechenland bereits Tendenzen eines solchen Schemas nachzuweisen – zum Beispiel bei den Sophisten. Dort aber waren diese Tendenzen noch nicht gesellschaftsprägend. Dieser Impuls begann, so die These, erst mit der Neuzeit. Seit dieser Zeit ist das Schema in mehr und mehr Menschen angelegt und kann in Schlüsselsituationen aktiviert werden. Und immer wenn es aktiv ist, ist auch ein Handlungimpuls aktiv. Ein Impuls, der im Kleinen oder Großen die Welt verändert.

3. Auch wenn es ein wenig widersprüchlich klingen mag, ist es doch psychologisch gesehen stringent: einerseits führt ja das Schemaerleben zu weniger Fühlen und Spüren, weil man aufgrund der Verkapselung weniger in Beziehung ist mit sich und der Mitwelt und damit nicht so in Beziehung ist mit den eigenen Gefühlen und Körperempfindungen. Aber trotzdem geht das mit einer Welterfahrung einher, die Gefühle und Körperempfindungen beinhaltet: Leeregefühl ist ein Gefühl, genauso wie Stolz, Unruhe, Einsamkeit. Und in der Tiefe ist auch die Verunsicherung und Angst zu erahnen. Und das Körpergefühl des „Mehr-im-Kopf-Seins" ist eine Körperempfindung.

4. Wenn das Schema aktiv ist, dann ist auch die Grenze um uns aktiviert: das, was Taylor „gepuffert" nennt und was ich eine Verkapselung nennen möchte. Diese Kapsel kann dicker oder dünner, undurchlässiger oder durchlässiger sein. Aber immer wenn sie aktiviert ist, erlebe ich mich als abgegrenzter von der Welt, als ich vielleicht bin. Und mehr im Kopf, als ich es sein müsste.

5. Taylor beschreibt meines Wissens nirgends die innere Struktur seines abgepufferten Selbstes. Wir wollen es in den folgenden Kapiteln so gut wie möglich versuchen. Aber vielleicht hilft uns hier als erste Annäherung ein Vergleich mit der Atmosphäre. Auch hier haben wir ein Gebilde, das real ist, das eine (materielle) Dichte hat, die aber für das bloße Auge unsichtbar ist. Schauen Sie in den blauen Tageshimmel oder in einen sternklaren Nachthimmel: sehen Sie da eine Grenze, eine Kapsel!? Und doch ist sie da, unsere Atmosphäre: mit ihren Verdichtungen, Verwirbelungen, Ausstülpungen, Einbuchtungen, warmen und kalten Strömungen.

Wenn wir uns also in dieses Schema mit seinem Grenzerleben ein wenig hineinversetzen und uns dann noch einmal an die beiden unterschiedlichen Sichtweisen auf die Natur, die zyklische und die lineare, aus dem ersten Kapitel erinnern, dann bemerken wir, dass uns dieses Schema sehr einengt auf eine Weltwahrnehmung, die reduktionistisch und quantifizierend ist. Und dass es uns verführt, die Natur, die als unbeseelt wahrgenommen wird, eher zu benutzen als mit ihr in Beziehung zu treten. Diese Einengung führt dazu, dass wir wesentliche Wahrnehmungen nicht mehr haben. Vor allem die von Grenzüberschreitungen zu unserer Mitwelt. Warum? Weil wir einerseits eine „natürliche physische" Grenze sehen (hier ende ich, da fängt der andere Mensch, die Pflanze, der Wald, die Biene an) aber andererseits nicht sehen und spüren können, dass wir in einen anderen Raum eintreten, den geteilten Raum – und ihn übertreten; den Raum unserer Mitwelt, sei es den des Mitmenschen, der Pflanze, des Waldes, der Biene. Damit sind uns viele unserer destruktiven Handlungen wirklich nicht bewusst und wo sie so bewusst werden, dass wir sie zumindest denken können, können wir es nicht spüren und fühlen. Wir sind im Kopf. So entsteht ein „Mind-Behavior-Gap", denn um ins Handeln zu kommen, müssen wir nicht nur denken, sondern auch *spüren* und *fühlen*. Damit etwas getan werden kann – damit es also in den Willen kommt – muss es zuvor nicht nur gedacht werden, sondern auch gefühlt. Das aber verunmöglicht *das Schema der Moderne* und die verkapselte Atmosphäre um uns. Aber – das dürfte klarer geworden sein: wir haben es nicht nur mit einem Problem des Nicht-Fühlens zu tun, sondern auch mit einem Problem des Wahrnehmens und Denkens, weil die Wahrnehmung und das Denken durch die Schemaaktivierung ein Stück weit verzerrt sind. Insofern geht es zwar *auch* um ein *Mind-Behavior-Gap*. Aber nicht nur. Es ist auch das Problem einer verzerrten Wahrnehmung und damit verzerrter Theorien über unsere innere und äußere Natur. Wir denken also alle etwas an der Realität und ihren Grenzen vorbei.

V. Kapitel
Intermezzo

Es gibt aber auch Hoffnung: einerseits waren viele wissenschaftliche Impulse durchaus auch positiver und vielschichtiger als im letzten Kapitel beschrieben. Andererseits gab es immer auch eine Gegenbewegung in der Wissenschaft, die ganzheitlicher, vernetzter und lebendiger dachte. Goethe ist hierfür ein wichtiges Beispiel. Als Paradigma trat sie aber erstmals in der Quantenphysik auf. Die Klimawissenschaft gehört ebenso dazu und macht dieses Wissen zum Phänomen. Vielleicht wird sie deshalb auch von manchen bekämpft?

Das bis hierher Ausgeführte ist natürlich eine fast unzulässige (psychologische) Verkürzung eines über 500 Jahre verlaufenen Prozesses, der viel komplexer war (und der aus meiner Sicht, das wird das neunte Kapitel zeigen, für die menschliche Bewusstseinsevolution durchaus seine Berechtigung hatte). Beispielsweise hatte Descartes wichtige Impulse seiner Philosophie durch Träume empfangen und beschrieb das auch offen. Bacon gab extrem wichtige Anstöße, nicht mit scholastischen Vorurteilen (er nannte das Idole, wir könnten das heute auch Schemata nennen) auf die Natur zu schauen, und befreite damit zusammen mit Descartes und vielen anderen die Wissenschaft aus ihrer kirchlich dogmatischen Fixierung. Newton war neben seinen im heutigen Sinne wissenschaftlichen Pionierarbeiten der Alchemie und damit einem holistischen spirituellen Konzept durchaus zugeneigt. Auch gab es in der Biologie Forscher wie Ernst Haeckel, der sich um einen ganzheitlicheren Ansatz bemühte: von ihm stammt übrigens der Ausdruck Ökologie. Und doch: was zählte, war die Forschung, die sich an das Paradigma hielt. Die wurde Mainstream in der Scientific Community. Und der Mainstream prägte das Schema der Moderne (und natürlich auch andersherum: das Schema prägte das Paradigma). Das war das, was hier zwar in extremer, aber wie mir scheint, keineswegs verzerrender Verkürzung, beschrieben wurde.

Und natürlich gab es Gegenbewegungen. Ein prominenter Vertreter war Johann Wolfgang von Goethe. Im kulturellen Gedächtnis ja eher als Dichterfürst geadelt, sah er sich selbst vorrangig als Wissenschaftler: sein wichtigstes Werk war ihm die *Farbenlehre*, nicht der *Faust*. Goethe war bis zu seinem 35. Lebensjahr hauptberuflich Politiker in Weimar. Dann begann sich der hochbegabte Augenmensch, ausgelöst durch eine Reise nach Italien, der Natur mit einer völlig neuen Methode zuzuwenden, die er „anschauendes Denken" nennen sollte. Auf Sizilien hatte er ein mystisches Erlebnis, als er in einer Pflanze so etwas wie die archetypische Pflanzenwesenheit wirken sah – er nannte sie die Urpflanze.

Er publizierte in den folgenden Jahrzehnten zur Geologie, zur Botanik, zur Anatomie, zur Wolkenkunde und zur Natur des Lichtes (letztlich ist seine Farbenlehre eine Lichtlehre). Es ging ihm dabei immer um die Ganzheit, um das Phänomen in seiner Totalität. Diesem folgte er gerne zeichnend und in einer Sprache, die den Verwandlungsprozess, die „Metamorphose", die er in der Natur sah, begrifflich nachbildete – bis in die kleinsten Verästelungen hinein; jedes Zergliedern, Reduzieren, Zerstören der Ganzheit aber war ihm ein Graus. Newtons Lichtexperimente, in denen das Licht in ein Labor eingezwängt wurde, waren ihm Missbrauch und bereiteten ihm fast physische Pein. Ein weiteres Merkmal seines Ansatzes war der damals noch neue Entwicklungsgedanke: die Natur ist in beständiger Entwicklung und Verwandlung. Goethe entwickelte daraus eine Metamorphosenlehre. Auch dieses fortwährende Verwandeln musste zeichnerisch und sprachlich eingefangen werden. Nicht nur die Pflanze befindet sich also in Metamorphose, auch die Sprache, die diesen Prozess beschreibt, muss sich umbilden und „durch eine Metamorphose der Begriffe" gehen, wie es später Steiner forderte. Heute würden wir sagen: Goethes Ansatz war holistisch und prozessorientiert. Mittels dieses Ansatzes entdeckte er einen kleinen Knochen im menschlichen Schädel, den Zwischenkieferknochen, der bis dato nur den Tieren zugesprochen wurde und als eines der Argumente für die Einmaligkeit des Menschen galt.

Diese hier nur angedeutete goetheanistische Gegenbewegung hatte als „Unterströmung" durchaus bedeutende Wirkungen (wir werden, was die Quantentheorie und Humboldt anbelangt, gleich darauf kommen), wurde aber vom Mainstream der Wissenschaft (also dem damals schon gültigen Paradigma, wie Wissenschaft zu sein hat) noch nicht einmal bekämpft, sondern vollständig ignoriert. Weil Goethe seine Art des Forschens vorrangig in seinem Leben war, wichtiger als seine politische Arbeit, wichtiger als seine Arbeit als Intendant und Regisseur, ja wichtiger gar als sein Schaffen als Dichter, wurde ihm das nicht selten Anlass zur Frustration.

Es gab also immer wieder Gegenbewegungen – aber wirkmächtig in der wissenschaftlichen Gemeinschaft wurde diese Gegenbewegung erst mit der Revolution in der Physik: mit Entwicklung der Relativitätstheorie und der Quantentheorie, später dann mit der Systemtheorie und der Chaostheorie, alles Errungenschaften des 20. Jahrhunderts. Beide Strömungen, der Impuls Goethes (aufgegriffen unter anderem von Alexander von Humboldt) und die Impulse aus der Physik des 20. Jahrhunderts, waren für die Klimawissenschaft prägend – genauso wie für das Entstehen eines neuen Paradigmas und eines neuen Schemas. Darauf müssen wir am Ende dieses Kapitels noch schauen, sonst ist das Bild zu einseitig. Und außerdem fehlt sonst ein Teil des Potenzials, das wir für ein neues konstruktives Paradigma und unsere Klima-Psychologie brauchen. Denn diese Impulse haben (leider) noch immer etwas Zukünftiges, weil sie für das Gesamtbewusstsein, für den Zeitgeist in Wissenschaft und Gesellschaft, bis heute kaum prägend geworden sind.

Der Boden bricht weg – die Kapsel reißt

Die Physik zum Ende des 19. Jahrhunderts bewegte sich nach Ansicht der damaligen Experten auf bekanntem Terrain. Alle wesentlichen Fragen der Erde und des Kosmos waren im Großen und Ganzen erforscht: die Mechanik erkundet, die Hydraulik beschrieben, die Elektrizität entdeckt, die Planetenbahnen berechnet. Ihre Teilbereiche galten als mehr oder weniger verbunden zu einem stabilen wissenschaftlichen Gebäude, sodass eigentlich nur noch Spezialfragen blieben. Einem hochbegabten jungen Mann wie Max Planck wurde sogar abgeraten, Physik zu studieren, weil es da nicht mehr viel zu entdecken gäbe.[29]

Ein paar Jahre später lag das Gebäude eingebrochen am Boden und selbst dieser schien nicht mehr zu tragen. Die Berichte von Forschern wie Einstein, Heisenberg, Bohr oder Pauli, also den Pionieren der Relativitätstheorie und der

Quantentheorie aus den ersten drei Dekaden des 20. Jahrhunderts, ähneln sich in verblüffender Weise: Ihre Entdeckungen im Makrokosmos (Relativitätstheorie) und Mikrokosmos (Quantentheorie) hebelten die bekannten Gesetze von Raum und Zeit, Masse und Energie und von Ursache und Wirkung total aus. Man kann die Bestürzung immer noch spüren, die ihre Ergebnisse in ihnen auslösten: „Es war, als würde einem der Boden unter den Füßen weggezogen", schrieb Heisenberg[30] und ähnlich hielten es auch die anderen in ihren Berichten über eine Zeit fest, in der das Alte nicht mehr trug und sich Neues noch nicht zeigte. Und sogar als das Neue endlich zum Vorschein kam, nämlich eine Theorie und eine Mathematik, die die Phänomene beschreiben konnte, handelte es sich um eine andere Welt, die da entstanden war. Eine Welt, die viel mehr mit Potenzial zu tun hat als mit starrer Materie. Eine Welt, in der Masse in Energie verwandelt werden kann, in solche Energie, dass 4000 Kilogramm davon eine Stadt mit über 200 000 Menschen dem Erdboden gleichmachen. Eine Welt, in der die Logik nichts mehr gilt; kein „Entweder-Oder". In der Welt der Logik ist ein Teilchen entweder eine Welle oder eben ein Teilchen. In der neuen Welt aber zeigt es sich mal so, mal so – je nachdem, wie ein Forscher das Experiment gestaltet.

Hier müsste man eigentlich innehalten: Das hieße ja, dass es eine Wechselwirkung gibt zwischen Forscher und Materie, also zwischen dem belebten Menschen und unbelebten Teilchen! Das, was einem sowohl das Auge als auch „der gesunde Menschenverstand" sagt, dass Subjekt und Objekt voneinander getrennt sind, wäre eine Täuschung! Der Forscher, das Subjekt, beeinflusst das Wesen des Objekts, des Teilchens, durch seinen Versuchsaufbau? Das würde ja bedeuten, dass sie in irgendeiner Weise miteinander verwoben, verschränkt sind! Dass die Grenzen, die wir mit bloßem Auge sehen, so nicht gelten! Und als wäre das nicht schon erstaunlich genug: auch die Gesetze der Kausalität sind scheinbar ausgehebelt. Es ist, als wüsste das Teilchen schon im Vorhinein, wie das Experiment gestaltet wird. Das Zukunftspotenzial wirkt auf die Gegenwart.

Auch der Kosmos, die große Welt des Makrokosmos, war durch die Revolutionen der Physik nicht mehr dieselbe geblieben. Winzige Partikelchen, von der Sonne verwirbelt, dringen beständig in uns ein und durch uns durch. Die Sonne ist ein Teil von uns, wir sind ein Teil von ihr. Der Raum ist mitnichten absolut und gegeben, er ist auch nicht so kalt und leer wie es schien, sondern er krümmt sich, wächst und verdichtet sich, je nachdem wie stark die herrschende Schwere ist. Und die Schwere, also die Gravitation, beeinflusst nicht nur den Raum, sie beeinflusst auch die Zeit – genauso wie die Geschwindigkeit, mit der wir uns bewegen, die Zeit beeinflusst …

Innerhalb von fünfzig Jahren war die gute alte Welt der Physik vernichtet – zumindest im Weltbild der maßgeblichen Forscher. Die suchten Halt und Orientierung in spirituellen Systemen, die seit Jahrtausenden von der Verwobenheit von allem berichten und von der Wandlung alles Lebendigen: Nils Bohr im *Tao*, Robert Oppenheimer in der *Baghavad Gita*. Erstaunlich viele aber griffen auch zu Goethe: Heisenberg berichtet darüber in seiner Autobiographie und schrieb Essays über die Gültigkeit der Farbenlehre, Carl Friedrich von Weizsäcker kommentiert Goethes naturwissenschaftliche Schriften in der Hamburger Ausgabe.

Eine neue Welt war also entstanden und half einigen Forschern, ab den 30er Jahren des 20. Jahrhunderts mit freierem Blick auf die scheinbar so bekannte Welt der Materie des Alltags zu schauen. Und der zeigte schnell: auch hier stimmten die alten Formeln nicht. Man kann mit normalen mechanischen Gleichungen noch nicht einmal die Pendelbewegungen einer Kinderschaukel ausrechnen (James Gleick). Natürlich geht das rein theoretisch: an einer idealen Schaukel ohne Reibung, in einem quasi luftleeren Raum ohne Luftwiderstand und Gegenwind. Aber so eine Schaukel gibt es auf diesem Planeten nicht. Hier reibt es, hier windet es, und wenn gar noch ein Kind darauf sitzt, dann ändert es beständig seine Position. Das zu berechnen ist überkomplex (der Fachausdruck lautet „non-linear") – es ist nicht möglich. Geradezu unterkomplex erscheint dieses Problem aber, wenn man es mit den Berechnungen vergleicht, die notwendig sind, um Wirbelbildungen und Bewegungen in der Atmosphäre verstehen zu können.

Es war also ein neues Paradigma entstanden, ein neues System aus Begriffen, Werten, Techniken, das ganz anders zur Welt stand als das vormals gültige. Und das zu dem alten Schema der Moderne nicht passte. Deshalb brachte es die ersten Physiker in solch eine innere Anspannung und Verzweiflung – heute würden wir sagen: in eine kognitive Dissonanz. Denn das, was sie erforschten und sahen, passte nicht zu dem, wie die Welt nach Aussagen des alten Paradigmas und nach ihrem Schemaerleben zu sein hatte: isoliert und abgespalten von uns. Das neue Paradigma hat Capra mit folgenden Qualitäten beschrieben: *ganzheitlich, nichtlinear, synthetisch, partnerschaftlich, kooperierend.*[31]

So entwickelte sich also im 20. Jahrhundert in einer Leitwissenschaft ein neues Paradigma , das zum Erlebnismuster des Schemas der Moderne nicht passte und in vielen der großen Physiker eine Transformation auslöste: im Denken, im Fühlen, im Handeln. Das alte rationale Denken war nicht mehr haltbar. Ein Erleben von Separation war nicht mehr stimmig. Der Gedanke von objektiver, scheinbar unbeteiligter Forschung hatte sich als unhaltbar erwiesen. Es ging immer um den Kontext, um die Wechselwirkung.

Das Problem war jedoch: diese Transformation betraf selbst im Bereich der Physik fast nur die Entdecker der Phänomene. Bereits die nächsten Generationen von Physikern konnte viele der Ergebnisse wieder rationalisieren – die Phänomene wurden verflacht, indem sie theoretisiert oder mathematisiert wurden. Noch viel problematischer jedoch erging es den anderen Fachbereichen: in der Chemie, Biologie, Biochemie, Genetik, Medizin, Psychologie, Informatik kamen die Konsequenzen des neuen Weltbildes gar nicht an. Ich vermute, dass das ein Grund sein könnte, warum die Klimawissenschaft heute nicht den Raum hat, den sie eigentlich verdient, denn, wie der nächste Abschnitt zeigen wird: sie basiert eigentlich schon auf dem neuen Paradigma. Und sie braucht, um innere Resonanz auszulösen, das neue Schema. Beides wird von einer Wissenschaft bewusst oder halbbewusst bekämpft, die noch im Alten steht. Und doch war das neue Paradigma wirkmächtig, gerade was die Atmosphärenwissenschaft angeht.

Die neue Atmosphärenwissenschaft

Natürlich – die Erdatmosphäre war in den letzten 500 Jahren immer da – sie existierte lange vor Kopernikus und sie wird auch noch lange Zeit nach uns bestehen, egal wie wir von ihr denken. Aber unsere Innenwelt mit unseren Gedanken, Gefühlen, Körperempfindungen, mit unserem Unterbewusstsein, Überbewusstsein und mit unseren Werten führt zu

Handlungen, die die äußere Welt verändern, nicht nur interpretieren. Insofern ist der folgende Gedanke nicht nur als Metapher oder als Projektion gemeint:

Vielleicht entsteht ja gerade durch die Klimakrise und die Klimawissenschaft ein erneutes Bewusstsein von einer Sphäre, die uns umhüllt und verbindet. Einer „Haut", die Gaia anliegt, die aber so feinstofflich ist, dass sie nicht greifbar ist. Sie ist schon substanziell, Materie bedeutet auch mütterliche Substanz. Aber so feinstofflich, dass ein alter, lebloser Materiebegriff hier nicht weiterhilft, wenn man sie verstehen will, diese Sphäre mit ihren verschiedenen Schichten, mit ihren Verdichtungen und Zerstäubungen; mit ihrer Struktur, die in andauerndem Fluss ist. Extrem ist sie: Jetstreams peitschen in der Stratosphäre die Winde, Temperatureinbrüche senken in der Mesosphäre die Gradzahl bis auf minus hundert Grad. Nur wenige Kilometer höher in der Thermosphäre werden Teilchen wieder auf über tausend Grad aufgeheizt. Und verbunden ist sie, wir haben es im ersten Kapitel gesehen, mit dem wässrigen Element (Hydrosphäre), der Eisschicht (Kryosphäre), den Gesteinen (Lithosphäre) und der Zone des Lebens (Biosphäre). Ein Gutteil der Klimawissenschaft, auch das haben wir schon gesehen, hat mit einem Erforschen dieser komplexen Wechselwirkungen zu tun.

Zum Ende dieses Kapitels will ich nun zwei Thesen aufstellen.

Die erste lautet: *Könnte es sein, dass wir gerade eine Renaissance des Atmosphären-Gedankens erleben?* Dass er in unserem Bewusstsein wiedererstehen könnte?

Die zweite: *Könnte es sein, dass die Klimawissenschaft von Teilen der Öffentlichkeit auch deshalb bekämpft wird, weil sie für ein neues Wissenschaftsparadigma steht und uns damit zwingt, ein neues Schema auszubilden?* Und zwar mehr

zwingt, als es eine doch ziemlich „esoterische" Relativitätstheorie und Quantentheorie von uns verlangt haben, deren
Erkenntnisse für die meisten Menschen (auch wenn sie Wissenschaftler sind) nicht viel mit dem Alltag zu tun hatten.

Zur ersten These: Eine Renaissance des Atmosphären-Gedankens ist natürlich nicht im Sinne eines Himmelsfirmaments gemeint, hinter dem wieder die göttlichen Sphären
fein säuberlich aufgeteilt beginnen. Aber es ist gemeint im
Sinne des Bewusstseins, dass uns da etwas Gewaltiges und
Fragiles, mit dem wir verbunden sind, umhüllt. Umhüllt und
gleichzeitig verwebt und verbindet mit einem globalen Geschehen. Aber mit einem globalen Geschehen, demgegen-
über wir uns selbst nicht als etwas „draußen" davon befindli-
ches denken können. Wir sind Teil davon, wir sind in ihm,
wir sind Teil der Atmosphäre, gleichzeitig umhüllt und vernetzt und verwoben. Das bedeutet: das Bewusstsein einer so
verstandenen Atmosphäre würde es uns nicht mehr erlauben,
eine Erde zu denken, von der wir uns distanzieren könnten,
eine Erde, die Globus ist – und wir sind draußen. Es würde
uns helfen, das Ganze mehr sphärisch zu denken, in gekrümmten, fließenden Räumen, jenseits von „logischer"
Dreidimensionalität. Es würde uns helfen, neue Räume auf-
zuschließen, in uns und außerhalb von uns: *Zwischenräume.*
Es würde uns damit aus unserer physischen Verkapselung he-
rausführen, indem wir alte Grenzen einreißen, die gar nicht
real waren und realere wahrnehmen, die wir viel zu lange
übersehen haben. Von all diesen Gedanken wird das letzte
Kapitel handeln, in dem es um das neue Bewusstsein geht, das
viele Aspekte hat von dem, was Jean Gebser integrales Bewusstsein genannt hat, und das ich *atmosphärisches Bewusstsein* nennen möchte. Vielleicht hilft uns ja das an sich furchtbare Phänomen, dass sich die Atmosphäre gerade durch CO_2

und andere Gase verdichtet und erwärmt, dieses Bewusstsein schneller zu entwickeln. Denn wir brauchen das Bewusstsein ja noch aus anderen Gründen, nicht nur wegen des Klimawandels.

Zur zweiten These: *Die moderne Klimawissenschaft erwächst zu einem großen Teil bereits aus dem neuen Paradigma* und steht im Widerspruch zu dem alten Paradigma und dem Schema der Moderne. Ohne in die Details ihrer Geschichte gehen zu wollen, kann man von zwei Strömungen im 19. Jahrhundert sprechen, die dann in die von der System- und der Chaostheorie inspirierte Meteorologie und Klimawissenschaft mündeten. Die eine Strömung ging von Goethes Schüler und Freund Alexander von Humboldt aus, der den Begriff Wechselwirkung prägte: „Alles ist Wechselwirkung", lautete einer seiner wichtigsten Grundgedanken. Die andere Strömung hatte mit Physikern und Chemikern zu tun, die als Klimaforscher zwangsläufig einen Ansatz wählen mussten, der eine weitere Qualität hat, als es für einen Laborchemiker oder Experimentalphysiker üblich ist. Beide Strömungen waren deshalb sehr offen dafür, Erkenntnisse aus Quantenphysik, Chaosphysik und Systemtheorie in ihre Wissenschaftsmethode zu integrieren: sie waren also offen für ein neues Paradigma und ein neues Erlebensschema. Und kreierten daraus eine Wissenschaft, die nicht zum alten Wissenschaftsparadigma passt.

Die Klimawissenschaftler und mehr und mehr Biologen und Ökologen haben – sicher nicht jeder und sicher nicht jeder im gleichen Ausmaß – sich auf dieses Paradigma nur eingelassen, weil sie innerlich zu einer anderen Haltung gefunden haben. In unserer Sprache hieße das: weil sie das Schema der Moderne abschwächten und ein neues, holistischeres mehr und mehr anlegten.

Bisher haben wir die Entwicklung aber hauptsächlich unter dem Gesichtspunkt der Wissenschaftsgeschichte angeschaut. Diese Herleitung war wichtig, denn das wissenschaftliche Paradigma war in hohem Maße prägend für die Ausbildung des Schemas der Moderne in uns. Und trotzdem kann es noch nicht ausreichend die unglaubliche Macht erklären, die dieses Schema für unser Welterleben hat. Und vor allem ist damit noch nicht der tiefe Spalt verstanden, der zwischen dem Sozialen und dem Ökologischen klafft. Man kann auch sagen: zwischen Kultur und Natur. Ein Spalt, der uns alle mehr oder weniger eint: ob arm oder reich, ob links oder rechts, ob religiös oder nicht, ob wir im Süden leben oder im Norden, im Westen oder Osten.

Wir müssen also noch einen anderen Blick in die Vergangenheit werfen – und wieder bedeutet es eigentlich, in unsere innere Gegenwart zu schauen! Diesmal aber in die Geschichte unserer Wirtschaft, unserer Politik und Technik. Und wir müssen uns einen dritten Begriff aneignen: den des Mythos. Erst dann können wir die Kraft des Schemas der Moderne in uns ausreichend verstehen – und verwandeln.

VI. Kapitel

Der Mythos vom ewigen Wachstum Oder: Wenn man Entwicklung quantitativ denkt

Obwohl es also Hoffnung gibt, weil das alte Paradigma schwächer wird, ist unser Alltagsbewusstsein noch sehr von ihm beeinflusst. Warum das so ist, soll dieses Kapitel deutlicher machen. Hier wird gezeigt, wie vor allem unser Verständnis von Marktwirtschaft und Technik ebenfalls stark vom Schema der Moderne beeinflusst ist und wie unsere tieferen Bedürfnisse davon tangiert und verzerrt werden. Am Ende des Kapitels werden wir erkennen, dass das, was uns hemmt, sehr machtvoll ist: so machtvoll wie ein Mythos, in dem wir alle stecken.

> *„Was unser Klima braucht, um nicht zu kollabieren, ist ein Rückgang des Ressourcenverbrauchs durch den Menschen; was unser Wirtschaftsmodell fordert, um nicht zu kollabieren, ist ungehinderte Expansion. Nur eines dieser Regelsysteme lässt sich verändern, und das sind nicht die Naturgesetze."*
> Naomi Klein

Ich werde jetzt den Faden vom vorletzten Kapitel wieder aufnehmen und weiterführen. Den Faden, der uns Heutige mit einem Genie wie Kopernikus verbindet, das vor über 500 Jahren gelebt hat. Der Faden, der etwas, das vor 500 Jahren passiert ist, zu einer gegenwärtigen Psychologie werden lässt. Wie wir gesehen haben, hatte seine neue Sicht der Welt eine Konsequenz, die ihm zu seiner Zeit noch nicht bewusst war und die er wohl nie intendiert hatte: indem er die Sonne in den Mittelpunkt des menschlichen Kosmos setzte, brachte er das sphärische Gebäude zum Einsturz. Und indem er das sphärische Gebäude zum Einsturz brachte, versetzte der gläubige Katholik nicht nur den Sphären einen Stoß, sondern auch dem europäischen Mythos, der damit ganz intim verwoben war: dem christlichen Mythos. Von diesem Stoß sollte sich dieser Mythos nie mehr ganz erholen. Natürlich gibt es das Christentum noch heute, aber als umhüllender, vereinigender, „katholischer" (was so viel bedeutet wie „allumfassender") Glaube, der buchstäblich Himmel und Hölle und die Erde als Zentrum zwischen den beiden Sphären zusammenhält, wurde ihm durch Kopernikus und seine Nachfolger eine Verwundung zugefügt, die nie mehr verheilt ist. Und dieser christliche Mythos, der mit der Sphärenlehre so verbunden war, verband zwei weitere Sphären miteinander: die des Lebens und die des Todes. Es war also ein Mythos, der Himmel, Erde und Hölle und damit Leben und Tod, lebende Seelen und schon verstorbene Seelen zusammenbrachte.

Nicht nur die Atmosphäre hat also einen Riss davongetragen, sondern auch der christliche Mythos. Beiden wurde ein wichtiger Bestandteil geraubt: der sphärische. Das waren die Konsequenzen des von Kopernikus eingeleiteten Paradigmenwechsels und sie verbinden noch heute das Schicksal des Kopernikus mit dem unsrigen.

Für beide Bereiche, die Atmosphäre und die christliche Religion, hatte diese „Wunde" Folgen, die vielleicht zunächst gar nicht so dramatisch anmuteten: wie man natürlich auch fortan an einen christlichen Gott glauben konnte und es ja auch tat, konnte man auch Vorstellungen haben von einer Atmosphäre um die Erdkugel, den Globus. Aber diese Vorstellungen verblassten und hatten für die meisten Menschen im Alltag keine Kraft mehr. Zumindest schwand ihre Kraft mehr und mehr. Dem alten Mythos, dem christlichen und dem atmosphärischen, ging peu à peu die Luft aus. Aber er hatte noch ein Weilchen „Luft". Als mit der Renaissance durch Kopernikus und Kolumbus ein neues Paradigma angeschoben wurde, war es zu Beginn noch nicht tief verankert in der Gesellschaft. Hier hatten der alte christliche Mythos und das alte Weltbild noch Kraft. Erst allmählich sanken die Erkenntnisse auch ins gesellschaftliche Bewusstsein. Zuerst änderten sich die wissenschaftlichen Paradigmen der Astronomen, Physiker, Chemiker, Philosophen, Ärzte – wir haben es gesehen. Dann mehr und mehr die Vorstellungen in der Breite der Gesellschaft. Vielleicht kann man sagen, dass der Wandel hier erst rund 300 Jahre später richtig angekommen ist: nach blutigen Religionskriegen wie dem Dreißigjährigen Krieg und blutigen Bürgerkriegen wie dem Englischen. Nach vielen Versuchen, Ordnung in das Chaos zu bringen, das entstand, nachdem die alten kosmischen Hierarchien nicht mehr bindend waren und auch die darauf aufbauenden irdischen – die Feudalherrschaft und die katholische Kirche, die sich auf die himmlische Hierarchie berief – immer mehr an Autorität und Haltekraft einbüßten.

Erst dann fing das Schema der Moderne an, wirklich gesellschaftlich durchdringend zu wirken und seiner „diabolischen" Doppelfunktion gerecht zu werden: die Menschen zu schützen vor dem Gefühl von Isolation, Einsamkeit und Kälte und es gleichzeitig durch die Verkapselung nach außen und nach innen noch zu verstärken. Und – dieser Punkt ist mir wichtig – neben der diabolischen Komponente den Menschen auch wirklich zu Erfahrungen von mehr persönlicher Freiheit und Selbstwerdung zu verhelfen – zumindest potenziell. Es entstand also ein neuer Raum. Genau dieser Raum macht die Moderne aus.

Die Moderne wird als Epochenbegriff von den meisten Historikern aus drei Strömungen hergeleitet: sie beginnt *philosophisch mit der Aufklärung* (Voltaire, Rousseau, Kant), *politisch* mit der amerikanischen und französischen Revolution und *sozial* mit der Industrialisierung.

Wenn ich also den Faden zwischen Kopernikus und uns – zwischen dem „Atmosphären- und Mythosriss" der damaligen Zeit und unserer atmosphärischen Krise heute – wieder aufnehmen will, dann wird es nötig, etwas genauer auf die Epoche der Moderne zu schauen, die etwa um 1750 beginnt und momentan ihrem Ende zugeht. Ich will nämlich zu zeigen versuchen, wie uns diese Epoche noch viel mehr hineingezogen hat in das Schema der Moderne: indem eine Kultur entstand, eine soziale, technische, wirtschaftsorientierte Kultur, beeinflusst von einer naturwissenschaftlichen Weltsicht wie im vorletzten Kapitel beschrieben. Eine Kultur, die sich immer mehr von der Natur ablöste – *entfremdete.* Und die gleichzeitig erneut einen Doppelaspekt hervorbrachte: Auf der einen Seite wurde das Erleben des Schemas der Moderne noch verstärkt durch Konsum und Konkurrenzdruck. Auf der anderen Seite wurde es aber auch abgemildert durch soziale Errungenschaften und einen Würdebegriff, der mit seinen politischen und sozialen Folgen zumindest für viele Menschen der westlichen Welt Segnungen gebracht hat, die wir nicht vermissen wollen.

Beide Aspekte, die zu einer kapitalistischen Konsumkultur und zu einer Solidarkultur geführt haben, wie sie wohl in der Geschichte einmalig sind, haben im Innen, in unserer Psyche, ihren Abdruck hinterlassen. Diese Abdrücke werde ich als Unterformen des Schemas der Moderne beschreiben.

Ersteres werde ich das *Konsumschema* nennen, letzteres das *Soziale Schema*. Am Ende möchte ich zeigen, wie diese Schemata, verbunden mit den Wissenschaftsparadigmen, an der Entstehung eines neuen Mythos mitgewirkt haben. Einem Mythos, der den Raum einnehmen konnte, den die alten Mythen nicht mehr füllen konnten: der *Mythos vom ewigen quantitativen Wirtschafts-Wachstum*. In diese Überlegungen flossen Gedanken von Gebser, Sloterdijk, Latour, Rosa und Schellnhuber ein.

Wie die Moderne begann

Wenn wir also den Vorhang aufmachen wollen für die Bühne der Moderne, die irgendwann im letzten Drittel des 18. Jahrhunderts bereitet war, dann müssen wir uns bewusst sein, dass diese Bühne in manchem der heutigen Zeit vielleicht gar nicht so unähnlich gewesen ist: ganz viel befand sich im Fluss, viel Unsicherheit herrschte, die alten feudalen Sphären, die bei aller Einengung Halt und Geborgenheit gaben, begannen einzubrechen, technische Neuerungen wurden erfunden, es gärte in der Gesellschaft, was schließlich zur amerikanischen und französischen Revolution führte. Aber es gab auch gravierende Unterschiede zu unserer Gegenwart. Einer davon: der Raum! Damals gab es Raum und Ressourcen in Hülle und Fülle.[32]

Denn damals lebte rund eine Milliarde Menschen auf diesem riesigen Planeten, von dessen Kontinenten und deren Ausmaßen die Allgemeinheit erst anfing, einen Begriff zu bekommen. Unendlicher Raum also, der sich in die Höhe des Weltalls ausdehnte, unendlicher Raum, der sich in die Breite über Weltmeere und Kontinente erstreckte, die bis vor kurzem noch *Terra Incognita* gewesen waren. Die Ausmaße Afrikas und Asiens wurden immer größer, hinzu kamen die Neuentdeckungen Nord- und Südamerikas, Ozeaniens, Australiens, Neuseelands. Der Verlust der Sphären führte also zu einem Zugewinn an scheinbar „unendlichem" Raum.

Als Beispiel hierfür sei hier eine Aussage von Thomas Jefferson genannt, ein großer Humanist und Sozialreformer, dritter Präsident der USA und einer der wichtigsten Autoren der amerikanischen Verfassung, die zum ersten Mal jedem Menschen ein Recht auf Entfaltung und Glück zusprach. In der amerikanischen Congress Library findet sich ein Zitat von ihm: „Die Erde gehört stets der lebenden Generation. Sie dürfen sie und ihre Erträge während ihrer Nutznießung daher handhaben, wie es ihnen beliebt. Auch sind sie die Herren ihrer selbst und dürfen sich folglich regieren nach ihrem Gutdünken." Das also war damals das Erleben von immer mehr Menschen, wenn ihr Schema der Moderne aktiv war. Keine Sphären mehr, dafür unendlicher Raum. Keine beseelte Natur mehr: dafür unendliche Gelegenheiten, sie zu benutzen. Und damit treten wir ein in einen neuen Raum, einen „Maschinenraum" gewissermaßen, den Raum der Technik – der für die Industrialisierung als dritte Komponente der Moderne essenziell ist. Und die für unsere gegenwärtige Problematik entscheidend ist.

Die spannende Frage dabei lautet: Warum hat der Mensch eigentlich erst vor 250 Jahren die Maschine erfunden? Etwas, das ihm bisher ungekannte Macht gab über die Natur? Was für Bedingungen brauchte es, damit etwas mit solcher Gewalt entstehen konnte? Wieder mussten drei Dinge zusammenkommen: Gegebenheiten der Erde mussten auf Wissen und Gerät des Menschen treffen. Und eine Theorie bilden. Wenn nur eine dieser Bedingungen vorhanden ist, genügt das nicht:

Millionen von Jahren schlummerten in den Tiefen unseres Planeten, quasi im Unterbewusstsein Gaias, friedlich Billionen von Tonnen Kohle, Billionen von Litern Erdöl – Relikte vergangener Äonen, die von einem organischen Zustand in einen anorganischen übergegangen waren. Und mehrere tausend Jahre, wie viele genau ist nicht bekannt, benutzte der Mensch schon die Mathematik, entwickelte die Physik, erfand verschiedenste Techniken, baute Wind- und Wassermühlen, baute vielleicht sogar so etwas wie den Vorläufer einer Dampfmaschine – aber scheute, warum auch immer, den letzten Schritt: den einer Maschinentheorie. Das ist erstaunlich, denn eigentlich war alles Wissen da: Bauwerke von gigantischem Ausmaß konnte er auch früher schon konstruieren; wobei bis heute ist nicht wirklich geklärt ist, wie Stonehenge oder die Pyramiden erstellt werden konnten. Offensichtlich aber war es möglich. Fußbodenheizungen gab es wahrscheinlich schon in kleinasiatischen Städten vor 9000 Jahren, die römische Kanalisation war vorbildlich und Globalisierung im Sinne eines weltweiten Warenaustausches gab es möglicherweise schon zur Spätzeit des alten Ägyptens, ganz sicher aber im riesigen europäischen, asiatischen und afrikanischen Raum. Auch Umweltzerstörung gab es damals schon: in Ägypten, im alten Griechenland, bei den Römern, in der Renaissance sowieso (siehe Kapitel IX). Was es aber noch nicht gab, war das „Maschinenwesen", wie wir es heute kennen. Das begann mit der Dampfmaschine. Aber warum erst jetzt? Könnte das etwas mit den Bewusstseinsbedingungen der Moderne zu tun haben – die einem neuen Mythos Raum gaben, der zuvor noch nicht da war, weil es andere Mythen gab?

Die eigentliche Industrialisierung beginnt also mit der Dampfmaschine. Mit einem Wesen, das Kraft produziert;

Kraft, die man für alles Mögliche nutzen kann: Zum Antreiben von Webstühlen, zum Pumpen, zum Ziehen eines Zuges, zum Antreiben einer Kutsche. Einem Ding also, das Kraft in einer regelmäßigen Taktung produziert, „in getakteter Zeit" (Gebser). Ein technisches Wesen. Aber der Stoff, der es nährt, ist nicht technisch. Der Stoff, der es nährt, kommt aus der Tiefe der Erde. Erst ist es die Kohle, dann wird es das Öl.

Kohle ist längst vergangenes, abgestorbenes Leben von Millionen von Bäumen. Quasi versteinerte Wälder, die in der Tiefe des Erdgedächtnisses ruhen und komprimierte Energie sind: Treibstoff für die Maschinen. Kohle wird plötzlich wertvoll und mit ihr die Gebiete, wo sie gefördert werden kann. Und etwas später kommt ein zweiter Stoff dazu, das Öl. Beim Öl ging der Verwesungsprozess noch weiter als bei der Kohle: Billionen von kleinen Meeresbewohnern, die vor Millionen Jahren die Meere besiedelten; die nach ihrem Ableben auf den Meeresboden absanken, dann tiefer gepresst wurden in separierte Kammern im Kalkgestein. Äonenlange Press- und Verdichtungsvorgänge unter Entzug von Sauerstoff lieferten schließlich das „Steinöl" und das Schiefergas: konzentrierte Fettsäuren und Gase von Muscheln, Krill, Krebsen; so entvitalisiert wie hochprozentiger Alkohol und mindestens so wirkmächtig. In gigantischen Höhlensystemen über Jahrmillionen gelagert und gereift.

Beide Substanzen, Kohle und Öl, sind wie aus dem Leben gefallen und wie aus der Zeit. Beide sind aus dem Kreislauf des Werdens und Vergehens ausgeschieden. Sie sind Fossilien. Und sie werden zu „Energieträgern" eines Wirtschaftssystems, dessen philosophische Grundlage das Wachstum ohne Grenzen ist – also eines Wachstums, das aus dem Leben und seinen zyklischen Kreisläufen gefallen ist.

Das Arrangement der Proletarier und der Irrtum von Marx

Aber schauen wir ein bisschen genauer auf die Zeit der Industrialisierung, die Zeit nach der Erfindung der Dampfmaschine durch James Watt. Wenn wir an das 19. Jahrhundert und die Industrialisierung denken, dann haben wir furchtbare Bilder vor Augen: ausgezehrte Arbeiter, Männer, Frauen, Kinder, die 16 Stunden am Tag menschenunwürdig in Fabriken schuften und nach Arbeitsschluss in einem winzigen Zimmer ohne sanitäre Anlagen mehr vegetieren als leben mussten. Die Straßen: eng und verdreckt. Die Luft: verpestet von mächtigen Schloten, die in den Himmel bliesen, was aus Gaias Unterwelt zu Tage gefördert wurde. Ich glaube, dass diese Bilder wahr sind – aber mit zwei Einschränkungen. Sie galten in dieser Schrecklichkeit immer nur für kürzere Phasen. Und die Arbeiter hatten keine Alternative. Das führte zu einer sozialen Dynamik, deren Psychologie uns nach wie vor in den Knochen sitzt.

Eine Untersuchung von Paul Mason[33] fasst die Geschichte der Arbeiterbewegungen in den letzten 200 Jahren auf profunde Weise zusammen. Mason arbeitet sehr klar heraus, wie herausgerissen die Figur des Arbeiters zu Beginn der Industrialisierung aus allen Wurzeln, Kulturen und Traditionen war. Alle anderen Berufsgruppen, die Landwirte, Handwerker, Schreiber, Kleriker verfügten über jahrhundertealte Traditionen. Die Arbeiter konnten auf nichts dergleichen zurückgreifen, weswegen sie zu Anfang der Unmenschlichkeit der kapitalistischen Bedingungen besonders ausgeliefert waren. Sie fingen quasi bei Null an: sie waren ungebildet, rechtlos, für sie gab es keine orientierenden Traditionen und Rituale wie im Zunftwesen oder der Landwirtschaft. Das war der Grund, warum Marx die Arbeiterschaft als die ideale Gruppe ansah, die den Hebel für eine soziale Revolution liefern konnte. Eine soziale Revolution, die zur Schaffung eines neuen Menschen, eines besseren Menschen führen sollte: unbelastet von einer feudalen Vergangenheit, ohne Religion, ohne Tradition. Quasi ein leeres Blatt, das neu beschrieben werden konnte. So, als gäbe es keine Vergangenheit, keine Traumata, kein Unterbewusstsein. Marx irrte aber in der Annahme, dass die Arbeiterschaft eine antikapitalistische Kultur schaffen würde. Schauen wir uns also die Krisen und ihre Lösungen an:

Die wahrscheinlich erste große Krise fand in den Jahren 1818 und 1819 statt, als die Baumwollspinner in Manchester massenhaft streikten. Die Zustände waren unhaltbar geworden, sowohl was die Arbeitsbedingungen als auch die häuslichen Bedingungen angeht. Nach langsamem Beginn gingen am Ende 100 000 Arbeiter auf die Straße. Schließlich wurde die Kavallerie eingesetzt; es kam zu einem Dutzend Toter und Hunderten Verletzten. Diese Katastrophe, das sogenannte Peterloo-Massaker, war der erste Wendepunkt in der Geschichte der Arbeiterbewegung. Sie führte dazu, dass die kapitalistischen Fabrikbesitzer die Arbeiterschaft angemessener beteiligen mussten an den Gewinnen, die Arbeitszeiten wurden reduziert. Und es führte zu einer Organisation der Arbeiterschaft: es wurden Abendschulen, Arbeitervereine, Frauengruppen gegründet. Delegierte für die Stadtkomitees wurden aufgestellt. Vor allem aber begründete sich eine eigene Kultur: „Musik, Poesie, Folklore, Zeitungen und Buchhandlungen" (Mason).

In jedem neuen Zyklus des Kapitalismus (Mason beschreibt vier) kam es immer wieder zu neuen Verteilungskämpfen zwischen den kapitalistischen Arbeitgebern und der

Arbeiterschaft, meistens im Zuge der Entstehung von neuen Techniken (Eisenbahn, Telegraphie, Drucktechnik, Großmaschinen Mitte des 19. Jahrhunderts; Automobil, Fließband, Maschinenbau nach der Jahrhundertwende; Computer, Auto, Konsumindustrie seit Mitte des 20. Jahrhunderts). In jeder neuen Phase von Arbeiterkämpfen, die das 19. und 20. Jahrhundert kennzeichneten, entwickelte sich keineswegs ein sozialistisches Bewusstsein Marxscher Prägung, sondern „eine revolutionäre republikanische Bewegung, welche die Prinzipien des Lernens, der Humanität und der Selbsthilfe auf ihre Fahnen schrieb", so Mason.

Was passierte also letztlich immer wieder in den kapitalistischen Krisen mit ihren Streiks und Aufständen? – Es kam zu Arrangements. Dabei ging es der Arbeiterbewegung nicht um einen Umsturz der kapitalistischen industriellen Produktionsweise, es ging ihr (nachvollziehbarerweise!) nur um fairere Teilhabe. Insofern dachten auch ihre Vertreter in der organisierten Arbeiterschaft, also in der Gewerkschaft oder den sozialdemokratischen Parteien, nicht antiindustriell und auch nicht antikapitalistisch – im Gegenteil. Bis zum heutigen Tage kann man das sehen, wie knallhart von den Interessen des Konzerns geleitet auch die Gewerkschaftsfunktionäre beispielsweise der Autoindustrie Firmenpolitik machen. Auch für die revolutionäre sozialistische Strömung des „Ostblocks", für die das kapitalistische Wirtschaftssystem die Inkarnation des Bösen darstellte, war die technisch industrielle Produktionsweise als Hebel zur Hebung der sozialen und kulturellen Lebensweise absolut legitim – nein, mehr als das: der industrielle Arbeiter in seinem Kampf für eine bessere soziale Welt, in der die ökologische praktisch nicht vorkam, war für ihr Programm essenziell. Diese Denkweise – und ich meine damit ein *Schema*, also die Denk-, Fühl- und Empfindungsweise – setzte sich in ihrem (neo-)kapitalistischen Gewand auch in den letzten 30 Jahren fort.

Es entstand also in den vergangenen 250 Jahren aus einem Ringen zwischen Kapitalisten und Arbeiterschaft eine Kultur, die man gerade 2018, in den Festakten bei der Schließung der letzten Steinkohlezechen im Ruhrgebiet, so wunderbar beobachten konnte, eine Kultur, die viel mehr ist als Kohle und Stahl. Wenn Sie die Augen schließen und „Ruhrgebiet" assoziieren, dann kommen wahrscheinlich Bilder wie Kohle, Kumpel, Solidarität, Aufschwung, Adria, VW-Käfer, Gastarbeiter, Schalke (oder Dortmund!), SPD, Stahl, Krupp, Bochum, Grönemeyer, Johannes Rau – Bilder einer einmaligen „Industriekultur", die weit über den fossilen Rohstoff hinausgeht, die ohne ihn aber ganz und gar nicht vorstellbar wäre. Denn all das wäre nicht denkbar ohne die versteinerten Bäume in Gaias Bauch, die unvorstellbare Mengen an CO_2 gebunden hatten. Dieses CO_2, über Jahrmillionen in der Erde gebunden, ist inzwischen – in einer erdgeschichtlich lächerlich kurzen Zeit – in Gaias Atmosphäre umgelagert worden.

Zivilisatorische Errungenschaften

Aber zu dieser fossilen industriellen Kultur gehörte und gehören nicht nur Solidarität, Bequemlichkeit, Luxus, Gewohnheit und Konsum und eben eine ganz bestimmte „Kultur" mit einer bestimmten Lebensweise. Zu ihr gehört auch für viele Menschen (mittlerweile geht die Zahl in die Milliarden und sie leben auch nicht nur in der „westlichen" Welt) ein Zuwachs an Freiheiten, die man mit Welzer „zivilisatorische Errungenschaften" nennen kann. Sie sind in diesem Ausmaß absolut neu in der Geschichte der Menschheit.

Der Geist der Aufklärung mit seinem Würdebegriff führte, verbunden mit der amerikanischen und der französischen Revolution, zu einer Umwälzung, von der sich das Feudalsystem nie mehr erholen sollte. Mehr und mehr Länder in Europa transformierten sich allmählich zu Rechtsstaaten, zu denen ein demokratisches Wahlrecht genauso gehörte wie ein Rechtssystem, vor dem jeder gleich ist: die englische Königin genauso wie einer ihrer Pferdewirte. Und auch das Sozialsystem veränderte sich dank der zunehmenden Macht der Arbeiterschaft. Bismarck, gewiss kein Freund der Proletarier, sah sich aus strategischen Gründen gezwungen, ein in der Menschheitsgeschichte vollkommen neues Recht auf Absicherung im Krankheitsfall und auf Rentenzahlungen einzuführen. Später kam noch eine Absicherung bei Arbeitslosigkeit oder Arbeitsunfähigkeit dazu sowie eine Unterstützung für die Kinder armer Familien. Von all dem hätte eine Bauernfamilie im Mittelalter nur träumen können. Wenngleich hier überhaupt nichts idealisiert werden soll – das Sozialsystem kann würdelos sein, die Schere zwischen Arm und Reich auch in unserer deutschen Gesellschaft ist skandalös und wird immer skandalöser – ist der Zugewinn an Freiheit, Eigenständigkeit und letztlich auch an Würde für den Einzelnen ein dramatischer. Und für unser Erleben ist er verquickt mit diesem Prozess der Technisierung und wirtschaftlichen Weiterentwicklung.

Hierzu gehört zweifellos auch die Proklamation der universellen Menschenrechte durch die Vereinten Nationen. Man stelle sich das vor: quasi die ganze Welt einigt sich auf essenzielle Rechte wie körperliche Unversehrtheit, Meinungsfreiheit, Bildung, ausreichender Besitz. Wann gab es das je in der Menschheitsgeschichte! 1989 kamen noch die Kinderrechte dazu, gegenwärtig wird um den großen Inklusionsimpuls gerungen. Und last but not least: die feministische Bewegung, die ohne Technisierung und kapitalistische Marktwirtschaft, in der Körperkraft immer unwichtiger und Intelligenz, Anpassungsbereitschaft und Kreativität immer wichtiger wurden, wahrscheinlich nicht vorstellbar gewesen wäre. Wieder gilt: diese ganzen sozialen Errungenschaften sind verstrickt mit einer Wirtschafts- und Technikform, die zerstörend ist. Denn sie sind praktisch nur in jenen Ländern zu finden, die eine „entwickelte" Wirtschaftskultur haben. Was für ein Widerspruch, was für ein innerer Konflikt!

Das soziale Schema der Moderne

So entstand in den 250 Jahren der modernen Industriekultur paradoxerweise eine Unterform des *Schemas der Moderne,* welche die Abkapselung und das Inselbewusstsein, aber auch die Kälte und die Einsamkeit minderte. Sie machte das soziale Miteinander berechenbarer und ermöglichte eine neue Form von lokaler, nationaler, ja globaler Solidarität, die bei allen damit einhergehenden Unzulänglichkeiten, Schwächen, Skandalen einzigartig in der Geschichte der Menschheit erscheint. Und die längst abgekoppelt ist von der Arbeiterklasse und der Industriekultur, die aktuell sowieso dabei ist zu verschwinden. Eine Solidarität, die aber ursprünglich auf den Impuls der Arbeiterschaft und des „dritten Standes" zurückzuführen ist, zusammen mit den Werten und dem Würdebegriff der Aufklärung. Jedoch mit *einer* Einschränkung, die Thema unseres Buches ist: Die Solidarität mit der nicht-menschlichen Welt, der „Umwelt", von der man sich mehr und mehr entfernte, zählte nicht zum Programm!

Ich möchte diese Unterform des Schemas der Moderne das *soziale Schema* nennen. Wie also sieht es aus, das soziale

Schema der Moderne, wie fühlt es sich an in uns, wenn es aktiv ist, was für Gedanken, Gefühle und Körperempfindungen gehören dazu?

Soziales Schema der Moderne

Gedanken: *wir Arbeiter/Menschen brauchen einander/ wir achten einander/wir kämpfen füreinander*
Emotion/Haltung: *Achtung/Respekt/Solidarität*
Körperempfindung/Körperhaltung: *kampfbereit/ aufrecht*

Dieses Schema wird aktiv in uns (wir erinnern uns: Schemata sind nicht immer aktiv!) wenn wir von Rentenungerechtigkeiten hören, wenn wir an ein bedingungsloses Grundeinkommen denken, wenn wir über Bildungsgerechtigkeit reden, wenn wir von Krieg und Hunger im Jemen lesen. Solidarität aber mit der nicht-menschlichen Welt, der „Umwelt", ist bei dieser Schemaaktivierung buchstäblich nicht Programm. Und immer wenn ein Schema aktiviert wird, führt es zu einem Handlungsimpuls. Wir wollen das Errungene bewahren und das erringen, was noch nicht realisiert ist.

Entfremdung

Es bildete sich aber noch ein zweites Unterschema, so meine These, welches die Isolation und Abkapselung wiederum verstärkte, sowohl im Ökologischen als auch im Sozialen. Dieses zweite Unterschema, das ich das *Konsumschema* nennen werde, interagiert mit dem sozialen Schema auf widersprüchliche Weise: im Sozialen ist es ein Gegenspieler, es verstärkt das Antisoziale in uns. Im Ökologischen aber sind beide Verbündete und führen uns zu zunehmender „Entfremdung" von unserer äußeren und inneren Natur. Dieses *Konsumschema* wird hoffentlich hilfreich sein, unsere tiefe Verstrickung mit der kapitalistischen Wachstums-Ideologie noch besser zu verstehen.

Die Entwicklung dieses Schemas ist sehr mit einem von Marx geprägten Begriff verbunden, der im 20. Jahrhundert von vielen Denkern aufgegriffen wurde (unter anderem von Marcuse, Horkheimer, Adorno, Fromm): *Entfremdung*. Er hat das Schicksal vieler treffender Begriffe erfahren: dass er in so vielfältiger Weise benutzt wurde, dass nicht mehr klar ist, was er denn nun Neues meint. Hartmut Rosa hat in seiner großartigen Soziologie der Resonanz diesen Begriff wieder aufgegriffen und ich möchte ihn in seinem Sinne verwenden. Rosa greift dabei eine Beschreibung von Rahel Jaeggi auf, die Entfremdung als „Beziehung der Beziehungslosigkeit" definiert. Rosa sagt: „Entfremdung bezeichnet einen Zustand, in dem ein Mensch zwar Beziehungen – etwa eine Familie, eine Arbeitsstelle, eine Parteimitgliedschaft, ein Hobby und eine Religionszugehörigkeit – hat, in dem diese ihm aber gleichgültig, bedeutungslos oder sogar zuwider geworden sind ... Sie sagen uns nichts mehr, sie stehen uns stumm oder gar bedrohlich gegenüber ... Sie sind stumm". Die Folge ist, dass die Welt als „stummes Ding behandelt wird", so Rosa. Wir werden den Begriff im Verlauf des Buches hoffentlich noch besser verstehen, denn Entfremdung bildet das polare Gegenstück zum Begriff der *Resonanz*, die dann entsteht, wenn wir in einem tiefen Erleben von Begegnung sind mit dem anderen Menschen oder Wesen. Und auf dieses Resonanzerleben werden wir im neunten und zehnten Kapitel genauer eingehen.

Erstaunlicherweise ist dieser Prozess der Entfremdung von unserer äußeren und inneren Natur in genau den vier Bereichen nachzuweisen, in denen auch der CO_2-Fußabdruck gemessen wird, also jenen Bereichen unseres Lebens, in denen wir zu viel CO_2 produzieren und in ökologischer Hinsicht den nachhaltigen Kreislauf von Werden und Vergehen verletzen: indem wir mehr CO_2 verbrauchen, als abgebaut werden und nachwachsen kann. Diese vier Bereiche sind *Energie, Wohnen, Mobilität, Ernährung und Konsum.* Hier kommt es also zu einem erneuten Zusammentreffen zwischen innen und außen.

Energie und Wohnen

Die kanadische Journalistin und Globalisierungskritikerin Naomi Klein schreibt, dass es zu Beginn keinesfalls die höhere Effektivität war, welche die Fabrikbetreiber dazu brachte, sich eine Dampfmaschine anzuschaffen. Wasserkraft, die bis dato die Webstühle und Mühlen betrieben hatte, verfügte über einen deutlich höheren Wirkungsgrad als Dampf und Kohle.[34] Der bestechende Vorteil lag in der Unabhängigkeit von den natürlichen Gegebenheiten, die mit der Dampfmaschine möglich war. Weder brachten starke Wettereinflüsse die Maschinerie aus dem Takt, noch musste man beim Bau von Fabriken beispielsweise auf Flussläufe oder Bäche Rücksicht nehmen. Man war von der Natur unabhängiger geworden – man könnte auch sagen, separierter. Dieser Prozess setzte sich mit jeder technischen Innovation fort.

Praktisch zeitgleich mit der Dampfmaschine wurde eine Entdeckung gemacht, die die Welt mindestens so verändern sollte, aber einen völlig anderen Charakter hatte. War die Dynamik der Dampfmaschine verbunden mit uralter dunkler Materie aus Gaias Unterbewusstsein, wirkte die *Elektrizität* im „Überbewusstsein" der Atmosphäre: innerhalb von Bruchteilen von Sekunden konnte sie sich entladen und eine unfassbare Kraft entfalten. Das mythologische Bewusstsein hatte diese Kraft folgerichtig Göttern zugesprochen: Thor, dem Donnergott, Zeus, dem Blitze werfenden mächtigen Herrscher des Olymps. Das moderne Bewusstsein beschreibt Elektrizität als Ladungsdifferenz auf der Ebene der subatomaren Teilchen. Aber jeder, der einmal erlebt hat, wie neben ihm der Blitz einschlägt, wird wohl verstehen, dass die mathematisch physikalische Beschreibung, so richtig sie auch sein mag, nicht die Totalität des Phänomens mit seiner enormen Kraft beschreibt.

Mit der Nutzbarmachung von Strom, der die Nacht zum Tage machte (und zusammen mit Öl und Kohleheizung den Winter zum Sommer), war Mitte des 19. Jahrhunderts ein weiterer Meilenstein der Separierung erreicht. Hundert Jahre später sollte diese Kraft dumpfe Maschinen in Rechengenies und dunkle Bildschirme in virtuelle Welten verwandeln; ein weiterer Meilenstein in der Abkopplung von der primären Welt, die uns damit fremder wurde.

Mobilität

Bevor es aber so weit war, setzte ein beispielloser Mobilitätsschub ein. Die Eisenbahn wurde erfunden. Der Luxusdampfer, der selbst in der dritten Klasse einen gewissen Komfort bot bei der Überquerung des Atlantiks. Komfortable riesige Schiffe gibt es nach wie vor, gegenwärtig kreuzen rund 3500 Touristendampfer um die Welt, genauso wie es noch Eisenbahnen gibt. Als bevorzugtes Mittel der Mobilität aber wurden sie längst abgelöst von rund 23 600 „Eisenvögeln" (ein Begriff aus dem tibetanischen Totenbuch), die in der Troposphäre in rund 12 000 Metern Höhe unterwegs sind, immer auf der Suche nach einem für ihren Kurs möglichst passenden Jetstream. Mittlerweile sind sie für rund sieben Prozent des Treibhauseffektes verantwortlich – Tendenz steigend. Und natürlich herrscht das Automobil: ein Betonnetz von hunderttausenden Kilometern zieht sich durch Europa und Nordamerika, mehr oder weniger durch die ganze Welt. Derzeit wird an einer neuen Straßenverbindung zwischen China und Europa gebaut, vornehmlich für LKWs. Alle diese Verkehrsmittel transportieren uns bequem, mit einem Schutzschild versehen und meistens gut klimatisiert, sodass uns ein sinnliches Erleben der Außenwelt dabei erspart bleibt: Wärme, Kälte, Wind, Feuchtigkeit – sie „müssen leider draußen bleiben". Und damit wird die Außenwelt wirklich zur „Umwelt", die wir mal gelangweilt, mal fasziniert durch die „Windschutzscheibe" betrachten. In jedem Fall distanziert.

Ernährung

Der nächste Bereich ist die Ernährung. Obwohl Nahrung zum großen Teil immer noch aus initial natürlichen Produkten besteht, hat die Kombination von Agrarindustrie und globaler Mobilität zu einer Revolution unseres Speiseplans geführt, der die Hälfte der Menschheit mehr oder weniger unabhängig gemacht hat von Region, Jahreszeit und Ressourcen: Wer will, kann zu jeder Jahreszeit Erdbeeren oder Trauben essen. Das ist möglich, weil der Transport per LKW, Schiff, Flugzeug oder Zug extrem billig geworden ist. Dank einer Fleischindustrie, die allein in Deutschland jedes Jahr 60 Millionen Schweine aufzieht und anschließend tötet, kann sich praktisch jeder mehrfach am Tag Fleisch und Wurst leisten. Das funktioniert jedoch nur deshalb, weil für die Ernährung der Schweine nicht deutsche Felder benutzt werden, sondern dazu auch Soja aus ehemaligen Regenwaldgebieten verwendet wird. All das ist so billig, weil sowohl die wirklichen sozialen Kosten (was müsste ein Bauer in einem „Schwellenland" wie Brasilien wirklich bekommen, um für seine Familie und sich sorgen zu können) als auch die ökologischen Kosten (was ist notwendig, um den Anbau und die Verschiffung nicht auf Kosten der Artenvielfalt, der Bodenqualität – Pestizide! – und des Klimas durchzuführen) nicht eingerechnet werden. Die sozialen und ökologischen Kosten werden externalisiert, also in andere Regionen oder in die Zukunft verschoben. Jedenfalls wird der sozial-ökologische Raum, der konsumiert wurde, nicht einberechnet, sondern auf die Allgemeinheit abgewälzt. Die Folgen werden hier also momentan nicht wahrgenommen, was zu einem verzerrten, entfremdeten Erleben, einem verzerrten *Raumerleben* führt.

Jeder Entwicklungsschritt hat uns ein Mehr an Freiheit gebracht, die immer eine Freiheit „von" war: von unserer natürlichen Begrenztheit in Raum und Zeit oder von genau dem Raum oder der Zeit, wo wir natürlicherweise eben leben mussten. Wir haben es dank geheizter Autos, U-Bahnen und Häuser im Sommer und Winter gleich warm. Wir haben Tag und Nacht Licht. New York und Stuttgart sind für einen Berliner ungefähr gleich weit entfernt, nämlich sieben Stunden – sofern er die eine Strecke fliegt und die andere mit Zug oder Auto fährt. Dagegen ist prinzipiell nichts einzuwenden. Es muss nur klar sein, dass diese Freiheit einen Preis hat und eine Nebenwirkung: Der Preis ist die Abhängigkeit von Technik und Luxus. Die Nebenwirkung ist eine zunehmende Verstrickung mit einer künstlichen Umwelt und eine Entfremdung von unserer Vernetztheit mit der natürlichen Mitwelt. Und nicht zuletzt ist der Preis eine Abkopplung von dem natürlichen zyklischen Rhythmus von Werden und Vergehen, der immer nur so viel kreieren kann, wie auch „verstoffwechselt" werden kann.

Konsumismus

„Zum ersten Mal in der Geschichte sind inmitten des Überflusses Krisen möglich. Es werden Dinge erzeugt, die nicht gekauft oder verwendet werden können – etwas, was in der Feudalzeit oder der Antike undenkbar gewesen wäre."
Paul Mason

Die kapitalistische Philosophie beherzigt die Prinzipien von Wettbewerb und Rationalisierung. Wettbewerb heißt: Dinge günstiger produzieren als der Konkurrent – oder, wenn nicht günstiger, dann besser. Aber bleiben wir bei „günstiger": In den meisten Fällen heißt „günstiger", dass mit weniger Menschen als bei der Konkurrenz produziert wird, meist, weil dafür mehr Maschinen und Computer zum Einsatz kommen. Man kann dieselbe Anzahl von Menschen in einer Volkswirtschaft auf Dauer also nur beschäftigen, wenn man sich neue Märkte erschließt. Daher die Wachstumsideologie in Wirtschaftswissenschaft, Politik, Soziologie, der wir uns als Teile des Systems praktisch nicht entziehen können. Wo aber werden die neuen Märkte erschlossen? Welcher *Raum* ist es, in dem sie wachsen? Wohin und wie wächst der Kapitalismus? Wachsen – wir erinnern uns an die letzten Kapitel mit den

Grenzen und der *einen* Welt – hat immer mit Raum, mit Räumen zu tun. Entweder in andere Länder: Unsere Automobilindustrie wäre im wahrsten Sinne arm dran gewesen, hätte sie in den letzten Dekaden von ihrem Umsatz in Europa oder gar in Deutschland leben müssen. Aber Asien mit seinen Milliarden neuer Kunden war ein Garant gigantischer Gewinne. Die zweite Möglichkeit von Wachstum ist die Erschließung von neuen Märkten im Inland über „Innovationen". Die letzte große und noch voll im Gang befindliche Innovationswelle ist die Digitalisierung: Computer, Laptop, Handy, Smartphones. Gegenwärtig ist es ihre Kombination mit Techniken aus früheren Innovationsschüben: Digital vernetzte Autos, Fernseher, Heizungen und Kühlschränke. So also kann innerhalb eines im Prinzip voll erschlossenen Marktes, auf dem eigentlich alle wichtigen Bedürfnisse bereits abgedeckt sind, ein neues Potenzial erschlossen werden, das wiederum zu einem gigantischen Produktionsschub führen kann.

Wann immer sich aber die Außenwelt ändert, ändert sich auch die Innenwelt. Es werden also nicht nur äußere Territorien erobert durch den Markt, sondern auch Gebiete in unserer seelischen Innenwelt: Und so wie die Außenwelt durch die Konsumprodukte immer unnatürlicher wird – Plastik im Meer, Ozon in der Atmosphäre, Feinstaub in der Luft –, so entsteht auch im Inneren eine Welt, die sich von unserer eigenen „inneren Natur" immer mehr separiert, entfremdet. Es werden also neue Innenwelten geschaffen. Aber wer bewohnt sie?

Bedürfnisse und Scheinbedürfnisse

Um das noch besser verstehen zu können, verlassen wir kurz die Welt unserer Wirtschaftsgeschichte und wenden uns unserer Innenwelt zu.

Woher weiß ich eigentlich, was ich will?! Lassen Sie uns das an einem simplen Beispiel einmal genauer anschauen, zum Beispiel an der Frage, ob Sie heute Abend noch ausgehen wollen oder lieber zu Hause bleiben? Nun, könnten Sie sagen, das hat mit meinen Bedürfnissen zu tun: Vielleicht habe ich ja Lust, auszugehen, vielleicht auch nicht. Gut: Aber was sind denn nun Ihre Bedürfnisse? Und woran bemerken Sie ihre Bedürfnisse? Letztere Frage ist leichter zu beantworten. Wenn Sie sich genau beobachten, werden Sie bemerken, dass es Ihre Gefühle sind, die ihnen Aufschluss geben über Ihre Bedürfnisse. Vielleicht stellt sich bei der Vorstellung, heute Abend auszugehen, leichte Unlust ein und Sie antworten folgerichtig: „Keine Lust – lass uns hierbleiben." Wenn Sie aber genauer verstehen wollen, was hinter dem Gefühl von Unlust steckt (vielleicht weil Sie einen Partner oder Partnerin haben, die dann fragen: „Aber warum denn nicht!?"), dann könnten Gefühle von Ärger, Angst, Ekel, Unsicherheit, Müdigkeit oder Ähnlichem kommen. Diese Gefühle sind der eigentliche Wegweiser zu der Antwort auf die Frage: „Warum denn nicht?!" Zum Beispiel könnte dahinter Angst stehen, dass es noch einen ungeklärten Konflikt zwischen Ihnen beiden gibt, der dann vielleicht angesprochen wird. Oder hinter Müdigkeit die Tatsache, dass Sie die letzten drei Abende schon fort waren und heute eigentlich früh ins Bett wollen.

Sie müssten also ihren Gefühlen nachgehen, um die Frage des Partners („Warum denn nicht?!") beantworten zu können. Hinter diesen Gefühlen stehen also Bedürfnisse, Ihre

Bedürfnisse, und diese haben mit Ihrem tieferen Wollen zu tun. Die Bedürfnisse selbst sind nicht bewusst. Bewusst sind die Gefühle, die körpernäher sein können (beim Ekel etwa zieht sich körperlich alles zusammen) oder körperferner (etwa tiefe Freude) – aber alle Gefühle sind immer mit Körperempfindungen verbunden, sind also auch körperliche Sensationen. Deshalb sind sie so mächtig und deshalb sind sie auch zum Verstehen des Schemabegriffes so wesentlich. Die Gefühle sind somit das „Thermometer" zum Verständnis unserer Bedürfnisse. Und unsere Bedürfnisse sind das Tor zum Verständnis unseres tieferen Wollens.

Was sind nun allgemein gesprochen unsere Grundbedürfnisse? In der Psychologie beantworten unterschiedliche Schulen diese Frage mit verschiedenen Schwerpunkten. Im Großen und Ganzen besteht aber über vieles Einigkeit: Wenn die körperlichen Grundbedürfnisse Atmen, Essen, Trinken, Ausscheidung, Schlafen und elementare Sexualität ausreichend versorgt sind, geht es um die seelischen und geistigen Grundbedürfnisse. Welche sind das? Ich orientiere mich hier an den Autoren Grawe, Roediger und Maslow und nenne folgende: Beziehung, Kontrolle, Selbstwert, Lust, Entwicklung.

Bindung/Beziehung: Dass Bindung und Beziehung essenziell sind für uns Menschen, besonders natürlich in der Kindheit, muss hier nicht näher ausgeführt werden. Viele psychologische Untersuchungen der letzten Dekaden haben bestätigt, wie wichtig für eine gesunde seelische Entwicklung Begegnung ist: buchstäblich zeitgleich mit dem ersten Atemzug entsteht eine Atmosphäre zwischen Kind und vor allem der Mutter, die in einem Hin und Her, einem Geben und Nehmen, besteht. Es ist fast so etwas wie ein gemeinsamer Tanz aus kleinsten, oft non-verbalen Zeichen und Stimmungen. Die eine Seite macht eine Geste, auf die die andere Seite mit einem Lächeln und einer weiteren Geste reagiert, was wiederum die andere Seite zu einer Reaktion animiert und so fort. Sie wechselwirken miteinander und sind in Resonanz. Und beide, Mutter (oder selbstverständlich auch Vater) und Kind, verändern sich dadurch. Und das gilt, in abgeschwächtem Maße, für alle weiteren Beziehungen des Lebens. Fatal ist, wenn es zu Vernachlässigung kommt. Mehrere große Studien belegen mittlerweile, dass sich – allgemein gesprochen – Vernachlässigung sogar schlimmer auswirkt als Missbrauch. Bindung/Beziehung ist für die Entwicklung einer gesunden Identität, eines gesunden Ichs, essenziell. Der Mensch wird, wie Buber sagt, „am Du zum Ich." Was aber noch viel zu wenig untersucht ist, sind unsere Begegnungen mit nichtmenschlichen Wesen, mit Steinen, Pflanzen, Wäldern, Seen, Bergen, Tieren. Brauchen wir sie nicht genauso, um zum Ich zu werden?

An welchen Gefühlen merke ich nun, dass ich in Begegnung mit jemandem bin? Es sind Gefühle von *Wärme, Geborgenheit, Freude, Fröhlichkeit, Liebe*. Wenn ich mich aber nicht in Begegnung erlebe, fühle ich *Einsamkeit, Isolation, Unzulänglichkeit*.

Orientierung/Kontrolle: Damit ist ein tiefes Bedürfnis gemeint, die Außenwelt und genauso die Innenwelt zu verstehen und damit soweit steuern und kontrollieren zu können, dass wir uns sicher fühlen. Es hat somit erstmal nichts mit Kontrolle über andere zu tun. Eckhard Roediger[35] gibt als Beispiel den Busfahrplan an: Wenn ich weiß, wann mein Bus abfährt und ich außerdem in einem Land lebe, in dem ich mich normalerweise darauf verlassen kann, dass er dann auch fährt, ist mein Bedürfnis nach Kontrolle im Äußeren erfüllt. Kontrolle nach innen hat dagegen damit zu tun, dass ich das Gefühl habe, dass mein Körper und meine Seele verlässlich und berechenbar sind. Wenn ich plötzlich Schmerzen habe, ein Zittern oder Schwindel spüre oder mich aus heiterem Himmel eine Panikattacke überkommt, dann stellt sich das Gefühl von Kontrollverlust ein.

An bestimmten Gefühlen merke ich nun, dass ich Kontrolle habe: *Sicherheit, Geborgenheit, Entspanntheit* stellen sich ein. Wenn ich nicht darüber verfüge, sind *Anspannung und Angst* vordringliche Empfindungen und Emotionen.

Lust/Unlustvermeidung: Auch dieses Grundbedürfnis dürfte klar sein. Es entsteht ein tiefes Behagen in uns, wenn wir etwas buchstäblich Sinn-volles erleben: sei es ein Saunagang, sei es ein Bad im Meer, seien es Zärtlichkeit und körperliche Begegnung, sei es ein schmackhaftes Mahl. Man will mehr davon und vermeidet Situationen, in denen es weniger davon gibt. Dann würde ich *Ekel, Anspannung, Neid, Traurigkeit, Beklemmung* empfinden. Und andererseits eben *Genuss, Behagen, Freude, ein Vibrieren, Energie.*

Selbstwerterhöhung/Schutz: Eckhard Roediger definiert dies als Bedürfnis, „vor sich und anderen gut dazustehen". Auch „das Gefühl im Leben immer weiter zu wachsen und reifen zu wollen, sind Varianten dieses Grundbedürfnisses". Es ist – zusammen mit dem Bedürfnis nach Kontrolle – verantwortlich für den Erwerb neuer Fähigkeiten.

Für uns wird später noch wichtig werden, dass es in den konventionell anerkannten Modellen kein separates Bedürfnis für geistige Entwicklung gibt, sondern dass dies quasi unter „Selbstwerterhöhung" zusammengefasst wird – fast so als wäre es Kapital, das mit einer linearen Wachstumskurve gemessen werden kann. Das Schema der Moderne *kann* Entwicklung nur quantitativ und linear messen! Fairerweise muss man sagen, dass es in verschiedenen Schulen der humanistischen und transpersonalen Psychologie sehr wohl genauere Beschreibungen des Bedürfnis nach geistiger Entwicklung gibt, auch jenseits von „Selbstwerterhöhung", zum Beispiel bei Abraham Maslow, Erich Fromm, Ken Wilber – und auch Eckhard Roediger, den ich gerade zitiert habe, schreibt an anderer Stelle ausführlich darüber. Im wissenschaftlich anerkannten Feld aber – dem herrschenden Paradigma – wird es noch wenig berücksichtigt.

Die Theorie ist nun, dass alle Menschen diese Grundbedürfnisse teilen, aber je nach Temperament, Umgebung oder Kultur in unterschiedlicher Ausprägung. Der einen wird Beziehung immer viel wichtiger sein als Selbstwert oder Lust. Dem anderen wird Kontrolle so wichtig sein, dass er auf engere Beziehungen verzichtet. Denn die Theorie sagt ebenfalls, dass nie alle vier Grundbedürfnisse zu hundert Prozent erfüllbar sind. Dazu sind sie zu unterschiedlich. „One can not have the cake and eat it, too", heißt es im Amerikanischen.

So ist es immer eine innere Abwägung, letztlich ein meist unbewusst geführter innerer Dialog, den man praktizieren muss, um wirklich zu wissen, was man will. Im Kleinen („Gehen wir heute Abend aus?"), im Mittelgroßen („Mache ich die Bergtour oder lieber nicht?") und auch im Großen („Studiere ich Jura oder Psychologie?"). Je besser diese Abwägung gelingt, desto autonomer, freier und letztlich glücklicher fühle ich mich, und das gilt auch wieder im Kleinen, Mittleren und Großen.

Das für dieses Kapitel Relevante ist nun folgendes: Alle Menschen, egal welcher Kultur sie entstammen, haben diese Grundbedürfnisse (und auch viele höhere Tiere haben sie). Die kulturelle Prägung macht aber einen großen Unterschied, *wie* diese Bedürfnisse gelebt werden. In einer indigenen Kultur wurde und wird viel mehr Lustvolles direkt aus der sinnlichen Naturerfahrung gelebt. Man ist, was das Bedürfnis nach

Beziehung angeht, viel mehr verwoben in einen Kosmos aus Himmel, Landschaft, Pflanzen, Tieren, Menschen und Ahnen. Das vermittelt einerseits ein Gefühl von Sicherheit; andererseits wird damit aber auch Kontrolle abgegeben: an die Götter, die Tiergeister, die Ahnen – weder ist man eine Insel noch hat man alles in der Hand. Selbstwert und Identität wird vermittelt durch das Gefühl, am rechten Platz zu sein: sowohl innerhalb des Stamms als auch im Universum.

Konsumschema

Nach diesem Exkurs über die Grundbedürfnisse kommen wir wieder zurück zu Konsumismus und zur Entwicklung eines Konsumschemas als zweitem Unterschema der Moderne. Die Frage ist: Was macht unsere konsumistische Kultur mit uns und unseren Grundbedürfnissen?

Wenn Kinder ihr Bedürfnis nach Sinnlichkeit nicht mehr in der Natur ausleben – nicht im Klettern auf Bäume, im Verstecken in Büschen, im Untersuchen von Käfern – sondern durch das Wischen auf dem i-Pad oder beim Spielen von Games: was für eine Innenwelt entsteht dann? Wie lange hält die Befriedigung an? Und warum befriedigt es erfahrungsgemäß nicht lange? Wenn ihr Bedürfnis nach Kontrolle und Steuerungsfähigkeit sich in Ego-Shootern entlädt, genauso wie das Bedürfnis nach Selbstwert – oder letzteres von Influencern auf YouTube gesteuert wird? Und wieder: warum befriedigt es nicht lange? Warum diese unglaubliche Beschleunigung an Warendurchsatz?

Harald Welzer definiert „Konsumismus" profund als „Veränderung, ohne sich zu verändern".[36] Das heißt es entsteht ein Schein in allem: scheinbar *entwickelt* man sich, indem man die neue Prada-Kollektion trägt, den neuen Wagen kauft, das iPhone 10 besitzt. Auch das Bedürfnis nach *Selbstwert* wird scheinbar befriedigt. Und es bereitet auch *Lust* und kann ein Gefühl von *Kontrolle* induzieren: auf der Autobahn, auf der Datenautobahn, auf dem Stehempfang. Aber all das scheint nicht nachhaltig zu sein. Man will immer mehr und man will es immer schneller. Autos, Wohnung, Haus, Lebensmittel, Reisen, Kleidung, Medien – immer größer, immer öfter, immer luxuriöser. All das nährt aber nicht nachhaltig, es weckt den Appetit auf mehr. Warum? Vielleicht, weil es nicht in die Tiefe geht. Es erreicht nicht unser tieferes Sein, was folgerichtig auch nicht daran wachsen kann. Die künstliche Oberfläche, die im Außen produziert wurde, scheint mit einer künstlichen Oberflächlichkeit im Inneren zu korrelieren und zu korrespondieren. Sie spricht zwar irgendwie unsere Bedürfnisse an, aber sie befriedigt sie nur an der Oberfläche. Und so bleiben wir letztlich unbefriedigt und oberflächlich. Und spüren Leere statt Tiefe. Und um diese Leere nicht spüren zu müssen, suchen wir nach neuen Reizen – an der Oberfläche. So werden *Scheinbedürfnisse* geweckt für Dinge, die niemand braucht. Es ist wie eine innere „Umleitung": der Ruf aus der Tiefe, der Ruf an die Tiefe, in der unsere eigentlichen Bedürfnisse und damit unser tieferes Wollen sitzt, wird *abgelenkt* und durch etwas ersetzt, das wenig Substanz hat. Vielleicht kommt daher der Begriff „Ablenkung"?!

Wir werden auf diese Innen-Außen-Korrespondenz in den nächsten Kapiteln immer wieder stoßen, weswegen ich es hier dabei belasse. Wichtig aber ist mir: Irgendwie scheint auch hier, in diesem Konsumprozess, kein Kreislauf, kein zyklischer Prozess stattzufinden, sondern wieder findet die lineare Steigerungskurve des „Immer-mehr" statt: diesmal in unserem Inneren – aber eben als Abbild der dynamischen

Steigerungsrate in unserer Wirtschaft. Wir haben hier also die innere Entsprechung der Kurve aus dem ersten Kapitel, wo sie uns in der Außenwelt entgegenkam: als dynamische Steigerung der Temperatur und des CO_2! Im Außen produziert sie „heiße Luft", die für den Erdorganismus und die Mitbildner seiner Biosphäre katastrophale Konsequenzen hat. Im Innen produziert sie Leere und Unruhe und die Gier nach mehr – Begriffe, mit denen man gemeinhin eine Suchterkrankung beschreibt, die für die Betroffenen ebenfalls katastrophale Konsequenzen hat.

Und so wie die Kosten, die der Gesellschaft durch Spielsucht, Mediensucht, Alkoholsucht, Drogensucht entstehen, nicht im Preis einberechnet sind, den die Ware kostet, sind in den kapitalistischen Konsumspielen die sozialen und ökologischen Kosten nicht eingerechnet. Dafür entsteht ein falsches Bewusstsein von gerechtem Besitz, denn „man hat ja die Ware bezahlt." Dass der SUV (oder im Großen gedacht: der Airbus A 380 als Privatflugzeug eines Scheichs) bezahlt worden ist, mag in den meisten Fällen ja stimmen. Aber es ist nicht der wahre Preis bezahlt worden, denn der wahre Preis beinhaltet den Preis der Grenzüberschreitung. Und den sieht man nicht, wenn man die Dinge da aufhören lässt, wo sie materiell aufhören.

Wie fühlt sich das nun an, dieses Angetriggert-Sein, wenn wir selbstverständlich glauben, wieder etwas Neues zu brauchen – und das erleben wir ja fast bei jedem Einkauf, ob klein oder groß. Welche Gedanken beziehungsweise Gefühle und Körperempfindungen können wir wahrnehmen, wenn wir uns in solchen Momenten achtsam beobachten? In denen das aktiviert wird, was ich das Konsumschema nennen will – wie denkt, fühlt und empfindet es dann? Und was für Impulse gibt es dann?

Konsumschema

Gedanken: *Die Welt besteht aus Sachen. Was ich mir leisten kann, steht mir zu und gehört mir – denn ich habe es gekauft. Fortschritt bedeutet: Mehr oder Neues*

Emotion/Seelenhaltung: *Begierde, Gier, Neid, Konkurrenz/Leere*

Sensation/Körperhaltung: *leichtes Vorbeugen/ verkapselt/im Kopf*

Impuls: *immer weiter ...* [37]

Dies also ist der Prozess der Entfremdung: weg von der eigenen inneren Natur. Und von der äußeren natürlich auch. Die Kapsel und ihre Wanddicke nehmen zu. Nach außen und, das ist das hier Relevante, auch nach innen. Das „Im-Kopf-sein" ebenso. Dadurch werden wir uns und der Welt entfremdet und merken das gar nicht – oder merken es oft nicht. Denn die Oberflächen sind, wie gesehen, faszinierend und so fühlen wir uns oft angeregt, erregt und scheinbar begeistert. Es fühlt sich erstmal nicht nach Entfremdung an, wenn wir das neue Auto mit seinen faszinierenden Features probefahren, mit den neuen Marken-Turnschuhen zum ersten Mal Fußball spielen, wenn wir wieder auf „unserem" Kreuzfahrtschiff all inclusive einchecken. Darunter jedoch ist oft Leere, die aber „zubetoniert" wurde, damit man sie nicht fühlt. Aber so wie im Äußeren – im Raum der zerstörten Natur – nicht einfach Leere ist, sondern ein Einkaufszentrum oder ein Flughafen, ein zugemüllter Strand oder ein Hotelkomplex, so sind ja auch die oberflächlichen Innenwelten nicht ganz leer. Es werden neue Innenwelten geschaffen. Sie werden „kolonisiert" von einer Warenwelt, sei sie materiell oder virtuell, die von außen in uns hineingetragen wird. Und die mal Innenwelt war in einem Spielentwickler oder Modedesigner. Aber woher kommt sie?

Vorläufiges Fazit

All das, von dem wir in diesem Kapitel angesprochen haben, die zivilisatorischen Errungenschaften ebenso wie die Bequemlichkeit und der Luxus, ist für uns verbunden mit einem Wirtschaftsmodell, das von Anbeginn an nur zu funktionieren schien mittels grenzenlosen Wachstums. Und das in einem Sozialraum stattfand, der unendlich groß schien. Und mit der Welt der unwirtlichen Natur, also dem „bösen" Wolf, der grausamen Sturmflut oder dem Hungerwinter zum Glück immer weniger zu tun zu haben schien. All das ist verbunden mit einem Wirtschaftssystem, das den Menschen mehr und mehr separierte von seiner Natur und den Menschen. So verstärkten sich das Schema der Moderne und seine dazugehörigen wissenschaftlichen Paradigmen mit jedem Jahr ihres Fortwirkens. Wie ein Teufelskreis, eine sich selbst verstärkende Schleife wirken beide auf die Außenwelt und es findet eine beständige Verwandlung, eine Angleichung der Außenwelt an eine künstlich-technische Innenwelt statt. Das nun angebrochene Zeitalter wird deshalb folgerichtig Anthropozän genannt.

Dieser „Teufelskreis" führt also dazu, ein inneres Erleben immer mehr zu verstärken (Schema der Moderne), das eine verzerrte Wahrnehmung der Außenwelt und ihrer Grenzen liefert, um dann in ein Handeln zu kommen, das dieser verzerrten Wahrnehmung entspricht. Und mit einer Wissen-

schafts- und Wirtschaftsmethode diese (veränderte) Außenwelt interpretiert, die tendenziell sehr rationale, mechanisti-
sche, lineare Interpretationen und damit weitere verzerrte Interpretationen der Außenwelt und ihrer Grenzen liefert.
Diese verstärken wiederum das Schema der Moderne in uns,
welches wiederum das Wissenschaftsparadigma verstärkt.
Wirklich ein Teufelskreis! So entsteht eine Kultur, eine „Wirtschaftskultur", die mit einer „Natur-Kultur" (Latour) kaum
noch etwas zu tun hat. Und so entsteht etwas, was aus meiner
Sicht nur mit der Kraft und Dynamik zu vergleichen ist, die
man in der Kulturgeschichtsforschung gemeinhin einem Mythos zugesprochen hat. Das möchte ich im nächsten Kapitel
zu skizzieren versuchen.

VII. Kapitel

Unser gegenwärtiger Mythos

Nun sind wir in der Lage, auf einer tieferen Ebene zu verstehen, was uns hemmt, angemessen auf die Herausforderung zu reagieren. Es ist ein Beziehungsgeflecht entstanden zwischen uns Menschen (und der nicht-menschlichen Welt), das Raum gab für einen Mythos: den Mythos der Moderne, der Mythos vom ewigen Wachsen. Wir werden sehen, wie dieser Raum entsteht und wie Mythen wirkten und wirken.

Was also ist ein Mythos? Man stelle sich folgendes Szenario vor:

Im Gebiet des Berliner Tiergartens, also des großen zentralen Parks, der ans Regierungsviertel angrenzt, würde per Regierungsdekret ein gigantisches Bauvorhaben ausgeführt – und zwar ohne jedwede Verzögerung, denn die Zeit drängt und die Aufgabe hat höchste Priorität. Sie besteht darin, eine 146 Meter hohe und 231 Meter breite, massive Pyramide mit einem komplexen Höhlensystem innerhalb kürzester Zeit zu erbauen. Um die Pyramide herum wird außerdem ein ganzer Stadtbezirk mit kleineren und größeren Gebäuden und unterschiedlichen Statuen, unter anderem einem Mischwesen aus Mensch und Katze, entstehen. Alles soll mit dem Zentralbau korrespondieren. Einziger Bauzweck ist es, eine Grabanlage für die Bundeskanzlerin zu schaffen, die dafür sorgt, dass die Transformation ihrer Seele vom Diesseits ins Jenseits gut ablaufen kann. Ihre Seele soll so unbeschadet in die andere Welt, die Totenwelt, die Götterwelt, das „Reich des Westens" gelangen. Bei solch einem Bauvorhaben, das in kürzester Zeit durchgeführt werden muss (schließlich muss es zu ihren Lebzeiten fertig werden!) und Unsummen kostet, ist klar, dass Sicherheitsmaßnahmen, geregelte Arbeitszeiten und gute Bezahlung der Bauarbeiter sekundär sind; viele Todesopfer während der Bauzeit sind unvermeidlich. Das aber wird von allen in Kauf genommen, denn schließlich handelt es sich bei der Kanzlerin um eine Göttin, die, wenn der Weltenlauf nicht gestört werden soll, wohlbehalten in ihrer neuen nachtodlichen Umgebung ankommen muss. Der Bauerfolg ist also zum Wohle aller …

Was für uns Heutige wie eine Satire oder wie eine kollektive Psychose wirken mag, war für die Menschen im Ägypten des Alten Reiches, also rund 2600 Jahre vor unserer Zeitrechnung zur Zeit des Pharaos Cheops die Normalität. Denn die Menschen waren alle zusammen eingebunden in einen Mythos, in dem es völlig evident war, dass der Pharao ein Gott und als solcher ganz anders zu behandeln war als jeder sonstige Mensch. Für uns aufgeklärte moderne Menschen mag das verrückt klingen.

Wie aber mag es für einen Historiker, der vielleicht in hundert Jahren geboren wird, klingen, wenn er hört, dass seine Vorfahren an ein Wirtschaftssystem geglaubt haben, das auf ständigem Wachstum und Konsum basiert? Wachstum und Konsum für alle! Für die wachsenden Milliarden Bewohner auf Erden!

Dabei konnten die Naturwissenschaften präzise prognostizieren, wie viele Ressourcen, vor allem aber auch wie viele Kompensationsmechanismen dieser (eine!) Planet, auf dem sich ja alles abspielte, hatte. Spätestens 1972 gab es verlässliche Zahlen, die ein Wissenschaftsgremium (der Club of Rome) lieferte. Ende der achtziger Jahre des 20. Jahrhunderts war außerdem unumstritten, dass es eine Erderwärmung gab, die zu einem großen Teil menschengemacht war.

Um hier gegenzusteuern, hätte man nicht irgendetwas völlig Unmögliches machen müssen: nicht die Gesetze der Schwerkraft ändern, nicht den Tod abschaffen, auch keine Menschen auf den Saturn schießen. Man hätte einzig und allein das herrschende Wirtschaftssystem verändern müssen, indem man seine ökologischen und sozialen Kosten in den Preis hineinberechnet, anstatt sie zu externalisieren. Dergestalt, dass die Kosten mit einberechnet worden wären, die dieses System generiert und die in diesem System auf offene Rechnung laufen – wobei, das stimmte nicht ganz. Die Rechnung war nur scheinbar offen. In Wirklichkeit ging sie auf Kosten von Menschen, die nicht im Speckgürtel dieses Systems lebten, also beispielsweise in Bangladesh oder Ghana. Auf Kosten der nicht-menschlichen Wesen auf dem Planeten, zum Beispiel des Great Barrier Reefs, des Amazonas-Regenwalds und der Eisbären. Und auf Kosten von menschlichen und nicht-menschlichen Wesen in der Zukunft (hier stimmt das mit der offenen Rechnung!). Wären diese Kosten mit einberechnet und nicht externalisiert worden (also ausgelagert auf die Erde, die Tiere und Pflanzen, die Armen und die Nachkommen), dann wäre ein System, das auf ständige Vermehrung des Konsums („Wachstum, Wachstum, Wachstum") ausgelegt war, völlig unmöglich gewesen. Denn damit hätte man ein Wirtschaftssystem verändert, das sich aus den natürlichen Prozessen ausgeklinkt hatte. Das Wachstum ohne Grenzen wollte. Das Leben beziehungsweise Waren schaffen wollte ohne Tod und Verwesung. Das halb bewusst, halb unbewusst einen ganz anderen Begriff von Entwicklung eingeführt hatte in das menschliche Bewusstsein: Entwicklung heißt Steigerung (die Kurve, die nach oben geht). Dieses Bewusstsein aber hatte sich so tief eingegraben in das Denken, Fühlen und Wollen der Menschheit am Anfang des 21. Jahrhunderts, dass feststand:

Es gibt keine Alternative zu diesem Wirtschaftssystem. Ein anderes ist schlichtweg undenkbar. Eher wurde versucht, mittels Gentechnik das Altern und den Tod zu besiegen oder mittels ehrgeiziger Raumfahrtprogramme die Marsbesiedelung voranzutreiben, sodass er dereinst als „Homebase" der überlebenden Menschen dienen kann, wenn die Erde das aufgrund des kapitalistischen Wirtschaftssystems nicht mehr zu leisten imstande ist. So dachte man damals. Es mag also sein, dass einem Historiker in hundert Jahren die ägyptische Mythologie deutlich schlüssiger erscheint; alleine, mit deren Folgen hat er sich nicht herumzuplagen.

Das also wäre die versuchte Beschreibung eines Mythos, aber noch keine Definition.

Wann wird etwas zum Mythos? Der Begriff kommt aus dem Griechischen und bedeutet „Laut, Wort, Erzählung". Es schwingt darin etwas mit, das mit einer „lauschenden Qualität" (Gebser) zu tun hat. Da, wo man lauscht und empfängt, gerät etwas in Schwingung, sei es das Trommelfell oder die Seele. Ein Mythos, wenn er denn einer ist, versetzt uns in der Tiefe der Seele in eine Schwingung, die Kraft und Macht hat. Und er erzählt eine Geschichte, die Kraft hat und Macht.

Die These von C. G. Jung, dem großen Arzt, Psychologen und Mythenforscher, ist, dass es Mythen nicht nur in der Vergangenheit gab, sondern dass sie auch in der Gegenwart existieren und nicht in jedem Fall mit Göttern und Helden verbunden sein müssen. Und dass man einen Mythos, solange er aktiv lebt im Geist der Zeit, im Zeitgeist, nicht als solchen erkennt. Man lebt in ihm und man lebt ihn; damit ist der Mythos Realität – und kein Mythos. Erst im geschichtlichen Rückblick, am leichtesten aus dem Abstand einer ganz neuen Kultur heraus, kann man einen Mythos als solchen erkennen: Anthropologen, Historiker, Psychologen, Philosophen arbeiten dann ein Gesamtgebilde an Erzählungen und Glaubenssätzen heraus und nennen sie „Mythologie". In unserem Beispiel war das die altägyptische Mythologie mit ihrer Vernetzung von der Welt des „Daseins" mit der „Welt des Westens": der Welt des Sonnenuntergangs, in der die Götter leben und zu der Osiris-Re, der Sonnengott, jeden Abend hinüberwandert und verjüngt am Morgen zurückkommt. Der Welt, in die auch der Pharao (und letztlich jeder Ägypter) am Lebensabend hinübergeht, wenn denn zu Lebzeiten und vor allem in der nachtodlichen Übergangszeit alles richtig gemacht wurde: in die Totenwelt.[38] Aber vermutlich hätte kein Ägypter gesagt: „Das ist halt so unser Glaube, unser Mythos – es kann aber auch ganz anders sein", oder: „Manche Menschen brauchen das halt für ihr Seelenheil". Oder die dritte moderne Variante: „Das ist eine manipulative Ideologie der Eliten, die einzig alleine als Mittel zum Machterhalt dient."

Ein Mythos kann, solange er aktiv ist, unglaubliche Kräfte freisetzen, wie die Pyramiden noch 4500 Jahre später eindrucksvoll demonstrieren. Er kann das aber nur, weil eine Offenheit, ein Vertrauen in seine Gültigkeit da ist, die ihn nicht hinterfragt. Sobald Zweifel und Fragen auftauchen, verliert er seine Macht. Man kann das auch anders ausdrücken: Sobald der *Mythos* als Mythos beschrieben wird, lebt er nicht mehr. Und wenn ein Mythos nicht mehr lebt, ist er Geschichte. Ein gegenwärtiger *Mythos* kann also nicht als Mythos beschrieben werden!

Die These lautet also: wir leben, wie alle früheren Kulturen auch, in verschiedenen Mythen – oder die Mythen leben in uns. Diese sind uns aber weitgehend nicht bewusst – so wie es allen früheren Kulturen auch erging. Ein wichtiger Mythos unsere Zeit, vielleicht *der* Mythos unserer Zeit, ist der von unserem Wirtschaftssystem des grenzenlosen Wachstums und seiner Alternativlosigkeit. Und unser Wirtschaftssystem geht auf folgende Prämissen zurück (wir haben sie in den letzten beiden Kapiteln hergeleitet):

Die wichtigste lautet, dass unbeseelte Natur als Rohstoff, als Produktionsmittel dient. Solange man die Eigentumsrechte daran legal erworben hat, kann man damit machen, was man will. Zweitens: Wirtschaft ohne Wachstum ist unmöglich. Dieser Mythos hat in den letzten 40 Jahren noch einmal viel an Schwung gewonnen. Seit dieser Zeit, dem Ende der 1970er Jahre, hat eine marktradikale neoliberale Schule die Deutungshoheit in den Wirtschaftswissenschaften übernommen (also das Paradigma verändert), die dem herrschenden Mythos eine selbst in der Moderne nie gekannte Dynamik gab. Und zwar mit zusätzlichen Prämissen, die man auch in einem rationalen Sinne nicht anders als mystisch nennen kann (wenn man nicht die Beschreibung „magisches Denken" bevorzugt). Sie zeichnet sich nämlich durch zwei „Dogmen" aus: einmal, dass es eine unsichtbare Hand des Marktes gäbe, die auf wunderbare Weise regulierend und steuernd zum Wohle des Ganzen eingreift (dabei wird sich auf Adam Smith berufen), zum anderen, dass es dank neuer Instrumente auf dem Kapitalmarkt möglich sei, Geld aus dem Nichts zu schaffen (creatio ex nihilo) – ironischerweise ein missverstandenes alchimistisches Prinzip, wie wir später noch sehen werden. Dass es ziemlich absurd ist, zu denken, dass sich ein Markt, der mit Materie handelt, die auf einem endlichen Planeten gewonnen werden muss, selbst zum Wohle des Ganzen reguliert, wenn der Markt jährlich wachsen muss und die Marktteilnehmer sich immer weiter von diesem Planeten entfremden, müsste aus dem eben Ausgeführten klar geworden sein (und war es Ihnen wahrscheinlich längst) – egal was Adam Smith vor 250 Jahren dazu gesagt hätte. Tomáš Sedláček weist in seinem lesenswerten Buch *Ökonomie von Gut und Böse* aber darauf hin, dass Smith die steuernde „unsichtbare Hand" des Marktes zwar in seinem Werk über Ökonomie erwähnt, es sich dabei aber keinesfalls um den Kerngedanken handelt. Ethisches Verhalten war für Smith ein zentrales Element des Miteinanders, weswegen er ein ausführliches Buch über Ethik schrieb (*Theorie der ethischen Gefühle*), in dem es vor allem um die Tugenden der Freundlichkeit und Beschränkung ging, wie Sedláček betont.[39]

So kamen also zu zwei alten Glaubenssätzen, die schon problematisch genug waren, noch zwei weitere dazu. Und alle haben sie für uns die Kraft eines Naturgesetzes – ohne, dass sie es wirklich sind. Insofern spitzt Naomi Klein folgerichtig zu: „Was unser Klima braucht, um nicht zu kollabieren, ist ein Rückgang des Ressourcenverbrauchs durch den Menschen; was unser Wirtschaftsmodell fordert, um nicht zu kollabieren, ist ungehinderte Expansion. Nur eines dieser Regelsysteme lässt sich verändern, und das sind nicht die Naturgesetze." Aber wenn man in einem Mythos steckt, hat er im Erleben in der Tat die Kraft eines kosmischen Naturgesetzes.

Vielleicht werden Sie schon eine Weile das Widersprüchliche dieser Argumentation moniert haben: Wenn ein lebendiger *Mythos* unbewusst ist, dann kann über ihn nicht geredet werden – was also soll das Gerede über aktuelle Mythen?! Und der Einwand stimmt. Die Aussage, dass lebendige Mythen allen Zeitgenossen als Mythen unbewusst sind, war etwas zugespitzt. Spätestens im antiken Griechenland fing die Unterscheidung schon an: Viele der großen Philosophen glaubten nicht mehr an die Göttermythologie und begannen einen ganz anderen Umgang mit ihnen: denkerisch interpretierten sie die alten „Sagen" und unterschieden so zwischen Logos und Mythos – und trotzdem lebte der Götterkult weiter, bis die Götter um die Zeit der Geburt Christi „verdämmerten". Auch gegenwärtige Mythen wurden also immer wieder von Denkern „enttarnt" und lebten trotzdem weiter. Insofern ist es in gewisser Weise ein quantitatives Problem: ein Mythos lebt, solange eine ausreichend große Anzahl von Zeitgenossen an ihn glaubt. Und er stirbt, wenn eine ausreichend große Anzahl ihn anzweifelt. Gegenwärtig aber kommt noch ein zweiter Effekt hinzu: Wir leben in einem Epochenwechsel, im Ausmaß mindestens vergleichbar dem zwischen Mittelalter und Neuzeit. Solche Epochenwechsel zeichnen sich genau dadurch aus, dass ein Mythos an Gewalt verliert, an Sogkraft, an Wirkmacht. Eine Zeit, vergleichbar der des Kopernikus vor rund fünfhundert Jahren: der alte Himmel trägt nicht mehr. Und wie Kopernikus damals in der Lage war, über den Horizont des alten Mythos hinauszuschauen, hinter das Firmament, sind auch heute immer mehr Menschen in der Lage, hinter den Mythos der scheinbaren „Naturgesetzlichkeit" des Kapitalismus zu schauen. Ein Stück weit müssen wir gerade alle zu Kopernikus werden, hinter das Firmament schauen und sehen, dass da nicht das ist, was wir alle dachten: es gibt keine weisheitsvolle steuernde Hand.

Das ist allerdings leichter gesagt als getan. Kopernikus berichtete, was für ein Kraftakt es für ihn war, sich von dem alten Denken, das mehr war als nur „altes Denken", zu befreien. Was uns im Nachhinein als so augenfällig, logisch, klar erscheint, musste von ihm durch große geistige Konzentration langsam herausgeschält werden. Außerdem war großer Mut und strategisches Denken erforderlich. Denn einem Mythos zu widersprechen, kann tödlich sein. So arbeitete Kopernikus heimlich an seiner neuen Weltsicht und ließ das meiste davon erst nach seinem Tode veröffentlichen. Ein Mythos hat also eine große Macht!

Diese Macht können wir jetzt in ihren Wechselwirkungen besser verstehen. Wenn in einer Gesellschaft ein prägendes Paradigma lebt, das in Resonanz geht mit dem korrespondierenden Schema in ausreichend vielen Menschen, so entsteht fortwährend eine Wechselwirkung. Paradigma wirkt auf Schema, das wiederum das Paradigma verstärkt und so fort. So entsteht ein Feld, ein Gewebe, das nicht nur die Wahrnehmung prägt, sondern auch die Handlung. Und in diesem Feld verändert sich die geistige Landschaft, die Umwelt und die Innenwelt, und fortwährend beeinflussen sich innen und außen weiter: bestärken sich, bestätigen sich, schaffen sich. So entstanden Pyramiden, Tempel, Priesterorden, Pharaonendynastien, Erzählungen von Göttern und Menschen im alten Ägypten. Und so entsteht die Welt des „Anthropozäns" in unserer Gegenwart: riesige Fabriken, Flugzeuge, Computer, Frachtschiffe, Wolkenkratzer, Bürokomplexe, Aufsichtsräte, Shopping-Malls … Mythische Gründerfiguren wie Jeff Bezos, das Internet, gigantische Lagerhallen und Milliarden Konsumgüter überziehen diesen Planeten mit einem Gewebe, das auch ein Machtgewebe ist. Die Welt wird vermenschlicht, überall werden Spuren des Menschen gefunden, im Eis der Antarktis in Form von Rußpartikeln, in der Mongolei als Mikroplastik, im Meer durch Abfälle aller Art. Und vielleicht wird die Welt nicht nur verschmutzter, sondern auch lebloser.[40]

Wenn wir uns heute mit dem zentralen Mythos unserer Zeit auseinandersetzen wollen, sind in jedem Fall die folgenden Sachverhalte zu berücksichtigen:

1. Dieser Mythos vom Ewigen Wachstum, der aktuell in und zwischen der globalen Weltgesellschaft lebt, und zwar in einem Gewebe aus Wechselwirkung und Vernetzung, ist etwas sehr Mächtiges, das nicht mal „eben so" leichthin verändert werden kann.

2. Dieser Mythos hat sich aus einem natürlichen Entwicklungsmodell „ausgeklinkt", in dem es ein Werden und Vergehen gibt, ein zyklisches Geschehen von Geburt, Wachstum, Tod, Verwesung. Er hat stattdessen ein dynamisches Entwicklungsmodell des „Immer-mehr" entwickelt, das aber nicht auf Qualitäten, sondern auf Quantitäten beruht. Ein einziges „Werden", das ein „Vergehen" nicht berücksichtigt.

3. Das ging nur, weil er die Welt in weiten Teilen als „tot" gedacht hat und nur den konsumierenden und handelnden Menschen als „ewig" lebendig sah.

4. Wir stoßen auch hier wieder auf eine falsche Vorstellung von Grenze: denn wir leben alle zusammen in einer Wechselwirkung mit dem Mythos. Wir sind vernetzt in ihm und mit ihm. Er lebt zwischen und mit uns. Er bildet eine gesellschaftliche Atmosphäre mit uns und in uns, die sich verstärkt. Wieder also stimmt das Isolations- und Inselbild des Schemas der Moderne nicht. *Wir mögen uns isoliert und inselartig fühlen, während wir durch den Mythos global miteinander verbunden sind – ohne dass wir uns wirklich verbunden fühlen. Das ist der Mythos der Globalisierung!* Wir werden also von etwas in Resonanz gestoßen, was gar nicht nur von uns kommt. Und wir können es ver-

stärken – oder abschwächen. Wie schwierig Letzteres aber ist, wird das nächste Kapitel zeigen.

Man hätte natürlich anstelle des Terminus Mythos auch einen anderen Ausdruck verwenden können: Hintergrundrauschen, Zeitgeist, Mode oder Lehre vom Kapitalismus. Aber es war mir wichtig herauszuarbeiten, dass das, was uns alle lähmt, mehr ist als Mode, Zeitgeist oder Lehre; viel tiefer und mächtiger, viel subtiler und übergreifender. Und viele hundert Jahre alt. Nur so ist die kollektive Psychose zu verstehen, dass wir nämlich angesichts eines lichterloh brennenden Hauses buchstäblich „business as usual" betreiben. Dass wir so entfremdet sind von unserer Natur, dass wir es nicht merken.

Es war mir deshalb wichtig, das herausgearbeitet zu haben, damit wir im nächsten Kapitel noch besser verstehen, wie schwer und herausfordernd unsere Aufgabe ist – aber keinesfalls unmöglich! Denn wir können nur *Ver-antwortung* übernehmen, also Antworten finden auf etwas, wenn wir die Problematik auch verstehen – sonst geben wir die falsche Antwort oder gar keine. Das glaube ich als Psychotherapeut in jedem individuellen Fall und das gilt aus meiner Sicht auch für diesen kollektiven Fall unserer Menschheitssituation. Und ein großer Anteil an der gegenwärtigen Problematik ist eben ein kollektiver, den wir „ererbt von unseren Vätern" und Müttern (und die von den ihrigen und so fort). Wir können die Problematik also nicht alleine lösen, weil sie zu groß ist. Erst wenn das verstanden ist, können wir auch unseren persönlichen Anteil klarer herausarbeiten und anerkennen und verändern. Es ist eine epochale Aufgabe!

VIII. Kapitel

Warum tun wir nicht mehr?
Innere Kipppunkte

*Hier wird nun auf psychologischer Ebene beschrieben, warum
wir oft blockiert sind, das Richtige zu tun: Es ist das Schema der
Moderne, das uns viele der schädlichen Dinge, die wir anrichten,
gar nicht wahrnehmen lässt. Und wenn wir es wahrnehmen,
dann können wir es nicht fühlen und spüren. Es ist aber auch
ein innerer Konflikt, der uns lähmt. Zwischen dem Schema der
Moderne und einer anderen Seite in uns, die sehr wohl Ökologie
fühlen kann – dann jedenfalls, wenn sie im näheren Umkreis ist.
Diese Seite wird hier vorläufig die ökologische Seite genannt.
Wenn wir die Blockade überwinden wollen, müssen wir lernen,
beide Seiten in uns zu sehen, zu akzeptieren und einander an-
zunähern. Dazu brauchen wir Achtsamkeit und ein dialektisches
Bewusstsein – das ist das erste Element eines neuen Bewusstseins, das Jean Gebser das „Integrale Bewusstsein" nennt.*

> *„Die Menschheit ist süchtig geworden nach dem Verzehr
> der Erde, von der sie sich entfremdet hat."*
> Al Gore

> *„I want you to panic."*
> Greta Thunberg

Wie also können wir uns von diesem immer noch sehr mächtigen Mythos mehr und mehr befreien? Leider gibt es dafür
fast keine therapeutischen Methoden. Wenn man genauer

darüber nachdenkt, ist das ziemlich erstaunlich. Wir haben in den letzten Kapiteln ein Ausmaß an Zerstörung der inneren und äußeren Natur beschrieben, über das als solches ja sogar ziemliche Einigkeit besteht. Aber das Problem wird erstaunlicherweise nicht unter therapeutischen Gesichtspunkten angeschaut. Auch die Psychotherapie scheint fest im Griff des *Schemas der Moderne* zu sein. Es gibt mittlerweile buchstäblich tausende von unterschiedlichen Therapieverfahren für unterschiedlichste Problembereiche: Depressionstherapien, Trauertherapien, Autismustherapien, Narzissmustherapien, Therapien bei Manie und Wahn. Es gibt auch Therapien für Menschen, die gefährlich werden können für andere, weil sie ihre Aggressionen nicht steuern können (Impuls-Kontroll-therapien, Borderlinetherapien). Aber ein Therapieverfahren, dass sich mit der *Not* der Menschen an dieser Katastrophe, mit ihrer *Wahrnehmungsstörung* für diese Katastrophe oder mit ihrer *Mittäterschaft* beschäftigt, gibt es nicht – jedenfalls nicht im geltenden Paradigma der Psychiatrie beziehungsweise Psychotherapie.[41] Dabei bräuchten wahrscheinlich viele von uns einen therapeutischen Raum für ihre Schuldgefühle und ihre Gefühle von totaler Hilflosigkeit und Machtlosigkeit. Gleichzeitig ist es auch merkwürdig, sich genau das vorzustellen in unserer modernen Welt: Dass da jemand zum Therapeuten käme, der leidet, nicht weil er verlassen wurde oder traumatisiert von Eltern, Lehrern, Vorgesetzten, Mitschülern, Kollegen. Sondern der tief daran leidet, dass seine Umwelt traumatisiert wird: weil er und seine Mitmenschen einem Wahn verfallen sind, dem mythischen Wahn von der Wachstumswirtschaft.

Beides hat also etwas Absurdes. Die Absurdität hat aus meiner Sicht mit dem Problem der *Beziehung* zu tun. Kein ernstzunehmender Psychologe würde heute bestreiten, dass

Beziehung zu anderen Menschen ein bedeutsamer Faktor ist. Aber Beziehung zur Natur?! Auch hierzu gibt es mittlerweile eine Menge psychologische Studien, die darauf hinweisen, dass beispielsweise modernes Stadtleben mit seiner Hektik, mit Lärm und schlechter Luft ein psychischer Risikofaktor ist. Und wie wohltuend es für uns ist, achtsam im Einklang mit der Natur zu sein. Aber ein intensives Interesse daran, was es bedeutet, in einer Beziehung mit der Natur zu sein – oder eben nicht – sodass es zu einem Paradigma in der Psychologie würde, existiert bisher kaum. Und so gibt es in der etablierten Psychologie weder ein Konzept, das erklärt, *warum* wir eine Beziehungsstörung zu unserer nicht-menschlichen Umwelt haben, noch ein Konzept, *wie* wir unsere Beziehungsfähigkeit ausbauen können, wenn wir das Problem für die Störung erkannt und verringert haben. Das erste nennt man in der Psychologie ein *Störungsmodell* (was verhindert meine Beziehung zur Natur), das zweite wäre ein *Ressourcenmodell* (wie kann ich die Fähigkeiten, die in mir schlummern, vergrößern). Beide Ansätze sind in der modernen Psychologie zu finden, – aber eben nicht im Gebiet der Mitweltpsychologie. Dabei wäre da der Ausdruck Ressource – „innere Quelle" – besonders passend.

Das Positive ist: wir haben jetzt mit dem Schema der Moderne einen Ansatz herausgearbeitet, welcher es uns ermöglichen wird, ein Störungsmodell für unseren destruktiven Umgang mit der Natur zu erarbeiten. Dieses Störungsmodell werden wir in diesem Kapitel genauer anschauen. Das Ressourcenmodell, also das im eigentlichen Sinne Heilende in uns, das dann auch helfen kann, konstruktiv und intensiv zu leben, werden wir genauer in den dann folgenden Kapiteln unter die Lupe nehmen. Zuerst aber muss das Störende, das Hemmende betrachtet werden. In einer seriösen Therapie ist es ganz wichtig, diesen Anteil an der Krise zu verstehen und zu verwandeln und sich nicht gleich und ausschließlich nur auf die Ressourcen zu konzentrieren. Deshalb nehmen wir uns hier Zeit für das Hemmende: das *Schema der Moderne* in uns.

Und es ist eben jenes Schema in uns, welches unseren Zugang zu dem Mythos der Moderne ausmacht, das ihm Antrieb, Nahrung, Treibstoff ist. Wenn wir lernen könnten wahrzunehmen, *wann* das Schema in uns aktiv ist, könnten wir entscheiden, ob wir weiterhin den Mythos in und um uns „füttern" oder ob wir anders handeln wollen. Wir könnten diesen Automatismus stoppen. Denn immer, wenn ein psychologisches Schema aktiviert ist, wird ein Handlungsautomatismus in Gang gesetzt. Und das Schlimme daran: es ist ein Automatismus aus der Vergangenheit. Handlungs-Schemata in der Psychotherapie sind Reaktionsmuster, die in der Kindheit eine bestmögliche Reaktion auf einen schwierigen Konflikt oder eine Verletzung darstellten. Die aber im Erwachsenenalter, wo man viel mehr Möglichkeiten hätte, damit umzugehen, destruktiv werden. Und das ist auch die Struktur bei diesem soziologischen Schema, das wir alle teilen. Und das bedeutet: Immer wenn das Schema aktiv ist, geben wir durch unser Handeln Antworten aus der Vergangenheit. Und so benutzen wir – unbewusst – meist die Methoden der Vergangenheit, um damit die Probleme zu lösen, die diese Methoden selbst geschaffen haben. Und schaffen so noch größere. Das ist damit gemeint, wenn im zweiten Kapitel mit Christa Wolf gesagt wurde: „Die Vergangenheit ist nicht vergangen".

Schemaaktivierung und Bewältigungsmuster

Grundsätzlich haben wir überhaupt nur eine Chance zu bemerken, dass ein altes Schema in uns aktiv ist, wenn irgendetwas nicht zusammenpasst zwischen unserem inneren und äußeren Erleben, wenn also ein Missklang, eine Dissonanz, entsteht. Das, was ich denke (Kognition) und auch fühle und spüre, passt nicht zusammen mit dem, was ich im Äußeren erlebe. In der Fachsprache nennt man das *kognitive Dissonanz*. Um das Beispiel von der Party nochmal zu bemühen: Ich fühle mich klein, nackt, deplatziert und trotzdem kommen Menschen und scheinen sich für mich zu interessieren und sind offensichtlich sehr freundlich zu mir. Das passt irgendwie nicht zusammen und holt mich vielleicht heraus aus dem „alten Film", der Schemaaktivierung, in der eine kleine verletzte Seite in mir sehr gegenwärtig war und ich quasi mit ihren Augen die Welt sah

Diese kognitive Dissonanz tritt aber in unserer modernen Welt gar nicht so häufig auf. Denn fünfhundert Jahre „Schema der Moderne" haben eine äußere Welt geschaffen, die sehr gut zu der inneren passt. In der Fachsprache nennt man das *schemakonform*. Man gestaltet seine Umwelt durch sein Verhalten so, dass sie zu dem Schema passt. Deshalb suchen sich beispielsweise Kinder von Alkoholikern überdurchschnittlich häufig Partner, die ebenfalls Alkoholiker sind. Deshalb verhalten sich misshandelte und missbrauchte Kinder bei ihren Adoptiveltern oft lange so, dass diese sehr viel Achtsamkeit, Mitgefühl und Verständnis brauchen, um nicht ihrerseits zu misshandeln.

Aber lassen Sie uns das jetzt genauer betrachten. Hier sind also nochmal die Gedanken/Gefühle/Körperempfindungen angegeben, die in uns aktiviert sind, wenn das Schema der Moderne aktiv ist:

Schema der Moderne

Gedanken: *Freiheit von Gott und der Natur, denn man ist ihr entwachsen/ „Ich bin eine Insel"/Die Wirklichkeit ist unbelebt, Expansionsdrang*

Emotion/Seelenhaltung: *Stolz/Einsamkeit/Leere/ Unruhe*

Körperempfindung/Körperhaltung: *der aufrechte Gang/abgekapselt/aktionsbereit*

Und Sie erinnern sich: das Wesentliche am Schema ist die Verkapselung, die den Kontakt zur Umgebung und auch zu mir und meinen tieferen Gefühlen und Körperempfindungen minimiert.

Eine Außenwelt, die schemakonform aussieht, könnte zum Beispiel so aussehen:

Kein Konflikt

Innen   Außen

Hier ist der moderne Mensch mit sich im Reinen: „I want to wake up in a city that never sleeps", wie es in *New York, New*

York von Frank Sinatra heißt und wo all das gefeiert wird, was modernes Stadtleben ausmacht: Geschwindigkeit, Reichtum, Konkurrenz, Alkohol, Konsum.

Aber auch der moderne Mensch hat durchaus eine Sehnsucht nach Natur. Dann könnte er ihr zum Beispiel so nachkommen:

Innen

Außen

Schema der Moderne und Golfplatz

Das ist eine Form der Natur, die mit dem Schema der Moderne wunderbar in Resonanz gehen kann – alternativ könnte es auch eine Skipiste sein, auf der man mit neuestem Skigerät, Thermokleidung, Schnellgondeln und MP3-Player ausgerüstet die Bergwelt genießt, die mittels Schneekanonen, Baggern und Pistenwalze für ein Skierlebnis „im Einklang mit der Natur" geschaffen wurde.

Wahrscheinlich schon deutlich angespannter, an der Grenze zur kognitiven Dissonanz, ist das Schema der Moderne in uns, wenn die Landschaft so aussähe: – vor allem wenn da auch noch kein „Netz" zu finden ist.

Innen   Außen

Schema der Moderne versus Natur
Ebenfalls keine kognitive Dissonanz – sondern im Gegenteil
eine noch stärkere Aktivierung stellt sich ein, wenn wir in Situationen sind, in denen das Konsumschema noch verstär-
kend dazukommen kann. Wir erinnern uns, Konsumschema
ging so:

Konkurrenz/Konsumschema

Gedanke: *Die Welt besteht aus Sachen/Was ich mir
leisten kann, steht mir zu und gehört mir – denn ich
habe es ja gekauft/Fortschritt bedeutet: Mehr und
Neues*
Emotion/Seelenhaltung: *Begierde, Neid, Konkurrenz,
Verflachung*
Sensation/Körperhaltung: *leichte Vorbeugung, Rast-
losigkeit*

Wenn wir also angetriggert sind von einem neuen iPhone,
Auto, Kaffeekapselautomaten, Streamingdienst, Job, der uns
deutlich mehr einbringt und so weiter … – dann geht es uns
vielleicht nicht immer gut: Gefühle wie Neid, Begierde und
Körperempfindungen wie Rastlosigkeit sind ja nicht nur an-
genehme Gefühle und Sensationen – aber wieder: wir fühlen

uns konform mit unserer Welt. Im Inneren und Äußeren. Und weil das so ist, nennen wir ja auch unsere Epoche, in der das Innere und das Äußere sich so angenähert haben, in dem sie beide menschlicher geworden sind – zumindest menschlicher im Sinne der Moderne – das Anthropozän.

Wo sich aber, auch bei stark aktiviertem Schema der Moderne, ein stärkeres Unwohlsein einstellt, was in Richtung kognitiver Dissonanz geht, sind solche Bilder:

Vermüllter Strand

Die mag auch unser Schema der Moderne nicht – sie bringen es aus dem Konzept. Deswegen vermeiden wir möglichst, so etwas irgendwo wahrnehmen zu müssen. Was aber passiert in uns, wenn unsere moderne Seite aktiviert ist: es ist unübersehbar?

Dann gibt es „innere Helfer" (wie man das in der Traumatherapie nennt): Seiten, man kann sie auch Bewältigungsstile nennen, die alles tun, damit die kognitive Dissonanz schnell wieder verschwindet, auf dass wir nicht aus unserem Konzept geworfen werden. Hier eine kleine Auswahl:

- Das Problem kleinreden: „Ist nur lokal."/ „Wird zeitnah entfernt."/„Es wird sicher eine Lösung gefunden."
- Das Problem verleugnen: „Das sind Fake News."/ „Das gab es schon immer."
- Das Problem projizieren, also die eigene Verantwortung daran wegschieben und anderen zuschieben. Hier gibt es eine Vielzahl von Varianten, drei davon seien hier erwähnt:
  a) Verantwortung relativieren: „Die Chinesen/Amerikaner/Russen/ sind viel schlimmer."
  b) Verantwortung delegieren: „Die Politiker müssten …": (und ehrlich: wehe, sie würden wirklich die Maßnahmen in Gang setzen, die lokal und global notwendig wären; sie würden bei dem gegenwärtigen gesellschaftlichen Bewusstsein nicht wiedergewählt). Was die Klimaproblematik angeht, machen unsere „inneren Helfer" das sehr gerne auch mit unseren Mitmenschen, und zwar in den Bereichen des ökologischen Fußabdruckes, in denen wir selbst kein Problem haben. Der Rentner mit Flugangst schimpft auf die Vielflieger und bucht die dritte Kreuzfahrt dieses Jahr (fährt aber immer mit dem Zug zum Hafen!), der (vegane) Vielflieger schimpft auf den Nachbarn in der Erdgeschosswohnung, der dreimal am Tag Wurst oder Fleisch ist. Und der Nachbar schimpft auf den Vielflieger mit seinem neuen SUV. So haben alle (scheinbar) ein gutes Gewissen.

c) Verantwortung abgeben, indem anderen das Problematische unterstellt wird, das man in sich nicht sehen kann oder will – die klassische Projektion also: „Das waren die Chinesen/Amerikaner/Russen/etc." Letzteres geht schon in die Nähe von Verschwörungstheorien.

- Was den Klimawandel anbelangt erlebe ich seit Kurzem die Zunahme zweier besonders perfider Helferseiten. Man könnte die eine die totale zynische Akzeptanz nennen. Sie geht so: „Ja, den Klimawandel scheint es doch zu geben. Vielleicht sogar menschengemacht. Aber jetzt können wir ohnehin nichts mehr dagegen tun. Außer uns hier so einzurichten, dass wir möglichst gut damit leben."

- Oder schemakonform weiterzumachen. Das bedeutet, die „technischen Helferseiten", die uns das alles eingebrockt haben, sorgen auch für die „Lösungen" der Probleme: globale Eingriffe in das Klimasystem mittels „Geoengineering" – „we will fix it for you".

Zusammengefasst: die moderne Seite in uns tut alles, damit sie sich und ihre Welt nicht verändern muss – das tun alle alten Schemata!

Warum ist das so? Die psychologische Deutung sagt, dass dahinter die Angst vor Unsicherheit, Unbequemlichkeit, Neuem steht! Das klingt einerseits fast banal, aber als tiefe Erkenntnis ist das überhaupt keine Banalität. Und die Veränderung eines Schemas ist schon gar nicht banal: wir werden weiter unten sehen, dass wir dazu Fähigkeiten brauchen, die groß sind!

Aber woher kommt sie eigentlich, diese Angst vor Unsicherheit, Unbequemlichkeit und dem Neuen, wenn doch eigentlich klar ist, dass das alte Schema nicht nur nichts mehr

nützt, sondern schadet? Sie hat sehr viel mit zwei Grundbedürfnissen zu tun, die wir im letzten Kapitel kennengelernt
haben: mit *Kontrolle/Orientierung*, und mit *Lust/Unlustver-
meidung*. *Kontrolle* bedeutet hier: Wenn man Altes verändert,
heißt das zweierlei: das Alte trägt nicht mehr, aber das Neue
trägt noch nicht, denn es steht ja nicht sofort zur Verfügung.
Man muss also Ungewissheit und Unsicherheit aushalten und
das fällt uns allen schwer. *Lust* bedeutet in diesem Kontext:
vieles von dem, was uns das Schema der Moderne gebracht
hat, hat mit Bequemlichkeit und Luxus zu tun, den wir nicht
verlieren wollen. Ob diese Bequemlichkeit und der Luxus
unser Leben wirklich besser und intensiver gemacht haben –
also in einem tieferen Sinne lustvoller und sinnvoller –, ist
eine Frage, zu der wir später kommen.

Zu diesen beiden Grundbedürfnissen scheint noch eine
dem Menschen innewohnende Trägheitskraft zu gehören: die
Gewohnheit.[42] Angesichts all dessen, was uns hindert, könnte
man fast resignieren. Höchste Zeit also, um aufzuzeigen, was
hilft – zumindest einen Aspekt, der hilft. Es gibt nämlich noch
mehr „Rettendes" in uns. Eine Kraft zur Veränderung werden
wir gleich im nächsten Abschnitt kennenlernen.

Unsere ökologische Seite

Am Anfang dieses Kapitels habe ich die erstaunliche Tatsache
betont, dass es angesichts des Ausmaßes an Umweltzerstörung und unserem Leiden an ihr fast keine Therapiemethode
gibt, die sich mit dem Leiden der Natur oder unserem Leiden
an ihrem Leiden beschäftigt. Und viele von uns, wenn sie
innehalten und das Problem an sich heranlassen, leiden doch.
Sie fühlen Verzweiflung, Hilflosigkeit, Schuld, Zukunftsangst

für sich und ihre Kinder. Die spannende Frage ist aber: *Wer leidet da eigentlich in uns?* Wie wir in den letzten beiden Kapiteln gesehen haben, ist ja durch die Entwicklung des Schemas der Moderne eine massive Entfremdung von der Natur und von unserer Mitwelt eingetreten. Und doch leiden wir an ihrer Zerstörung. Irgendetwas in unserer inneren Natur ist also noch fähig, in Resonanz zu treten. Irgendetwas in unserer Seele, in unserem Mikrokosmos, scheint noch ein „Organ" zu haben (so würde Goethe das nennen; Psychologen nennen es Objektrepräsentanz) für den Makrokosmos der Natur. Irgendetwas in uns sehnt sich nach einem Zustand des „Einklangs mit der Natur", wünscht sich an einen Tropenstrand, in die Berge, nach Sylt oder einfach aufs Land. Es gibt das „Waldbaden", es gibt den Jakobsweg, es gibt „Ferien auf dem Bauernhof" – und das nach fünfhundert Jahren der zunehmenden Separierung von unserer inneren und äußeren Natur.

Dieses halbe Jahrtausend seit Kopernikus war wirkmächtig; moderne Großstädte wie Tokio, Shanghai, New York sind betongewordene Metaphern, die zeigen, *wie* wirkmächtig. Und doch: immer noch kann man Kinder beobachten, wie sie in einem Gebüsch spielen und sich in einer magischen Resonanz zu befinden scheinen, in einer „Erlebniswelt", die wirklich eine ist, weil außen und innen mit den Mitteln der Phantasie eine Einheit aus innerer und äußerer Natur im Buschgeäst kreieren. Hier spürt man das Echte, hier spürt man den wirklichen Einklang mit der Natur, der sonst auf den Anzeigen der Tourismusindustrie sein virtuelles Dasein führt wie die „friends und likes" bei Facebook (und doch steckt hinter beidem ein echtes Bedürfnis!). Es lebt also noch eine Seite in uns, die innere Natur ist, die Mikrokosmos ist. Die mit der Natur fühlt und leidet und Beziehung zu ihr wünscht

– genauso wie wir Beziehung brauchen zu anderen Menschen. Mag sie auch bei vielen unterernährt und verstümmelt sein – sie ist da. Und immer wenn sie da ist, sind wir weniger im Kopf und weniger „verkapselt". Diese Seite wollen wir vorläufig unsere *ökologische Seite* nennen.

Sinnbildlich können Sie sie erkennen, wenn Sie sich nochmal das Vexierbild in Kapitel III anschauen. Ihre ökologische Seite ist aktiv, wenn Sie die Delphine springen sehen, Ihre soziale Seite ist aktiv, wenn Sie das Paar wahrnehmen.

So wie unser Schema der Moderne, das ich nun unsere moderne Seite nennen will, durch ein Bild repräsentiert wurde, soll das nun auch mit unserer ökologischen Seite geschehen:

Unsere ökologische Seite

Ökologische Seite

Gedanke: *Ich bin verbunden mit mir und meiner Mitwelt. Alles ist irgendwie lebendig.*
Emotion: *Berührtsein/Resonanzgefühl*
Haltung: *entspannte Aufrechte/Umkreisoffenheit*

Auch unsere ökologische Seite hat ein Erlebensschema als Grundlage, das ungefähr so denken, fühlen und empfinden könnte wie beschrieben und wie es das Foto als Stimmung andeutet. Da es aber kein veraltetes Erlebensmuster ist, möchte ich es nicht Schema nennen.[43]

Sie werden die ökologische Seite in sich wahrnehmen, wenn Sie sich an Ihren Lieblingsorten aufhalten; seien es Berge, ein See, eine Waldlandschaft, ein Garten oder wo auch immer. Und auch die ökologische Seite hat es gern konform; sie freut sich also, wenn die äußere Welt ungefähr so ist, wie sie sich im Inneren fühlt. Ist sie also in einer naturnahen Umgebung, wie hier auf unserem Bild, wird sie sich wohl fühlen – wir sind dann in Resonanz mit der Natur um uns und befinden uns „im Einklang".

Innen   Außen

Wenn wir in New York sind und unsere ökologische Seite meldet sich, werden wir uns nicht wohl fühlen (siehe folgende Seite). Wir fühlen dann erst recht den Lärm, die Hektik, die vielen wechselnden Eindrücke, den Gestank; wir fühlen uns plötzlich überwältigt. Und können das, was die Stadt unserer modernen Seite bis vor wenigen Minuten noch bieten konnte, nämlich Kultur, Mode, Shopping, Essen plötzlich nicht mehr genießen – wir fühlen uns entfremdet.

Innen   Außen

Noch viel drastischer ist es, wenn unsere ökologische Seite aktiv ist und wir solche Bilder wie den völlig vermüllten Strand von eben sehen: dann werden uns Gefühle von tiefer Verzweiflung, Traurigkeit oder auch Wut überfallen.

Nun kommen wir zu einem essenziellen Punkt: Das, was ich aus didaktischen Gründen hier fein säuberlich getrennt hergeleitet habe – hier die moderne Seite in uns, da die ökologische Seite, vermischt und verstrickt sich im Alltag zu einem kaum durchdringbaren Knäuel, bei dem manchmal die eine Seite mehr im Bewusstsein lebt und die andere scheinbar weit weg ist und umgekehrt. Ein großer Anteil von Lähmung, Verleugnung und Widersprüchlichkeit, von unseren Projektionen und Depressionen lässt sich aus meiner Sicht nur damit erklären. Wie stark die Ausprägungen der beiden Seiten in uns sind und auch von welcher Textur das „Knäuel" ist, das hängt ab von Temperament, Charakter, Erziehung und Umgebung; da sind wir also unterschiedlich. Aber wir sind trotzdem alle Schicksalsgenossen. Denn wir alle tragen diese Verstrickung und diesen Zwiespalt in uns und kreieren damit viel Leid – deshalb ist es höchste Zeit, diesen inneren Konflikt in uns genauer anzuschauen, damit wir ihn besser verstehen (denn ohne Verstehen kein Verändern!).

Zwei Seelen, ach! in unserer Brust

Schauen Sie doch bitte noch einmal auf die beiden Photographien, die Sie da im Außen, also auf den Fotos unter dem Text, sehen. Und richten Sie ihre Aufmerksamkeit mal nach innen, ob Sie das von Ihrer Innenseite her kennen:

Innen   Außen

Und lesen Sie gerne noch einmal die zwei unterschiedlichen Gedanken/Gefühle/ Körperempfindungen, die mit den zwei Seiten in Ihnen verbunden sind:

Der postmoderne Konflikt

Schema der Moderne

Gedanken: Freiheit von Gott und der Natur, denn man ist ihr entwachsen/ „Ich bin eine Insel"/ Die Wirklichkeit ist unbelebt, Expansionsdrang

Emotion/Seelenhaltung: Stolz/Einsamkeit/Leere/Unruhe

Körperempfindung/ Haltung: der aufrechte Gang/abgekapselt/aktionsbereit

Ökologische Seite

Gedanke: Ich bin verbunden mit mir und meiner Mitwelt/alles ist irgendwie lebendig

Emotion/Seelenhaltung: Berührtsein/Resonanzgefühl

Körperempfindung/ Haltung: entspannte Aufrechte/Umkreisoffenheit

---

Das sind wahrhaftig zwei Seelen in unserer Brust – und sie sind gar nicht unähnlich den zweien, die Faust, einer der Archetypen des modernen Menschen, in sich beklagt, vor allem wenn man weiß, zu wie viel Zerstörung im Sozialen und Ökologischen ihn der Seelenteil „gewaltsam hebt", der „zu den Gefilden hoher Ahnen" strebt:

> *Zwei Seelen wohnen, ach! in meiner Brust,*
> *die eine will sich von der andern trennen:*
> *Die eine hält in derber Liebeslust*
> *sich an die Welt mit klammernden Organen;*
> *die andre hebt gewaltsam sich vom Dust*
> *zu den Gefilden hoher Ahnen.*

Diese zwei Seiten oder Seelen passen einfach nicht zusammen. Und deshalb treten sie meistens auch nicht gleichzeitig in uns auf, sondern hintereinander: ist die eine aktiv, verzieht sich die andere und umgekehrt. Irgendwie aber wissen wir, dass wir beide Seiten in uns tragen. Das ist einerseits sehr gut, denn wir brauchen die ökologische Seite, um das Schema der Moderne zu verwandeln. Andererseits macht es den ganzen Prozess noch komplizierter. Wir haben ja im vorigen Abschnitt gesehen, dass es hauptsächlich zwei Gründe gibt, warum man das Schema der Moderne lieber nicht verändern will: den Widerwillen, auf *Bequemlichkeit und Luxus zu verzichten* und *die Angst vor Neuem.* Durch die ökologische Seite kommt aber noch eine weitere Qualität an unangenehmen Gefühlen hinzu: *Scham* und *Schuldgefühle:* Wir spüren aufgrund von unserer ökologischen Seite nämlich sehr genau, dass wir oft nicht so handeln, wie wir es unserer Mitwelt, unseren Kindern und auch uns selber eigentlich schuldig wären. Und Schuldgefühle lähmen; sie lähmen immens!

Es gibt natürlich Menschen, die wenig unter Schuldgefühlen leiden. Menschen mit einer ausgeprägten *modernen Seite* geht es gut in der Welt, so wie sie von ihnen und ihren Vorgängern gestaltet wurde. Sie erleben (fast) keinen inneren Konflikt und auch fast keinen äußeren – bis jetzt. Menschen mit einer ausgeprägten *ökologischen Seite* und einer kleinen modernen Seite befinden sich ebenfalls kaum in einem inneren Konflikt. Sie sind innerlich mit sich ziemlich im Reinen, weil sie häufig einen Lebensstil gefunden haben, durch den sie ihren ökologischen und ihren CO_2-Fußabdruck klein halten und sinnvoll leben können. Allerdings geraten sie wahrscheinlich in einen äußeren Konflikt, weil es in der Welt noch ganz anders aussieht, als sie es sich wünschen – bis jetzt. Alle anderen aber haben es mit einer Dreiheit aus Widerständen zu tun:

Angst (vor Unsicherheit, Unbequemlichkeit, Neuem): also die Gefühle, die hinter dem Widerstand stecken, das Schema der Moderne zu verändern.

Schuldgefühle, die lähmen und in die Resignation treiben: ausgelöst durch die ökologische Seite, die wahrnimmt und leidet.

Und dazu kommt noch die dem Menschen sowieso innewohnende Beharrungstendenz, die *Trägheit der Gewohnheit.*

Das führt dann im Alltag zu folgenden Situationen: Man liebt, was man an modernem Luxus gewohnt ist: das geheizte Haus, das bequeme Auto, sein „täglich Fleisch und Käse", die Flugreisen, das Shoppen, das günstige Investment – und fühlt sich irgendwie schuldig. Aber selbst, wenn man hier schon sehr gut geworden ist – viel ist ja passiert in den letzten Jahren –, gibt es immer noch viel Konflikte und Verwirrung, gerade auch wenn man eine starke soziale Ader hat:

- Soll ich meinen Besuch zum Bahnhof fahren, was ich als guter Gastgeber selbstverständlich tue, oder nicht?
- Soll ich lieber den Flieger nehmen, dann kann ich die Kinder noch ins Bett bringen, oder doch lieber den Zug, dann sehe ich sie aber nicht mehr?
- Besuche ich als Arzt die wichtige Konferenz, um mich weiterzubilden – dann muss ich aber fliegen …
- Ich will, dass die eigenen Kinder gut ausgebildet sind und finanziell abgesichert. Lege ich mein Geld ökologisch an oder so, dass die Kinder auch etwas davon haben?

Und oft kommt noch eine starke Verunsicherung dazu, weil viele Strukturen wirklich noch so sind, dass man gar nicht ökologisch beziehungsweise sozial korrekt leben *kann*:

- Produkte sind entweder „Fairtrade" oder „Bio".
- Produkte sind vegan – das ist wunderbar, was das Tierwohl und den ökologischen Fußabdruck angeht. Dafür sind sie oft noch mehr in Kunststoff verpackt als konventionelle Lebensmittel. Und sie sind auch nicht regional produziert.
- Es ist einfach keine Hose zu bekommen, die Fairtrade ist und aus ökologischen Materialien und trotzdem nicht beim zweiten Anziehen bereits verbeult ist beziehungsweise beim ersten Anprobieren schon total unmöglich aussieht.[44]

Das Problem also ist ein *Widerspruch*, ein Konflikt zwischen Außenwelt und Innenwelt, der so groß scheint, dass man nicht glaubt, ihn lösen zu können. Dazu kann nun die moderne Psychologie eine Menge sagen, denn sie kennt solche Konfliktsituationen, in denen Menschen in Systemen „gefangen sind", in ihnen mitspielen, sich auch mitverantwortlich machen, ohne aber Hauptverantwortlicher oder Haupttäter zu sein. Ein Konzept aus der Suchttherapie nennt sich Co-Abhängigkeit, ein anderes aus der Traumatherapie nennt sich Mittäterschaft. Beide Konzepte eignen sich aus meiner Sicht sehr gut, um zu beschreiben, was uns oft blockiert. Ich werde beide Sichtweisen kurz vorstellen. Man kann diese zwei Sichtweisen übrigens auch zusammendenken beziehungsweise zusammen wahrnehmen; sie widersprechen einander nicht.

Co-Abhängigkeit

Co-Abhängigkeit ist ein sozial-medizinisches Konzept, nach dem die Bezugspersonen eines Suchtkranken durch ihr Tun oder Unterlassen dessen Sucht zusätzlich fördern. Das klassische Bild dazu ist die treusorgende und dabei durchaus auch besorgte Gattin eines Alkoholikers, die bei aller Sorge dem Suchtverhalten ihres Mannes doch auch viel Verständnis entgegenbringt, genauso wie die eine oder andere Flasche Hochprozentiges vom Einkauf: *Der Arme hat's ja auch wirklich nicht leicht.* Wirkliche Konfrontation, wirkliche Bereitschaft, es zu einer Entscheidung kommen zu lassen: entweder Therapie oder Ende der Beziehung, soweit will man es nicht kommen lassen. Schon weil das Trinkverhalten von beiden so verharmlost wird, dass sie es nicht als Alkoholabhängigkeit einstufen. Man kann in der therapeutischen Suchtszene ziemlich gnadenlos sein, gerade auch gegenüber Co-Abhängigen, bis dahin, ihnen die Hauptschuld am Suchtverhalten des Abhängigen zu geben. Das würde ich nur in Ausnahmefällen gelten lassen; in vielen Fällen ist es tragisch für die Mitfamilie; man sieht eine gewisse Not, will helfen, weiß nicht wie, wird verstrickt. Aber ich glaube schon, dass es auch in den tragischen Fällen eine kleine Seite in der Tiefe der Seele gibt, die sich mit dem Status quo eingerichtet hat. Die Angst hätte, wenn sich der Mann wirklich seiner Suchtproblematik stellen würde: Angst davor, dass er ein ganz anderer werden könnte (und man selber auch!), Angst davor, Materielles, Gewohntes aufgeben zu müssen, Angst davor, die Helferrolle zu verlieren, verlassen zu werden. Diese kleine Seite will lieber nicht sehen, nicht wissen, schon gar nicht konfrontieren. Auch wenn dazu halbbewusst oder unterbewusst ein paar Dinge ausgeklammert werden müssen.

Mittäterschaft

Viel krasser ist es bei Mittätern in Missbrauchsfamilien. Von außen betrachtet mutet es zum Teil aberwitzig an, wie ein langjähriger Missbrauch durch den Vater (meistens, wenn auch nicht immer, ist es tatsächlich der Vater) der Mutter nicht auffallen konnte. Wie können einem die Wesensveränderung der Tochter, auch des Mannes, die Signale zwischen den beiden, die Not, nicht auffallen? Warum *will* einem so etwas nicht auffallen? Das Erklärungsmodell ist Dissoziation – Abspaltung. Die Seite in einem, der so etwas auffällt, wird in die Tiefe des Unterbewusstseins abgedrängt. Die Seite, die immer dann einspringt, wenn etwas sichtbar wird von dem Unglaublichen, ist die Seite, die nichts sieht: die verleugnet. Deshalb können viele Mittäter und -täterinnen relativ glaubhaft sagen: „Ich habe davon nichts gewusst." Inwiefern nicht die Tür der Wahrnehmung zumindest einen Spalt weit so offen war, dass sie mehr wussten oder mehr hätte wissen können, ist Sache der Interpretation.

Beide Konzepte treffen sich also in dem Sachverhalt, dass man sich in einer widersprüchlichen äußeren Situation, in der es durchaus auch positive Seiten gibt (kein Alkoholiker hat nur schlechte Qualitäten und so schwer es fällt, das über jemand zu schreiben, der sexuelle Gewalt anwendet: auch hier stimmt gilt das Gleiche), irgendwie arrangieren muss. Man würde es auf Dauer nicht aushalten, den Widerspruch zu *fühlen*, denn er tut unendlich weh. Man glaubt dann, dass man nichts verändern kann, weil man sich als zu klein, als zu schwach, als zu machtlos erlebt. Also entwickelt die komplexe Seele „Helfer", die sich quasi vor die Wunde des inneren Konfliktes werfen. Sie springen ein, wann immer sich eine Situation zeigt, in der die Wunde aufbrechen könnte. Und die „Helfer" können von sehr unterschiedlichem Charakter sein. Bei den Co-Abhängigen und den Mittätern sind es tendenziell die „Verleugnerseiten", die Probleme nicht sehen oder kleinreden. Es gibt aber auch ganz andere Charaktere, wie wir gesehen haben: die „Projiziererseiten", die die Schuld nur bei den anderen suchen („Trump und die Amerikaner"), die „Verschwörungstheoretiker", die ein Problem nicht nur verleugnen, sondern auch noch eine Idee haben, warum es überhaupt in der Welt ist und auf diese Weise sich weder mit innerem Schmerz noch mit innerer Unsicherheit herumquälen müssen.

Für den psychischen Haushalt in der aktuellen Situation mögen das ziemlich praktische Methoden sein – ethisch und von den Konsequenzen her betrachtet ist das aber natürlich eine Katastrophe. Auch „depressive Seiten" können eine Schutzfunktion haben, denn auch sie sorgen dafür, dass der eigentliche Schmerz des Konfliktes nicht gespürt wird und ein Gefühl von Lähmung entsteht – ein bisschen wie das Erstarren des Kaninchens vor der Schlange: man kämpft nicht, man flieht nicht, man erstarrt. Man betoniert innen und außen zu, was Vitalität und Lebendigkeit hat.

Jede dieser „Helferseiten" schützt zwar einerseits, führt aber andererseits zu einer immer weiteren Entfremdung. Und zwar in zwei Richtungen: nach außen – wir denaturieren unsere äußere Welt immer mehr. Und nach innen: wir entfremden uns von unserem inneren Wesen immer mehr. Wir verstricken uns in eine Außen- und Innenwelt, die immer künstlicher wird (und dank einer Technik, die sie gebiert, immer schneller und gigantischer an einer Ausweitung der künstlichen Welt arbeitet: siehe Digitalisierung, Games, Transhumanismus, Gentechnik).

Therapeutischer Ansatz

Wie kommen wir aus dieser Verstrickung heraus? Ich glaube, dass das nur möglich ist, wenn wir uns diesem inneren Konflikt stellen. Das tun wir, indem wir genau hinschauen auf die „zwei Seelen in unserer Brust". Um aber genau hinzuschauen, noch dazu dahin, wo es weh tut, braucht man eine stark entwickelte innere Aufmerksamkeit. In der Psychotherapie nennt man diese Form der Aufmerksamkeit *Achtsamkeit* – man könnte sie auch Geistesgegenwart nennen. Das ist die eine Fähigkeit. Man braucht aber noch eine zweite: man muss den Konflikt, die beiden Seelen in sich, ein Stück weit zusammenbringen. Sie müssen zu einer Art von innerem Dialog finden: letztlich geht es um ein gegenseitiges Verstehen und Annähern und Verwandeln. Dazu braucht man *Haltekraft und Integrationskraft*. Wenn das also zusammenkommt: *Achtsamkeit mit Halte- und Integrationskraft*, dann werden wir wahrscheinlich immer wieder mit vielen unterschiedlichen Gefühlen in Berührung kommen wie Unsicherheit, Schuldgefühlen, Verzweiflung und vor allem *Schmerz*. Joanna Macy, eine Pionierin der Ökopsychotherapie, nennt diesen Prozess deshalb auch *Verzweiflungsarbeit.* In dieser Arbeit verwandeln wir etwas von dem uns prägenden Schema der Moderne. Ein essenzieller Aspekt des Schemas aber ist das Inselbewusstsein: ein tiefes Gefühl von kosmischer Einsamkeit und Isolation. Um hier also etwas zu verändern und auch ausreichend Kraft dazu zu haben, etwas zu verändern, sollte man diesen Weg nicht ganz alleine gehen. Deshalb ist noch ein dritter Punkt wichtig: Es ist Teil der Therapie und gleichzeitig schon der Lösung, diesen Prozess in irgendeiner Form von Gemeinschaft zu gehen – in welcher Form auch immer. Hier trifft ein Motto aus der Suchttherapie den Punkt: „Nur Du alleine kannst es schaffen, aber Du kannst es nicht alleine schaffen ..."

Wenn wir uns aber stellen, wenn wir den Konflikt aushalten in uns und ihn nicht wegdrücken oder kompensieren, dann geschieht etwas Erstaunliches: Es fängt an, etwas miteinander zusammenzuwachsen, was scheinbar nicht zusammengehört. Und indem diese zwei Seelen mehr zueinanderfinden, kommt es allmählich zu einem Austausch, zu einer Kommunikation – vielleicht mehr unterbewusst als bewusst. Und indem dieser Austausch stattfindet, findet eine Verwandlung, eine „Umschmiedung" statt. Man kann das fast einen alchemistischen Prozess nennen.[45]

In dieser „Kernschmelze" steckt ganz viel an Energien – ich glaube, dass viele der Umwelt- und Klima-Aktivisten, die gerade so über sich hinauswachsen, das spüren. Was also passiert, wenn man den alchemistischen Weg der Annäherung der zwei Seelen geht – wenn man also innehält und hinschaut und spürt (beides ist dem Schema der Moderne total zuwider)? Es kommt zu einer Verwandlung des Schemas der Moderne und seiner Unterschemata, dem *Konsumschema* und dem *sozialen Schema*. Wobei in Bezug auf die Unterschemata zwei unterschiedliche Gesten passieren:

1. In Bezug auf das *Konsumschema* erfolgt eher eine *Verwandlung*: Dinge werden weniger wichtig, sei es Macht um der Macht willen, sei es Besitzen um des Konsums willen. Vielleicht entsteht ein Teil der inneren Befriedigung, die sich früher aus Geschwindigkeit, Macht und Besitz gespeist haben, jetzt aus tieferem Genuss, Entschleunigung, mehr Resonanz mit der Umgebung.

2. In Bezug auf das soziale Schema erfolgten eher eine Annäherung und ein Austausch mit der *ökologischen Seite*. Man schaut viel genauer hin, inwiefern sich beides verbinden lässt. Geht es nicht, kann man überlegen, ob man diesmal eben das eine tut und beim nächsten Mal das andere, oder wie man unökologisches Verhalten auf eine andere Weise kompensieren könnte.

Die zwei „Unterschemata" der Moderne

Soziales Schema	Konsumschema
Gedanken: wir Arbeiter/ Menschen brauchen einander/wir achten einander/wir kämpfen füreinander	**Gedanken:** Die Welt besteht aus Sachen. Was ich mir leisten kann, steht mir zu und gehört mir – denn ich habe es gekauft. Fortschritt bedeutet: Mehr oder Neues
Emotion/Haltung: Achtung/Respekt/Solidarität	**Emotion/Seelenhaltung:** Begierde/Gier/Neid/Konkurrenz/Leere
Körperempfindung/ Haltung: kampfbereit/aufrecht	**Sensation/Haltung:** leichtes Vorbeugen/Verkapselt/im Kopf

---

Was ich in den letzten Abschnitten geschrieben habe, könnte aber in zwei Richtungen irritieren. Zum einen könnte es so klingen, als sei dies ein einmaliger tiefer Prozess, der fast einem Wunder oder Erleuchtungszustand gleichkommt. Das ist er überhaupt nicht. Es geht um einen allmählichen, langen, kontinuierlichen Prozess, der zu langsamen, aber nachhaltigen Veränderungen im Inneren und Äußeren, also auf der Bewusstseinsebene und der Verhaltensebene, führen kann. – Zum anderen könnte es so klingen, als wären dann irgendwie alle Menschen gleich: alle werden zu veganen, Fairtrade-Latte trinkenden Hipstern mit Elektroroller – die Horrorvision vieler Konservativer. Aber so ist es nicht gemeint. Es ist und bleibt ein individueller Prozess, der zu individuellen Einsichten und Handlungen führen wird und soll. Hier soll und muss individuelle Freiheit walten und damit auch Vielfalt. Aber eine andere Vielfalt und Freiheit als die, die anderen Wesen in der Zukunft (und in anderen Erdteilen in der Gegenwart) die Existenz ruiniert. Um also aufzuzeigen, dass in dem Prozess durchaus viel Raum ist für innere Freiheit und individuelle Entscheidung beziehungsweise Verantwortungsübernahme, will ich am Ende des Kapitels noch einmal die drei Beispiele aus dem ersten Kapitel anschauen:

1. Der Mann, der gerne Fleisch isst (und der nicht fühlt, was daran problematisch sein soll): vielleicht ändert sich bei ihm durch den gerade beschriebenen Prozess der Essensgeschmack und er hat gar nicht mehr so viel Verlangen nach Fleisch. Vielleicht aber auch nicht. Wenn nicht, hätte er mehrere Wege, da etwas zu versöhnen: a) er isst seltener Fleisch und dafür hochwertiges beziehungsweise regionales. In dem dafür fälligen, deutlich höheren Preis sind zumindest ein Teil der realen Kosten dafür, Fleischzucht re-

gional und nicht global zu betreiben und sie so zu betreiben, dass auf das Tierwohl und die Tierwürde geachtet wird, enthalten. b) Oder er isst weiter viel Billigfleisch, weil er es für seine Ernährung zu brauchen scheint und kompensiert. Das geht auf unterschiedliche Weisen. Er könnte in einem anderen Bereich (Wohnen, Mobilität, Konsum) mehr tun, als er sonst würde. Oder er könnte in einen globalen Kompensationsfonds einzahlen.

2. Die Frau, die zu ihrem Yoga-Wochenende nach Samos fliegt: Auch sie hat unterschiedlichste Möglichkeiten. Vielleicht merkt sie, dass es auch für sie persönlich viel „nachhaltiger" und entspannter ist, regelmäßig zu einem Kurs in der Nachbarschaft zu gehen und das Intensivseminar in einem Zentrum in der Region zu besuchen. Vielleicht entscheidet sie sich aber auch bewusst für Samos und verzichtet dafür in einem anderen Bereich mehr beziehungsweise sie kompensiert den Flug, zum Beispiel über die Plattform *atmosfair*.

3. Die Mutter, die ihre Kinder im SUV täglich sicher in die Schule fährt: Das wäre eines der vielen Beispiele, bei denen ein soziales Schema mit dem ökologischen zu kollidieren scheint. Und vielleicht ist es einfach so. Aber vielleicht schaut die Mutter noch einmal genauer hin. Brauchen die Kinder diesen Service wirklich (noch), oder steckt hierin auch eine überprotektive Haltung, die die Kinder in Wirklichkeit gar nicht fördert in ihrer Entwicklung zur Selbstständigkeit? Wenn es aber wirklich nicht anders möglich ist, gibt es wieder verschiedenste Optionen: Fahrgemeinschaften? Muss es der SUV sein? Muss es täglich sein? Und natürlich kann man auch hier auf unterschiedliche Weise kompensieren.

4. Und für alle drei Beispiele gilt: wenn wir in den nächsten

zehn Jahren die notwendigen Schritte schaffen wollen, dann brauchen wir in jedem Fall staatliche Maßnahmen, die auf irgendeine Weise die ökologischen und sozialen Kosten in das Konsum- und Lebensverhalten hineinrechnen und die Kosten nicht mehr externalisieren. In einer Demokratie aber müssen diese Maßnahmen vom Wähler verstanden und mitgetragen werden und sozial ausgewogen sein. Gerade da ist ein waches Hinschauen auf die eigene Reaktion und die „inneren Helfer" wichtig.

Dass wir solche Fähigkeiten wie *Achtsamkeit, Tragekraft und Integrationsfähigkeit* entwickeln können, auch wenn wir nicht in buddhistische Klöster gehen, haben in den letzten Dekaden eine Vielzahl von Menschen in seelischen Krisen gezeigt, die man als Depressionen, Angststörungen, Borderline oder Komplextrauma diagnostizieren kann. Sie sind quasi durch ihre Krise gezwungen, diese Fähigkeit des akzeptierenden Hinschauens (Achtsamkeit) und der größeren Trage- und Integrationskraft (durch Methoden wie innerer Dialog, Meditation, Kunst, Sport) zu erlernen und daran zu wachsen – viele von Ihnen kennen das auch. Wenn Menschen in einer schweren persönlichen Krise das schaffen, kann man es auch in anderen Bereichen ohne die persönliche Krise schaffen – zumindest theoretisch ist das so. Andererseits soll nicht verschwiegen werden, wie herausfordernd es ist. Meist macht man sich nur dann an die Arbeit, wenn es schmerzt – wenn also eine Krise da ist. Denn all diese Fähigkeiten sind keine normalen Fähigkeiten: der normale Erwachsene in unserer Gesellschaft hat sie nicht. Und keine dieser Fähigkeiten wird einem geschenkt. Man muss sie sich genauso erarbeiten, wie man als Golferin trainiert, wie man seinen Beruf erlernt oder ein Instrument übt.

Was allerdings Hoffnung macht, ist die Beobachtung, dass es mehr und mehr Menschen gerade in der jüngeren Generation gibt, deren Grenzen durchlässiger sind – auch nach innen – und die hier schon auf ein Potenzial zurückgreifen können, das imponierend ist. Sie sind damit aber Teil einer neuen Bewusstseinsqualität, die jenseits des normalen modernen Bewusstseins liegt. Das zu würdigen und hierfür zu sensibilisieren wird deshalb die Aufgabe des nächsten Kapitels sein, wo es um *Bewusstseinsevolution* geht.

Es gibt aber noch einen weiteren Grund, warum wir auf die Bewusstseinsevolution schauen wollen. Der Prozess bis jetzt, so wichtig er für alles Weitere ist, hat in einer Sache noch nicht viel Veränderung gebracht: wir können immer noch nicht besser *fühlen*, wenn wir über Grenzen gehen. Wir ahnen es dank unserer ökologischen Seite: es schmerzt. Auch mag die Grenze, die wir im Kapitel IV herausgearbeitet haben, die Kapsel um unser Selbst (die zum Schema der Moderne gehört), etwas durchlässiger geworden sein. Aber wir können immer noch nicht angemessen fühlen und spüren, wenn wir den uns zustehenden Raum überschreiten, wir haben immer noch keine gute Grenzsensibilität.

Eine Möglichkeit, hier weiterzukommen, besteht darin, unsere ökologische Seite zu stärken und auszubauen. Dazu aber müssen wir sie noch besser verstehen. Und um sie besser zu verstehen, müssen wir erneut in unsere Vergangenheit schauen. Diesmal aber noch deutlich weiter zurück als 500 Jahre. Es geht um unsere Anfänge als Homo sapiens. Es geht um die Zeit, als wir noch ziemlich eingebettet in Kosmos und Natur lebten und sensible Antennen für unsere Umgebung hatten. Hier müssen wir also wieder andocken und gleichzeitig auch zukünftige Fähigkeiten entwickeln. Denn es geht ja nicht um ein Zurück, sondern um Zukunft.

So schauen wir also gleichzeitig in die Vergangenheit und die Zukunft. Aber wieder wird es, wie schon beim Schema der Moderne, einzig und alleine darum gehen, im Hier und Jetzt, in unserer gegenwärtigen Psyche, Ressourcen zu entdecken, die uns helfen, auf unsere individuelle Art an einer gesellschaftlichen Transformation mitzuwirken. Und es gibt noch einen dritten Grund für das nächste Kapitel: uns ein Gefühl zu vermitteln, dass persönliche und gesellschaftliche Transformation möglich ist – weil sie schon immer möglich war.

Mehr als eine Randbemerkung: politischer werden!

Es war mir sehr wichtig zu zeigen, wie wir alle, ob arm oder reich, ob eher ohnmächtig oder mächtig, ob eher politisch links oder rechts stehend, unter dem Schema beziehungsweise dem Paradigma der Moderne stehen und Teil eines Mythos geworden sind, den wir erzeugen und der uns erzeugt. Dadurch könnte leicht der Eindruck entstehen, dass ich alle Menschen in derselben Verantwortung sehe. Das sehe ich ganz klar nicht so. Sowohl das Ausmaß an Emissionen als auch das Ausmaß an Macht und Zugang zu Wissen sind heute extrem ungleich verteilt. Rund zehn Prozent der reichsten Menschen sind indirekt und direkt verantwortlich für 45 Prozent der CO_2-Emissionen! Die nächsten 40 Prozent der Weltbevölkerung sind für 42 der Emissionen verantwortlich. Auf die andere Hälfte der Menschheit entfallen gerade einmal 13 Prozent. Es wäre also absurd, hier von der gleichen Verantwortung aller zu sprechen. Und auch was den 40-Prozent-Anteil anbelangt, ist das absurd. Wir haben unseren Anteil an der Katastrophe und wir haben unseren Anteil zu leisten an der Lösung der Katastrophe. Aber ohne den Anteil der oberen zehn Prozent wird es nie und nimmer gehen. Es muss also endlich politischer Druck auf die hauptverantwortlichen zehn Prozent ausgeübt werden, sodass sie ihren proportionalen Anteil an der Lösung der Krise leisten.

Dazu kommt, dass in den letzten vierzig Jahren von Lobbyinstituten der reichsten zehn Prozent auf perfide Weise Desinformationskampagnen in die Welt gesetzt wurden und werden mit dem Ziel, die kapitalistische Ausbeutung fortsetzen zu können.

Neben dem, dass wir natürlich gefragt sind, unseren CO_2-Fußabdruck zu senken, besteht unsere Verantwortung also auch darin, politischer zu werden, um die zehn Prozent in die Pflicht zu nehmen. Das aber geht nur dann, wenn wir uns wiederum unseren Ängsten stellen, die auftreten, wenn wir aus unserer Co-Abhängigkeit aussteigen. Wenn nicht, werden wir nicht die humane Kraft haben, die diese neue Form von Politik (die bereits von Fridays for Future und anderen bewundernswert umgesetzt wird) braucht. Und, das ist die andere Seite derselben Medaille: sonst wäre es auch keine angemessen ärgerliche Reaktion, sondern erneut Projektion oder Verantwortungsabgabe.

IX. Kapitel

Bewusstseinsevolution
Oder: Wenn man Entwicklung qualitativ denkt

Welche Seelenfähigkeiten aber braucht man denn nun, um ant-
worten zu können auf die Klimakrise und andere ökologische
Krisen, die zu noch größeren Katastrophen führen, wenn wir
nichts tun? Nur das Hemmende in uns kleiner zu machen, wird
nicht reichen. Auf der Suche nach zukünftigem Potenzial
schauen wir in die Geschichte der menschlichen Bewusstseins-
evolution. Wir entdecken dabei magische und mythische Fähig-
keiten in uns sowie die aktuelle Perspektive der Bewusstseins-
evolution.

Wann fängt eine Sache an zu existieren? So könnte man auch
am Anfang dieses Kapitels fragen. Denn der Beginn des
menschlichen Bewusstseins liegt, nachvollziehbarer Weise,
im Dunkeln. Kein heutiger Mensch ist dabei gewesen. So sind
wir auf Zeugnisse angewiesen und auf Datierungen. Zeugnisse, die kulturelle Fähigkeiten aufzeigen wie Werkzeuge,
Bilder, Plastiken, Kultstätten. Zeugnisse also, die auf eine spe-
zielle Bewusstseinsform hinweisen, ein Selbst-Bewusstsein,
das schöpferisch ist, kulturschöpferisch und damit über das
Naturgegebene hinausreicht. Ob der Homo sapiens hier auf
Erden die einzige Spezies ist, die dazu fähig ist, oder ob wir
das spezifisch „Kulturschaffende" anderer Spezies' noch nicht
ausreichend wahrnehmen[46], wäre gerade im Kontext dieses
Buches eine sehr spannende Frage – sie geht aber weit über

das gewählte Format hinaus. Dank spektakulärer Ausgrabungen (Grabstätten, Höhlenfunde, Kultstätten) sind in den letzten Jahren immer mehr Zeugnisse schöpferisch begabter Menschen aus frühester Zeit hervorgetreten. Auch wurden die Altersangaben der Funde immer älter – die Evolution zum Menschen begann also vermutlich früher und zog sich über einen länger als bisher gedachten Zeitraum hin. Aber auch wenn es immer mehr Funde geben sollte und wenn die Datierungsverfahren immer schärfer werden sollten – Licht ins Dunkel bringen sie an sich nur bedingt. Wieder braucht es neben den Phänomenen auch eine Methode, um die ja für sich nur bedingt sprechenden Funde ausreichend verstehen zu können.

Damit sind wir schon mittendrin im Thema der Bewusstseinsevolution. Wenn wir die Funde „zum Sprechen bringen" mittels unserer gegenwärtigen modernen Denkweise (Schema der Moderne), also mittels des noch gültigen wissenschaftlichen Paradigmas, dann erzählen sie uns natürlich einiges. Es besteht aber die Gefahr, dass eine Menge von dem, was aus ihnen spricht, mehr mit uns und unserer Art des Denkens zu tun hat als mit dem Bewusstsein dieser frühen Zeit. Sie wirklich „zum Sprechen bringen" würde bedeuten, sehr genau zu lauschen in den Kontext einer Epoche, die längst vergangen ist. Und aus diesem Kontext – also ihrer eigenen Zeit heraus – die Dinge sprechen zu lassen. Es besteht natürlich ein hohes Risiko, dass diese Methode zu spekulativ gerät. Eine rein gegenwärtige Interpretation birgt aber ein noch höheres Risiko: nämlich das der unreflektierten Projektion unseres gegenwärtigen Denkens, also unseres Mythos, auf die Vergangenheit. Dies wird in der konventionellen Wissenschaft (und in vielen populärwissenschaftlichen Sendungen) noch viel zu wenig reflektiert. Wie im fünften Kapitel kurz beschrieben: mit unseren gegenwärtigen Kategorien kann man den Pyramidenbau der Ägypter unmöglich begreifen.

Nun gibt es in der Philosophie und Anthropologie zum Glück Ansätze, die genau das versuchen: weder zu spekulativ vorzugehen noch einfach das gegenwärtige Denken in die Vergangenheit zu projizieren. Der Philosoph Hans Georg Gadamer nannte seine Methode, die Dinge aus ihrem Kontext zu verstehen, *Hermeneutik*: wie Hermes, der Götterbote, die Wünsche und Ansichten der Götter zu den Menschen bringt, indem er sie ihnen übersetzt, möglichst ohne sie zu verflachen, so muss der Bewusstseinsforscher das Vergangene in einer Form in die Gegenwart transportieren, die ihm gerecht wird. Alle Forscher, die für uns relevant sind, allen voran Jean Gebser, haben diesen Ansatz ebenfalls gewählt.

Wie nun kann man Licht ins Dunkel bringen? Wie kann man erahnen, was für ein Bewusstsein ein Mensch vor 100 000 Jahren hatte oder einer vor 5000? Oder auch – scheinbar deutlich einfacher – im Wien zur Zeit Mozarts? Es gibt zwei unterschiedliche Ansätze. Der eine nennt sich vergleichende Kulturanthropologie. Hier suchen Anthropologen nach Kulturformen in der Jetztzeit, die vielleicht einen ähnlichen Lebensstil pflegen wie die Menschen in der längst vergangenen Epoche, die sie genauer erforschen wollen. Um also den Menschen in der Epoche vor der Sesshaftwerdung (also vor 10 000 v. Chr.) besser zu verstehen, könnte es hilfreich sein, die letzten verbliebenen indigenen Menschen heute zu erforschen.

Der andere Zugang ist der für uns relevantere: Forscher wie Rudolf Steiner, C. G. Jung, Jean Gebser und Ken Wilber vertreten die Theorie, dass wir nach wie vor Aspekte der früheren Bewusstseinszustände in unserer Seele tragen. So wie also das Kind, das wir einmal waren, in der Tiefe unserer Seele noch irgendwo lebendig ist (wenngleich nur wenige Menschen aktiv Zugang zu dieser Art von Denken-Fühlen-Empfinden haben – aber immer mehr in unserer Zeit!), so leben in unseren unbewussten Seelentiefen auch archaische Anteile, zu denen man wieder mehr Zugang finden kann. Gebser, an den wir uns im Folgenden halten werden, hat diese Phasen bezeichnet mit den Begriffen *archaisch, magisch, mythisch, mental, rational.* Gegenwärtig leben wir nach seiner Sicht in einer erneuten Transformationsphase: von *einem rationalen* hin zu einem *integralen Bewusstsein.* Was er darunter versteht, wird später klarer werden. Der wichtige Punkt an dieser Stelle ist folgender: wenn das Bewusstsein transformiert – Gebser nennt das eine Mutation – dann wird der frühere Bewusstseinszustand nicht neutralisiert, sondern er verwandelt sich und geht in dem neuen auf. Er ist aber potenziell noch vorhanden und steht als Fähigkeit zur Verfügung. „Dabei müssen wir uns jedoch stets gegenwärtig halten, dass diese Strukturen durchaus nicht nur einen Vergangenheits-Charakter haben, sondern in mehr oder minder latenter oder akuter Form heute noch in jedem von uns vorhanden sind."[47] Auch hier wieder der Vergleich zur menschlichen Biographie: So wie ich bei einem spontanen Ballspiel mit meiner 40-jährigen Kollegin plötzlich wieder zum Achtjährigen werden kann, so kann ich in der Natur plötzlich in Ansätzen ein magisches Gefühl entwickeln, das so gar nicht passt zu meinem Alltagsbewusstsein als gehetzter Stadtmensch: ein Bewusstsein von Mitschwingen, von Vernetztsein, von Resonanz mit allem Lebendigen, das in dem Raum um mich und in mir wirkt – ob es sich um Wüste, Berge, Meer oder Wald handelt. Wieder gilt hier etwas, was sich eigentlich widerspricht – und doch stimmt beides: Das Bewusstsein verwandelt sich, gleichzeitig trage ich in mir alte Seiten – aus meiner persönlichen Biographie ebenso wie aus der Biographie des Homo sapiens. So trage ich also den Achtjährigen in mir und irgendwo auch den magischen Jäger und Sammler. Aus ihm speist sich zum Teil das, was ich im vorigen Kapitel die ökologische Seite in uns genannt habe.

Es ist letztlich dieser Zugang, um den es geht und der uns helfen kann, etwas von dem ganz anderen früheren Erleben zu begreifen, das sich vom Erleben der Moderne so sehr unterscheidet. Allerdings fällt dieser Zugang gar nicht so leicht. Und genauso wie es ja in einer Psychotherapie, in der man wieder Zugang zum Erleben des Achtjährigen bekommen möchte, nicht darum geht, wieder zum Achtjährigen zu *werden* (das würde man eine Regression nennen und die ist nicht wünschenswert), geht es auch hier nicht darum, wieder zum magischen Nomaden zu werden (das würde man Atavismus nennen und der ist genauso wenig wünschenswert). Wünschenswert kann es aber sein, das Kind in sich wieder mehr zu spüren und ihm Räume zu geben, da wo sie stimmig sind: in seinem Staunen, seiner Präsenz, seiner Unschuld. Genauso kann es also durchaus hilfreich sein für die Entwicklung eines ökologischeren Bewusstseins, wenn man dem magischen oder mythischen Anteil in sich wieder mehr Raum gibt.[48] Insofern wäre es empfehlenswert, alles Folgende erneut nicht als Geschichtsexkurs zu lesen, sondern als Beschreibung von Seelenanteilen, die zwar vor langer Zeit angelegt wurden, in unserem Hier und Jetzt aber da sind. Es handelt sich also erneut um ein psychologisches Kapitel, in dem der Versuch unternommen wird, altes und neues Potenzial, das in unserer Seele schlummert, herzuleiten.

Bewusstseinsevolution

Ein Abschnitt zur Bewusstseinsevolution müsste in einem Buch, das vom Zusammenhang zwischen innen und außen, zwischen Natur und Kultur, zwischen Ökologischem und Sozialem handelt, eigentlich nicht mit der Evolution des Menschen beginnen, sondern mit jener der Erde, der Entwicklung von Gaia. Das aber sprengte wieder den Rahmen (und auch die Kompetenz des Autors). Erwähnen möchte ich aber, dass alle konventionell wissenschaftlichen Berichte über die rund 4,5 Milliarden Jahre von Gaias Erdevolution, wenn man sie nicht mit nüchternem rationalem Denken liest, kaum weniger mythisch klingen als die großen mythischen Schöpfungsberichte aus Babylonien, Ägypten, Israel, die indischen Veden oder die keltischen Mythen:[49] mit ihrem Wechsel von Gasförmigem zu Feurigem zu Festem zu Flüssigem, mit ihren Verdichtungs- und Zerstäubungsprozessen, mit ihren Erstarrungen in Eiszeiten und Transformationen zu Heißzeiten; mit ihren katastrophalen Zerstörungen durch kosmische Katastrophen wie Kometeneinschlägen und irdischen Katastrophen durch eruptive Vulkanausbrüche; mit teilweisen traumatischen Folgen für den Erdorganismus und die ihn bewohnenden Menschen, Tiere und Pflanzen.

Einige dieser Katastrophen haben sich in den letzten 500 Millionen Jahren abgespielt, der Zeitphase nach der sogenannten kambrischen Revolution also, seit der es komplexes Leben auf Gaia gibt. Sie wurden bezeugt von Tier- und Pflanzenarten und sie wurden auch bezeugt von dem frühen Menschen. Studiert man diese Wissenschaftsgeschichte, wird man immer wieder auf die zwei Seiten der Natur verwiesen: ihre unglaubliche Harmonie und Kreativität und Schönheit genauso wie ihre unglaubliche Zerstörungskraft. Beides, die

Schönheit und der Horror, bewegte den kreativen menschlichen Geist wohl von Anbeginn.

Magische Phase – indigene Phase

Von etwa 200 000 bis 10 000 v. Chr., die letzten Jahrtausende überlappend mit der mythischen Phase.

Am Anfang der menschlichen Bewusstseinsevolution war alles Eins, so Gebser. War Unität, Ununterscheidbares. Gebser spricht von der *archaischen Zeit.* Das war der *Ursprung.* Erst „Ur" – dann kam der „Sprung". Weg von der Einheit, hin zu einem (Selbst-)Bewusstsein, das allerdings nicht mit unserem heutigen zu vergleichen ist. Gebser nennt es das *magische Bewusstsein*, ausgebildet in einer Zeit, in welcher der Mensch schon Mensch war, aufrecht ging, eine Sprache hatte, Werkzeuge benutzte, Rituale durchführte, aber noch fest verwoben in die Rhythmen des Kosmos und der Natur. Weil er Teil von ihnen war, weil er sich mit ihnen bewegte, weil er in ihnen lebte: denn er war nicht sesshaft, sondern ein Wanderer. Als Teil der Natur, nicht als ihr Besitzer. Und alles war Natur, alles war lebendig, alles war vernetzt. *„Ich bin Land – und das Land ist ich".*[50] Das, was wir im ersten Kapitel mit Hilfe der postmodernen Wissenschaft erst mühselig wieder denken mussten: *alles ist lebendig, die Erde an sich ist lebendig, der Mensch ist Teil der Erde,* war damals (unreflektierte) Realität. Gemeint ist hier die Zeit vor der Sesshaftwerdung. Eine Zeit, die nach heutigem Stand einige 100 000 Jahre vor unserer Zeit anfing und als Menschheitsepoche mit der neolithischen Revolution endete, also mit dem Einschnitt der Sesshaftwerdung in der Jungsteinzeit, die vor rund 12 000 Jahren schleichend begann und viele Jahrtausende überlappend mit der mythischen Bewusstseinsstufe (die wir im Anschluss kennenlernen werden) anhielt.

Das magische Bewusstsein in seiner Reinform zu beschreiben ist wohl unmöglich. Sollte es in der Gegenwart, irgendwo abgelegen auf Inseln oder in den letzten verbliebenen tropischen Regenwäldern noch rein magische Kulturen geben, geraten wir fast in dieselbe Schwierigkeit wie der Physiker in der Quantenmechanik: kennen wir den Ort, verändern wir durch diese Kenntnis (und die Begegnung) den Zustand. Denn auch der wohlmeinendste Anthropologe verändert durch den Kontakt den Bewusstseinszustand dieser indigenen Menschen. Kennen wir ihn nicht, dann bleibt er zwar erhalten, bringt uns aber keine Erkenntnis. Und indigene Menschen heute, gar solche, die uns tiefe Kunde geben von der Kultur ihrer Vorfahren, haben zwar oft Zugang zu diesem magischen Bewusstsein – sie selber sind aber, nur deshalb können sie so gut übersetzen, in einem ganz anderen Bewusstseinszustand, insofern auch sie Anteil an der Moderne haben.

Und wenden wir unsere Aufmerksamkeit den Zeugnissen aus der Vergangenheit zu (zum Beispiel Höhlenmalereien oder Kleinplastiken), sind es Zeugnisses dieses Bewusstseinszustandes, aber es ist nicht der Zustand selber. Und da es keine Schriftzeugnisse gibt, keine Bauwerke, keinen Abfall (außer Knochenresten von Mensch und Tier), bestehen riesige Lücken. Lücken, die man mit Interpretationsversuchen zu schließen versucht, aber immer mit unserem modernen Bewusstsein – und damit projizieren wir ganz viel hinein von unserem heutigen Erleben. Aber magisch heißt eben nicht: modernes Bewusstsein minus Schrift und Computer. *Magisch heißt ein völlig anderes Welterleben.* Und wir müssen uns wieder etwas von diesem Welterleben erschließen in unserer heutigen Zeit, wenn wir ökologischer leben und das nicht nur als Verzicht erleben wollen.

Beide Zugänge – sowohl den über die Gegenwart, in dem wir indigene Kulturen wahrnehmen, als auch den durch Blicke in die Vergangenheit – werden wir natürlich als Quellen trotzdem nutzen, aber sie werden uns nur bedingt helfen, zu diesem magischen Welterleben vorzudringen. Also brauchen wir einen dritten Zugangsweg: den über unser eigenes Inneres. Wir müssen versuchen, uns an eigene Erfahrungen zu erinnern oder solche zu machen, in denen wir wirklich (wie in jedem drittklassigen Reisprospekt versprochen) für kurze Momente im „Einklang mit der Natur" waren. Ich glaube, dass fast jeder so etwas schon einmal erlebt hat. Ich meine damit nicht das staunende Betrachten eines Berges, einer Waldeshöhe oder eines mächtigen Baumes. Ich meine damit eine wirkliche Erfahrung des *Verwoben-Seins* mit einem mächtigen Netz, eines Gewebes aus Ich und Nicht-Ich, eines Eingebundenseins, eines Mitschwingens, eines gemeinsamen Vibrierens mit *Natur*. Man erlebt sich dann viel mehr im Äußeren als im Inneren, man schwingt mit allem mit, was schwingt. Man lebt im *Dazwischen*.

Hierzu ein Beispiel: Ich habe, seit ich denken kann, ein fast leidenschaftliches Interesse an Greifvögeln. Mit Anfang 20 reiste ich mit zwei Bekannten für ein paar Tage auf eine Pazifikhalbinsel, Olympic Peninsula, die direkt vor Seattle im amerikanischen Nordwesten gelegen ist. Es war Winter und in dem dort noch vorhandenen nordischen Regenwaldareal überwinterten viele Weißkopfseeadler, die Wappenvögel der USA. Mächtige Tiere mit weißem Kopf und Schwanz und über zwei Metern Spannweite. Ich hatte bis dahin noch nicht viele gesehen und war fasziniert. Aber nicht nur von den Adlern. Sondern von den Adlern, dem Nebel, dem Regenwald, dem Pazifik, den Bergen, den Möwen … Je weiter wir reisten, desto mehr „breitete meine Seele ihre Flügel aus", wie es in einem Gedicht von Eichendorff heißt, und ich konnte irgendwann förmlich spüren, auf welchem Baum der nächste Adler sitzt und ihn dann den Freunden zeigen. Es hatte etwas von einer magnetischen Verbindung, die auf meine beiden Mitreisenden fast mystisch wirkte. Für mich aber hatte dieser Zustand nichts mit einem mystischen Erlebnis im klassischen Sinne zu tun. Er fühlte sich nicht im Geringsten übersinnlich an, eigentlich war er fast das Gegenteil davon. Es war ein intensives In-Verbindung-Sein mit allem, was um mich lebte – und irgendwie lebte *alles*. Aber am meisten Leben hatten die Adler. Und ich spürte, *wo* sie gerade lebten …

In solch einem Erleben ist auch das Grenzerleben ein anderes. Es *muss* anders sein, denn die scheinbar evidenten materiellen Grenzen stimmen ja nicht mehr. Wenn ich auf welche Weise auch immer mit den Adlern in Verbindung sein kann, obwohl ich hier bin und sie dort und obwohl sie Adler sind und ich Mensch, dann ist plötzlich nicht mehr so selbstverständlich, dass ich an der Grenze meines Körpers aufhöre und die Adler an ihrem. Dann ist das, was mein Auge und mein Tastsinn als selbstverständlich vermitteln, nicht mehr so selbstverständlich. Irgendetwas scheint uns zu verbinden: ein Gewebe, ein Netz, ein Schwingen, eine Resonanz. Wenn ich mich aber dann doch wieder auf meine Körpergrenzen konzentriere, indem ich mehr auf mein Auge und meinen Tastsinn fokussiere, dann kann ich die Verbindung schwächen oder auch kappen. Dann hole ich mich wieder viel mehr „herein" zu mir, in meinen Innenraum, in mein modernes individuelles Bewusstsein. Ich kappe quasi den Zustand der magischen Verbundenheit. Ich lebe wieder im Innen der Insel, nicht im Außen der Verbundenheit.

Und doch ist nicht alles grenzenlos in diesem Zustand magischer Verbundenheit. Es gibt sehr wohl auch Grenzen. Diese befinden sich aber nicht da, wo sie physisch zu sein scheinen, sondern sie sind verschoben. Auch dazu eine Geschichte, die viele Tierhalter bestätigen werden: Ich erinnere mich an eine Katzenkolonie auf einer Farmer-Community in Minnesota, USA. Chef dieses losen Rudels war ein mächtiger Kater, wie fast alles in Amerika deutlich größer als das europäische Pedant. Alle anderen Katzen hatten vor ihm Respekt bis auf eine: Barnaby – eine ziemlich zierliche und kränkliche Katze (trotz des männlichen Namens). Barnaby hatte das Aussehen einer Katze, aber die Seele eines Hundes. Sie hielt sich abseits von der Katzentruppe und ging am liebsten mit den Mitarbeitern spazieren. Dabei trottete sie nebenher nach Hundeart. Barnaby war also, was den tierischen Umgang anbelangte, eine Einzelgängerin: im wahrsten Sinne des Wortes. Denn es gab einen gewissen Sicherheitsabstand, der für alle Katzen oder Hunde einzuhalten war – ansonsten wurde es bedrohlich: für den mächtigen Alpha-Kater genauso wie für die Hofhunde, die sicher das sechsfache von ihr auf die Waage brachten. Wehe, dieser Abstand wurde überschritten! Dann griff Barnaby mit einer Löwenenergie an, die ausnahmslos zur Flucht von Katze oder Hund führte. Dieser Sicherheitsabstand bestand aus einem imaginären Radius von 1,5 bis 2,5 Metern und war fast wie eine energetische Atmosphäre um sie herum sichtbar. Nur selten wurde diese von Hunden oder Katzen „übersehen". Man konnte förmlich wahrnehmen, wie die Tiere sie sahen. Tiere haben ein Sensorium für diese Sphäre – doch Menschen haben es auch. Auch wir haben ein Sensorium für unseren persönlichen Raum, für unseren Umkreis, für unsere Atmosphäre. Dieser Raum ist nicht konstant: er kann größer oder kleiner werden. Und auch wir haben ein

Sensorium für den Raum unseres Nächsten. Und damit auch ein Sensorium für die Grenze. Aber dieses Sensorium ist im Sozialen noch ziemlich gering ausgeprägt. Und es scheint im Ökologischen noch deutlich geringer ausgeprägt zu sein.

Beide hier beschriebenen Erfahrungen entsprechen nicht dem modernen Bewusstseinszustand – schon gar nicht dem Schema der Moderne. Beide Erfahrungen aber – *Alles ist verbunden* und *Alles hat Grenzen jenseits des Materiellen* – werden wichtig für das Verständnis dessen werden, was ich als *Atmosphärisches Bewusstsein* im nächsten Kapitel genauer beschreiben möchte.

Das magische Welterleben ist wahrscheinlich am besten charakterisiert, wenn man es sich wie ein vertieftes Hören vorstellt, *ein Lauschen, das alle Antennen ausgefahren hat*. Ein Lauschen, das mit dem ganzen Leib geschieht. Natürlich werden die magischen Menschen vortrefflich gesehen haben. Aber dieses Erspüren der belebten Mitwelt im Umkreis hat eher eine hörende als eine sehende Qualität. Vielleicht reden deshalb die australischen Ureinwohner, sicher eine der magischen „Hochkulturen", auch von „Songlines", die für ihr Erleben durch die Landschaft Australiens gehen. Man erkennt, dass man auf dem richtigen Wege ist, weniger an bestimmten Felsen, Sträuchern oder Flüssen, die man sieht. Sondern daran, dass der Weg schwingt, in Resonanz geht. „*Das Land wird gesungen*" (Andreas Weber). Ein Empfinden der Einheit mit der Landschaft wird also über eine Art musikalischer Resonanz mit ihr hergestellt, durch welche die „Traumpfade" (wie „Songlines" einerseits falsch und andererseits vielleicht doch ganz treffend ins Deutsche übersetzt wird) immer wieder neu entdeckt, immer wieder neu realisiert werden.[51] Und in dieser Realisierung ist man als Mensch Teil der Kreation, genauso wie der Fels, die Höhle, der Strauch oder der Fluss.

„Ich bin Land – und das Land ist ich". Man ist ein Punkt unter vielen Punkten. Und damit wird etwas beschrieben, was für unser Thema sehr wichtig ist: Die Einbettung und Eingebundenheit früherer Kulturen hatte nicht dasselbe dreidimensionale räumliche Erleben, wie wir es heute kennen. Das räumliche Erleben vollzog sich, wie Gebser sagt, punktförmiger. Ein Erleben, dass sich viel mehr über den Körper mitteilte als über das Auge: „Animismus ist eine Beseeltheit, die sich über den Körper vermittelt" *(Andreas Weber)*. Auch darauf werden wir im nächsten Kapitel zurückkommen, wenn wir von innerer und äußerer Resonanz sprechen werden.

Aber schon auf dieser frühen Stufe der menschlichen Evolution gab es ein Dilemma, und zwar ein ökologisches. Ein Eskimoschamane am Beginn des 20. Jahrhunderts beschreibt es so: „Das größte Verhängnis des Lebens liegt in der Tatsache, dass die menschliche Nahrung fast ausschließlich aus Seelen besteht. Alle Wesen, die wir töten und essen müssen, alle Geschöpfe, die wir erschlagen und zerstören, um Kleidung für uns herzustellen, haben Seelen wie wir, Seelen, die nicht mit dem Körper vergehen, und die versöhnt werden müssen; sonst rächen sie sich an uns dafür, dass wir ihnen ihren Körper genommen haben."[52] Diese letztlich tragische Konstellation hier auf Erden, dass man nämlich auf Kosten anderer beseelter Wesen lebt und damit Schuld auf sich lädt, hat damals zu einem bemerkenswerten ökologischen Ausgleich auf spiritueller Ebene geführt. Als Beispiel für diesen Ausgleich beschreibt Roszak die Vorbereitung der Pawnee-Indianer Wochen vor einer Büffeljagd: „Dazu gehörten besondere Reinigungsriten, bei denen die Gottheiten der Erde, des Wassers und der Sterne angerufen wurden. Eine zentrale Figur innerhalb der Jagdriten war der Taxpiku, ein Mann, der zu diesem speziellen Amt erwählt wurde und die heiligen

Verpflichtungen des Stammes gegenüber dem Land und den Büffeln verkörperte, die nun bald von den Jägern getötet werden sollten. Der Taxpiku war während der Woche der Jagd von rigiden Tabus umgeben, die den Sinn hatten, die Reinheit und Würde der Stammesangehörigen zu wahren. Er war mit der Aufgabe betraut, den höheren Mächten im Austausch für ihr Wohlwollen Gaben und Opfer darzubringen."[53] Man stelle sich das heute in Deutschland vor: man würde nicht mehr komplett verdrängen, dass man alleine 60 Millionen Schweine im Jahr tötet, sondern man würde sich der Problematik stellen und einen Taxpiku wählen, der versucht, zu versöhnen, was wir den Tieren antun. Er könnte es nicht, weil eine industrielle Schlachtung, erfunden vom Schema der Moderne, mit solchen Ritualen nicht kompatibel ist.

Neben diesem moralischen Dilemma begann aber auch ein ökologisches Dilemma – im Vergleich zu unserem aktuellen zwar minimal und vor allem: lokal. Aber es ist mir wichtig, auch in diesem Kapitel Einseitigkeiten zu vermeiden. Es könnte nämlich leicht zur Tendenz einer romantischen Verklärung des indigenen Bewusstseins kommen. Ohne hier in die Details gehen zu wollen, gibt es eine Menge Hinweise, dass es immer wieder auch in einzelnen indigenen Kulturen zu Massentötungen kam, bis hin zum Aussterben von Großtieren wegen Überjagung.[54] Nicht zu vergessen ist die Gewalt gegen fremde Ethnien. Es gibt offenbar deutliche Hinweise, dass die zwischenmenschliche Gewalt insgesamt in der menschlichen Geschichte, was das statistische Ausmaß anbelangt, immer kleiner geworden ist.[55]

Jean Gebser stellte fest: „Der (menschliche) Freiheitsdrang und das aus ihm resultierende ständige ‚Gegen etwas sein müssen' schafft Distanzierung und damit Bewusstwerdungsmöglichkeit ... Sei es nun Fluch, Gnade oder Auftrag:

Wer die Erde bestehen will, der muss sich von ihrer Macht befreien können." Dieses Befreien von der Erde brachte nicht nur ökologischen Segen mit sich – und ziemlich sicher nicht nur Segen im Sozialen. Es war auch damals kein reines Idyll. Insofern ist eine Regression zurück, ein Versuch, wieder zum Indigenen zu werden, nicht die Lösung. Wir könnten es auch gar nicht auf Grundlage unserer Bewusstseinsstruktur, wie die nächsten Kapitel zeigen werden. Aber es wäre auch nicht wünschenswert, dass weit über sieben Milliarden Menschen sich heute wieder in lokale Stammesidentitäten separieren würden. Dennoch scheint die magische Phase eine Zeit gewesen zu sein, wo Mensch und Mitwelt in einer Verwobenheit miteinander gelebt haben, die aus ökologischer Sicht nahe am Ideal war. Wenn überhaupt Schäden und Einseitigkeiten eintraten, dann rein lokal und für das globale Schicksal des Erdorganismus quasi irrelevant. Und es war ein Bewusstsein vorhanden: für die Lebendigkeit und die Vernetztheit von allem mit allem (wenngleich nur lokal!), das wir heute wieder brauchen. Der Mensch war noch Teil eines kosmischen Gewebes.

Jedoch: dieses Gewebe, es wurde zerschnitten. Erst sachte, dann mit immer größerer Macht – lange vor dem Einbruch des Schemas der Moderne. Es wurde zerschnitten durch den Beginn einer neuen Kultur, der Agrikultur. Es wurde zerschnitten durch den Beginn des Humanen der Humuskultur. Es wurde zerschnitten durch „die Herrschaft der Fläche", wie Schellnhuber es nennt.

Mythische Phase

Ab der Sesshaftwerdung ca. 12 000 v. Chr. überlappend mit der magischen Phase bis zur Renaissance überlappend mit der mentalen Phase.

Es ist immer noch ein Rätsel, warum nach mehreren hunderttausend Jahren, in denen der Homo sapiens als Jäger und Sammler lebte, relativ gleichzeitig in unterschiedlichen Kulturen und Weltregionen ein Punkt erreicht wurde, an dem sich die Lebensweise radikal veränderte – aus Nomaden wurden sesshafte Menschen, die Landwirtschaft und Viehzucht betrieben. Das geschah in der Levante (also der heutigen Türkei, Syrien, Irak), in China, Indien und etwas später auch in Mittelamerika und Europa. Sehr wahrscheinlich gab es auch damals für diesen Prozess – ähnlich wie heute – einen äußeren und einen inneren Impuls: der äußere war der Klimawandel, der innere ein Bewusstseinswandel – vom magischen ins mythische Bewusstsein. Der Klimawandel bestand im Ausklingen der letzten großen Eiszeit vor rund 12 000 Jahren. Das Klima wurde, global gesehen, deutlich sanfter und wärmer – es gab weniger extreme Ausschläge. Das Leben wurde berechenbarer, gleichzeitig ging auf der nördlichen Hemisphäre der Großtierbestand deutlich zurück; etliche Arten wie Riesenhirsch, Mammut, Höhlenbär starben aus.

Dieser Impuls der Sesshaftwerdung führte zu etwas, *das den Menschen aus der Bewegung brachte*; eine banale Erkenntnis. Aber die Folge war nicht banal, sondern hatte gravierende Auswirkungen auf unsere Psychologie: Der Mensch der magischen Epoche war schon durch seine Wanderbewegungen in der Folge der ziehenden Großtierherden ganz organisch Teil eines rhythmisch sich bewegenden Gewebes –

eines Lebensnetzes. Aus diesem rhythmischen Geschehen sich auszuklinken und quasi innezuhalten (sesshaft zu werden), war ein signifikanter Schritt. Schon im Wort Innehalten steckt etwas von dieser Bedeutung. Stoppt man nämlich eine Bewegung, eine Motion, dann kann diese Motion viel mehr innerlich bewegen, zur Emotion werden, die man fühlen kann. Äußere Bewegung (Motion) wird zur inneren Bewegung oder genauer (emovere, lateinisch: hinausbewegen), zu etwas, was dann aus dem Inneren hinausbewegt wird. Es wird also etwas fühlbar und damit seelisch und damit kommunizierbar, was zuvor mehr körperlich war und als solches spürbar (Sensation), aber eben noch kein Gefühl. In der Emotionspsychologie[56] ist das ein ganz wichtiger Punkt: Man muss lernen, Emotionen zu fühlen, was nur geht, wenn man sie halten kann. So lange man die Emotion *ist*, fühlt man sie nicht wirklich: Wenn wir in Panik vor irgendetwas weglaufen, spüren wir die Angst nicht. Erst wenn man danach innehält, merkt man, wie „panisch" man war. Wenn Sie sich „vergessen" und vor Zorn bebend Ihr Kind, Ihren Partner oder eine Kollegin zusammenstauchen, fühlen Sie in diesem Moment keinen Zorn. Sie *sind* der Zorn, der Sie bewegt, aber Sie sind nicht wirklich dabei und fühlen sich zornig. Dafür müssen Sie ihn halten können – innehalten. Aus Motion wird Emotion. Aus Spüren wird Fühlen.[57]

So war die Sesshaftwerdung also ein wichtiger Schritt für das menschliche Bewusstsein, weil sie es vertiefte, indem sie einen größeren Innenraum bilden half. Dieser individuellere Innenraum konnte sich erst bilden, als es einen „Standpunkt" gab. Und so wurde das *Fühlen* verstärkt und individueller. Nicht, dass der magische Mensch nicht fühlen konnte: natürlich konnte er das, auch viele Tiere können das. Aber damit ein Gefühl wirklich Eindruck macht, so viel, dass es zur Bildung eines Selbstbewusstseins, einer Identität dienlich ist, muss es in die Tiefe gehen. Damit es das kann, muss man ein Gefühl „an sich heranlassen". Man muss etwas, das von außen kommt und einen in eine Bewegung bringen will, aus der Bewegung nehmen. Das also geschah vor ca. 12 000 Jahren – und wahrscheinlich auch aufgrund eines Klimawandels, denn es wurde wie oben erwähnt deutlich wärmer und die Temperaturen gleichmäßiger als die letzte Eiszeit am Verklingen war.[58]

Wenn man sich aus der Bewegung nimmt, wenn man einen Standpunkt bezieht, geschieht noch etwas Zweites. Man hat ein Gegenüber. Natürlich *sieht* man die Berge, den Wald, den Bison, die Stammesgenossen auch als Nomade. Man sieht sie beim Gehen. Und auch der Jäger und Sammler (oder der magische Mensch) hatte immer wieder Phasen, in denen er innehielt: seine Zelte aufschlug, eine Höhle bezog, ein Lager baute. Und nicht nur sah er sie – natürlich sah er sie auch irgendwie *getrennt* von sich und damit als Gegenüber. Aber dann zog er weiter, in die Berge oder fort von ihnen, in den Wald oder fort von ihm, jagte den Bison und verleibte sich ihn ein oder ließ ihn ziehen … Und die Gegenüberstellung löste sich wieder auf. Wenn man sich aber niederlässt und ein Stück Land in Besitz nimmt, um es zu bestellen, wird es ein ganz anderes Gegenüber und man selber eben auch. Die Berge oder der Wald, die hinter dem bestellten Land liegen, sie bleiben ein Leben lang. Sie verändern sich über die Zeit, mit den Jahreszeiten, aber sie bleiben an ihrem Ort. Und auch der Bauer bleibt an seinem Ort. Man steht sich gegenüber und man grenzt sich ab: Hier bin ich, da sind die Berge. Immer noch ist da ein gewisser Sinn für das Lauschen und das Verwobensein, aber er nimmt ab. Man *sieht* schon mehr, als man *hört*. Und was man sieht, hat viel mit *Fläche* zu tun. Die

Fläche Land, auf der man lebt. Die Fläche Ackerboden, die man bewirtschaftet. Die Fläche Land, die man besitzt als Dorfgemeinschaft (die Allmende bis ins Mittelalter). Und die Fläche Land, auf der die Dolmen stehen, die kultischen Heiligtümer, nach oben offen – hin zum weiten Kosmos. Und unter ihnen – der tiefe Erdboden.

Und noch etwas Drittes passiert: Man wird wacher für die Rhythmen, das Zyklische, die Zeit und ihr Vergehen. Die Betonung liegt auf dem Wort „wacher": auch der magische Mensch hat in Rhythmen gelebt: er ging völlig in ihnen auf, er war Teil von ihnen: der Zyklus der Wanderbewegung der Tiere, denen man folgte, der wiederum mit den kosmischen Jahreszeitenrhythmus verbunden war, er bestimmte den Zug. Aber indem man aus der Bewegung geht und innehält, kann man die Bewegung der Zeit wahrnehmen, man wird sich des Rhythmus', der Zeit erstmalig bewusst – auch der Rhythmus wird gewissermaßen zum Gegenüber. Und so fertigte man hochkomplexe astronomische Kalender, in denen der Mond und der Sonnenrhythmus, der Tierkreis, die Planetenbewegungen vermerkt sind.[59]

Wenn aber das eigene Fühlen bewusster wird, das eigene Sein abgegrenzter vom Gegenüber und ein Bewusstsein von Zeit, von Zyklus und auch von Endlichkeit und Tod Einzug hält in das Selbstbewusstsein, dann führt das zu mehr Innenraum, zu mehr Eigensein, zu mehr Individualität – und damit zu völlig neuen Antworten auf einen als völlig neu erlebten Kosmos.

Insofern bildete die neolithische Revolution eine wirkliche Revolution im Inneren und im Äußeren. Vielleicht war es der größte Wendepunkt in der bisherigen Menschheitsgeschichte: aus einer magisch-nomadischen Kultur entstand allmählich eine mythische Agrarkultur, die schließlich zu

Großreichen mit riesigen Städten wie Ur und Babylon in Mesopotamien, Theben und Memphis in Ägypten führte. In Mittel- und Südamerika gab es entsprechende Entwicklungen. Es entstanden Städte mit einer komplexen Infrastruktur, die riesige Herausforderungen an die technische Entwicklung und Verwaltung stellten: Bewässerungstechnik, Architektur, Schrift, Schiffsbau, Waffentechnik, Medizin, Astronomie waren die Folge. Und damit beginnt etwas, das sich bewusstseinsmäßig bis heute fortsetzt: die Herrschaft der Fläche, der Zergliederung des Landes, der Inbesitznahme des Lokalen, das sich peu à peu erweitert zu riesigen Königreichen, die erobert und verteidigt werden müssen.

Bevor es aber so weit kam, mussten zunächst die Kenntnisse der Landwirtschaft und Viehzucht erweitert werden. Ackerbau und Viehzucht waren damals Wissenschaften und Kulturtechniken zugleich. Die Frage, wie man den Boden richtig bestellt, erscheint uns heute vielleicht wie eine Spezialfrage an Agrarindustrie oder Biolandwirtschaft. Damals aber war es eine existenzielle Frage: Wie tief der Pflug in die Erde eindringen soll und von welchem Tier oder Mensch er gezogen wird; wie die richtige Fruchtfolge zu sein hat; wie die richtige Düngung aussieht; wie die Bewässerung – all das entschied über Leben und Tod von vielen Menschen. Und weil es große, existenzielle Fragen waren, haben sie sich tief in unser kulturelles Gedächtnis eingeprägt. Sei es in Form von Mythen wie etwa im Traum des Pharaos in Ägypten von den sieben fetten und mageren Jahren, den Joseph ihm deutete (Genesis), sei es als Begriffsbildungen in unserem Sprachgedächtnis: angefangen von dem Wort *Kultur*, das von *culturum* kommt, dem Bestellen, Bearbeiten und Pflegen des Ackers. Das Wort *human*, also das Wort, welches das zutiefst menschliche Wesen (human beings, humaine, Humanismus) bezeichnet, kommt von Humus. Humus, diese wunderbare, fruchtbar lebendige Schicht Erde, in der die Pflanzen gedeihen, diese Schicht zwischen Himmel und Erdboden. Mit der Qualität dieser Schicht steht und fällt das richtige Landwirtschaften – und damit auch das richtige Menschsein! Um sie rang der mythische Mensch. Insofern war es eben keine Nischenwissenschaft – es war existenziell verwoben mit Leben und Tod und mit dem Menschsein, seiner Kultur und seiner Humanität. Und so muss sie auch für uns Heutige von großem Interesse sein – gerade was den Klimaschutz, den Artenschutz, den Grundwasserschutz anbelangt. Im nächsten Kapitel werden wir darauf zurückkommen.

Für viele Ökologen fängt mit der mythischen Zeit und spätestens mit dem Verfassen der Genesis („macht Euch die Erde untertan") der ökologische Sündenfall an. Und da ist sicher etwas dran. Wir werden etwas weiter unten die Schattenseiten der mythischen Zeit anschauen. Aber der Ansatz von Gebser und anderen ist aus meiner Sicht deshalb weise, weil er uns hilft, das Vergangene nicht durch die Brille unseres gegenwärtigen Bewusstseins (des *Rationalen* mit seinem Schema der Moderne) zu sehen, sondern versucht, es aus der Vergangenheit heraus zu lesen und zu verstehen. Und mit unserem gegenwärtigen Bewusstsein betrachtet, lesen wir hier viel Anthropozentrik hinein (was stimmt) und viel Dualismus (Geist-Materie, Mensch-Natur), was nicht stimmt. Denn wieder gilt: der mythische Mensch hatte eine ganz andere Weltwahrnehmung: innen und außen. Sie war nicht mehr so stark eine lauschende, wie in der magischen Zeit – das Sehen wurde wichtiger. Aber das Visuelle hatte noch eine andere Qualität als unsere heutige sehr räumliche Wahrnehmung. Ich will diesen wichtigen Punkt (weil er uns im nächsten Kapitel hilft, mit dem Grenzproblem weiterzukommen), noch einmal im Vergleich mit dem magischen Bewusstsein verdeutlichen:

Nach Gebser war das *magische Empfinden* mit seiner lauschenden vernetzten Qualität, in der innen und außen ineinander übergingen, ein anderes als unser heutiges. Die Menschen hatten eine andere Weltwahrnehmung: Fernes und Nahes waren nicht kategorisch getrennt, sondern konnten irgendwie miteinander verbunden sein, als wären sie ganz nah und gar nicht fern. Am ehesten muss es ein Empfinden gewesen sein, als wäre alles in einer Dimension miteinander vernetzt. Deshalb nennt er es auch ein eindimensionales oder punktförmiges Bewusstsein. Das *mythische Bewusstsein* ist dagegen ein flächiges, ein zweidimensionales Bewusstsein. Es geht wohlgemerkt um das *Empfinden*. Natürlich lebte auch der magische Mensch irgendwie in einem Raum, den wir heute als dreidimensionalen Raum (plus der Zeit als vierte Dimension) beschreiben würden. Aber für die Hypothese dieses Buches (und zum Verständnis von Denkern wie Gebser, Steiner, Wilber) ist es wichtig, sich immer wieder klar zu machen, dass Menschen in früheren Epochen nicht moderne Menschen minus Smartphone und Skype waren, sondern eine andere Weltwahrnehmung hatten. Und wenn man eine andere Weltwahrnehmung hat, *lebt* man in einer anderen Welt. Die Raum-Empfindung der Welt war also eine eher zweidimensionale: in der Vertikalen also eher oben-unten (Himmel-Erde). In der Horizontalen eher flächig, aber gekrümmt flächig – sphärisch – jedoch ohne die räumliche Tiefenqualität zu haben, die wir heute kennen.

Die Zeit-Empfindung in dieser Welt (und diese war eben im Unterschied zur magischen Phase nun deutlich ausgeprägter) war eine *zyklische*: die Wiederkehr des Jahreszeiten-Rhythmus mit seinen Festen und Ritualen, aber auch die

Wiederkehr von Tag und Nacht, Werden und Vergehen, Leben und Sterben, Wieder-Geburt und Tod – diese sich bedingenden Gegensätzlichkeiten (ohne Nacht kein Tag, ohne Tod kein Leben) wurden also nicht als getrennt betrachtet, wie wir das heute mit unserem viel dualistischerem Bewusstsein tun (namentlich was den Tod anbelangt), sondern waren – vielleicht gar nicht so bewusst, sondern aus einem Zustand heraus, den wir heute eher einem Traumbewusstsein zuordnen würden – in einer Art von lebendiger Wechselwirkung gehalten: kommt der Sommer, muss der Winter zurückweichen und umgekehrt; kommt die Nacht muss der Tag zurückweichen und umgekehrt; kommt der Tod, muss das Leben zurückweichen und umgekehrt.

Gebser charakterisiert das mythische Bewusstsein deshalb auch als ein *kreisförmiges* im Gegensatz zu dem eher *punktförmigen* Bewusstsein des magischen Menschen. Und durch dieses träumerische und lauschende Bewusstsein konnten nun kosmische Prozesse und Naturprozesse in Bilder übersetzt werden, in Erzählungen, die tiefe Erkenntnisse über diese Prozesse beinhalten. Einige dieser Erzählungen – Mythen –, wie zum Beispiel den von Demeter und Persephone, kennen wir heute noch.

So entstanden Rituale, so entstand eine „Natur-Kultur", die immer wieder mit den archetypischen Themen von Tod und Wiedergeburt, Werden und Vergehen, aber auch von Initiation und Transformation zu tun hatte. Es war also durchaus ein Entwicklungsimpuls in diesem zyklischen Empfinden angelegt.

Zur mythischen Epoche kann man unterschiedliche Grundhaltungen einnehmen: man kann sie verklären (wie die magische). Man kann sie aber auch als große Zerstörerin eines quasi paradiesischen Urzustandes der Menschheit sehen, als Zerstörerin der magischen Zeit – ein wenig davon kommt ja in ihren Mythen selbst zum Ausdruck: das goldene Zeitalter (Hesiod) ist nicht mehr, der Mensch hat durch den Sündenfall („werden wie Gott") den paradiesischen Garten verloren. Sicher ist es richtig, dass hier erstmals großflächige Naturzerstörungen stattfanden: die Mittelmeerlandschaft, aber wahrscheinlich auch Teile der mesopotamischen Landschaft haben sehr unter Abholzung und unter Bodenerosion gelitten. Auch die Bewässerungssysteme waren nicht in jedem Fall ökologisch.[60] Andererseits wurde in vielen Fällen eine nachhaltige Kulturlandschaft geschaffen, deren Spuren man in Europa noch in den klösterlichen Bewirtschaftungsmethoden verfolgen konnte. Egal aber, ob man den Fokus eher auf das defizitäre oder auf das konstruktive in der Beziehung zur Natur legt: es war in jedem Fall eine Kultur, deren Defizite im Lokalen blieben.

Vor allem aber – und hier schließe ich mich Autoren wie Gebser, Steiner oder Wilber an – war diese Phase eine wichtige Entwicklungsphase der menschlichen Seele: ihr Innenraum, ihre Innensphäre, wurde vertieft und erweitert und so konnte sie viel mehr zum bewussten Resonanzkörper der Außenwelt werden. Und immer wenn Entwicklung stattfindet, zeigen sich Licht und Schatten – und gerade die Schattenseiten müssen verstanden werden. Aber dass es Entwicklung gibt, ist gut. Und so ist die mythische Phase aus meiner Sicht ebenso zu begrüßen wie die ihr folgende mentale.

Mentale Phase

Beginn in Ansätzen im antiken Griechenland um etwa 600 v. Chr., wobei weite Teile bis zum Mittelalter nach Gebser mehr in die mythische Zeit gehören. Eigentlicher Beginn in der Renaissance. Ab der Moderne sieht Gebser eine Vereinseitigung des Mentalen: er nennt das dann die Rationale Phase, die bis heute anhält – überlappend mit der Integralen Phase.

In diese mythische Zeit bricht nun wieder etwas radikal Neues ein, das aber für uns Heutige in seiner radikalen Neuheit möglicherweise genauso schwer nachzuvollziehen ist wie die magische oder die mythische Zeit – allerdings aus einem ganz anderen Grund. Nicht weil diese Phase (Gebser nennt sie die *mentale)* schon vergangen wäre, sondern weil wir immer noch zu einem guten Stück in ihr stecken. Wir nutzen dieses Bewusstsein, aber wir nutzen es mit einer Selbstverständlichkeit, die so tut, als wäre es schon immer dagewesen und als wäre eine Welt ohne es gar nicht denkbar. Oder eben: defizitär, primitiv, dumm! Was also in die mythische Welt eindringt mit aller Macht, das ist das Denken.

Aber wie soll man heute noch eine Vorstellung entwickeln, was es hieß, dass in der antiken Welt rund 600 v. Chr. plötzlich immer mehr Menschen erschienen, die *dachten*? Philosophen („Freunde der Weisheit") wie Thales, Demokrit, Herakles, Parmenides; später Sokrates, Plato, Aristoteles. Es ist ähnlich schwer, sich über das Revolutionäre und Neue des Denkens eine Vorstellung zu bilden, wie es uns schwerfällt zu verstehen, was es in der Renaissance hieß, plötzlich perspektivisch malen zu können. Heute kann das ja jeder erlernen, in Fußgängerzonen kann man wunderbare Kreidereproduktionen von „Abendmählern" und „Mona Lisas" bestaunen. Aber das eigentlich Revolutionäre kann man eben nicht mehr bestaunen: Dass das dreidimensional perspektivische Sehen der Welt eines Leonardo ein Schritt in eine neue Seelenfähigkeit war, die die Außenwelt und die Innenwelt revolutionierte – genauso wie es die Entdeckung des selbstständigen Denkens durch die griechischen Philosophen war. Für Gebser gehören nämlich beide Fähigkeiten zur Entwicklung des *mentalen Bewusstseins*. Und dieses Bewusstsein kam mit voller Kraft auf die Welt zur Zeit der Renaissance, zur Zeit von Kopernikus und Kolumbus, als der Raum, der globale dreidimensionale Raum ergriffen wurde, wie wir im fünften Kapitel gesehen haben.

Wie kann man versuchen zu empfinden, was für ein Schritt das damals gewesen sein muss? Eine Möglichkeit besteht darin, sich Bilder aus dem späten Mittelalter oder der Frührenaissance anzuschauen. Vor 1400 waren Natur und Perspektive kein Kriterium. Die mittelalterliche mythische Malerei hatte ganz andere Schwerpunkte. Aber mit der Renaissance, mit dem „Atmosphärenriss" und der Entwicklung des Schemas der Moderne, wurden Natur und Perspektive, wurde der dreidimensionale Raum, plötzlich wichtig.

Ähnlich verhielt es sich mit der Entwicklung des Denkens. Vor den ersten Philosophen (den Vorsokratikern) gab es natürlich jede Menge Erzählungen über den Ursprung der Welt – die Mythen. Was es aber nicht gab, waren Menschen, die sich dazu nicht als Seher, Propheten, Priester oder Eingeweihte äußerten, sondern als Denker, die über den Ursprung und die Zusammensetzung der Welt Theorien bildeten. Auch dass einzelne Menschen, die für sich als Individuum sprechen, überlegen, *warum* etwas ist, wie es ist, oder auch überlegen, was gut ist und was nicht, stellt etwas ganz Neues dar.

Denn mit dem Denken über die Natur und den Kosmos entsteht auch das Denken über das, was gut und was böse ist, die Ethik. Und wieder geht es um individuelle Begründungen aus menschlicher Sicht und nicht um den Willen der Götter – *der Mensch wird das Maß aller Dinge.*

Das gelingt aber nicht von Anfang an. Der Historiker Frank Teichmann[61] arbeitet wunderbar heraus, wie das logische Denken zu Beginn oft noch etwas „stolpert und holpert", ähnlich wie die Perspektive in Renaissancegemälden. Und wie das logische Denken dann peu à peu immer mehr ergriffen wird, das erste Mal meisterhaft von Plato und Aristoteles.

Der Einzelne ist plötzlich ganz anders gefragt: „Was hältst *du* davon?" „Wie findest *du* das?" „Warum machen wir die Dinge so und nicht anders?" Wo zuvor viel mehr vorgegeben war durch ein Eingetauchtsein in den Mythos („Pyramiden werden eben gebaut, wenn der göttliche Pharao das braucht für seine nachtodliche Reise") oder auch durch Gebote („Du sollst Vater und Mutter ehren") wird jetzt viel mehr hinterfragt: „Was ist das Gute?" Aber auch: „Wer ist der richtige Regent?" Insofern ist es keinesfalls zufällig, dass die erste demokratische Struktur in einer Civitas im klassischen Athen kurz nach dem Auftreten der ersten Philosophen begann.[62]

Und noch etwas Neues begann: eine individualisierte Kunst, in welcher der Mensch und nicht ein Gott das Maß der Dinge wurde. Die Plastiken der Griechen mit ihrer grazilen Körperlichkeit zeigen, wie durch eine Vertiefung des Selbstbewusstseins durch das Denken, der Körper in einer Klarheit ergriffen und reflektiert werden kann, die zuvor, bei aller technischen Leistung der Ägypter, der Sumerer, der Inder nicht möglich war. Außerdem fangen die Bildhauer an, ihre Meisterwerke zu signieren. Und eine weitere Kunst entsteht – auch sie geht aus einem religiösen (mythischen) Hintergrund hervor wie die Plastik, die zuvor ja eine religiöse war. Das Drama, das Drama des Menschen, der verstrickt ist in sein Schicksal und sich – wie auch immer er handelt – schuldig macht. Auch hier entsteht mit Dramatikern wie Sophokles, Aischylos oder Aristophanes etwas völlig Neues. Durch das Denken kommt ein gerichteter Wille in die Welt, der Raum schafft für eine Individualisierung, wie sie zuvor nicht denkbar war. Und der Raum schafft: für eine technische Revolution, wie sie zuvor undenkbar war. Denn das, was in der Antike mit den Griechen begann, führte dann zur Zeit der Renaissance zu einer Explosion an technischen Fertigkeiten, die alle nur möglich wurden, weil der Mensch mit Hilfe seines technischen Verstandes in der Lage war, den dreidimensionalen Raum zu durchdringen und zu beherrschen. *Und dieses „Raum schaffen" hat sehr – so die Hypothese des Buches – mit einem Verdrängen der Hüllen, der Himmelssphären zu tun.*

Alles, was in den Kapiteln III und IV beschrieben wurde an individuellen Errungenschaften, an Inselbewusstsein, es hat nach Gebser seine Ursache im mentalen Bewusstsein. Seine Lichtseiten, dass es uns nämlich ermöglicht, eigenständiger, individueller zu leben, wurden herausgearbeitet. Seine Schattenseiten: das Abtrennen tieferer vormoderner Schichten in uns und das Abtrennen der Natur außer uns, das Gefühl existenzieller Isolation ebenso – die Verkapselung durch das Schema der Moderne. Gebser beurteilt die Anfänge dieser Entwicklung als sehr positiv und notwendig für die Bewusstseinsentwicklung. Er spricht vom mentalen Bewusstsein. Das gilt auch noch für die Renaissance. Dann kippt es mehr und mehr, weil sich positive Qualitäten von Denken, Individualität und Kunst vereinseitigen. So entsteht das abgespaltene, intellektualistische Denken und Fühlen, was Gebser das rationale Bewusstsein nennt und was ziemlich korreliert mit dem, was ich in diesem Buch das Schema der Moderne genannt und psychologisch beschrieben habe. Die Klimakrise und die anderen ökologischen Krisen wären ohne dieses Schema der Moderne nicht möglich.

Und dieses mentale/rationale Bewusstsein – da treffen sich Gebser und Sloterdijk[63] – hat essenziell damit zu tun, dass der dreidimensionale Raum erkannt, ergriffen und beherrscht wird (letzteres in doppelter Bedeutung). Wo es also in der magischen Zeit eher ein punktförmiges oder verwobenes Bewusstsein gab, wo es in der mythischen Zeit eher ein flächiges oder kreisförmiges Bewusstsein gab, da wird es in der mentalen Zeit dreidimensional: für Sloterdijk ist es die Kugel, die Kugel des Parmenides und der euklidischen Geometrie.

Damit kommen wir zur Umweltproblematik. Hier gibt es drei Komponenten, von denen zwei nicht überraschen werden; eine vielleicht schon:

1. Aufgrund der innerhalb der mentalen Phase aufgetretenen Globalisierung sind die Schäden, die der Mensch anrichtet, nicht mehr nur *lokal,* sondern *global.* Das hat auch mit dem ebenfalls in dieser Phase neu aufgetretenen technischen Verständnis in den Bereichen Physik, Chemie, Biochemie, Maschinenbau zu tun. Und dem damit verbundenen Zunutzemachen von fossiler und nuklearer Energie und vieler anderer Rohstoffe. So sind die Schäden schon im Lokalen unvergleichlich größer als in der magischen und mythischen Phase.

2. Mit seinem mentalen Bewusstsein und der Vereinseitigung desselben, was zur Ausprägung des Schemas der Moderne geführt hat, kann der moderne Mensch den Schaden, den er anrichtet, zwar *denken,* aber er kann ihn

nicht *fühlen*. Insofern verdrängen viele moderne Menschen, was sie anrichten, indem sie einfach nicht daran denken – wir haben es ausführlich angeschaut.

3. Jetzt kommt das Überraschende: Gebser, Rosa, Radkau und viele andere Autoren sind sich einig, dass all das, was wir an ästhetischer Freude an Natur und Landschaft empfinden, erst mit dem Beginn des modernen Bewusstseins in der Renaissance auftrat. Das hat mit einer Fähigkeit zu tun, die hier meistens negativ beschrieben wurde, die aber in der „richtigen Dosierung" durchaus zu einer erhöhten Begegnungsfähigkeit (für Naturlandschaften) führen kann: Der Grenzbildung zum Gegenüber nämlich. Gerade an diesem Punkt lässt sich zeigen, wie komplex unsere Fragestellung ist und dass einfache Antworten von Gut und Böse oft in eine falsche Richtung führen.

Gebser zitiert[64] als Beleg für die These, dass erst der Mensch mit mentalem Bewusstsein ein ästhetisches Empfinden für den Natur-Raum erlangte, ausführlich Petrarcas Aufzeichnungen seiner Besteigung des Mont Ventoux in den französischen Rhone-Alpen im Jahre 1336. Es ist die erste dokumentierte Bergbesteigung, bei welcher der Zweck die Besteigung selbst war; kein wirtschaftlicher, religiöser oder kriegerischer Grund führte Petrarca und seinen Bruder auf den Gipfel. Und es kommt ihm wie ein Tabubruch vor, fast wie eine Sünde: sowohl, dem Verlangen zum „nutzlosen" Aufstieg nachgegeben zu haben als vor allem diese tiefe „Erschütterung" zu spüren, die dieses Gipfelerlebnis auf knapp 2000 Metern Höhe ihm bereitet: eine Raumerfahrung in einer Höhe, Größe und Weite – „die Wolken unter meinen Füßen" –, die für das mittelalterliche und mythische Bewusstsein unbekannt war. Es ist die moderne Perspektive von Tiefe und Weite, die nichts mehr gemein hat mit der mittelalterlichen, wo der Himmel aus Sphären bestand und die Kunst ein Empfinden davon vermittelte, indem sie ihn als Goldgrund darstellte.

Aus dieser Naturbegegnung gibt es nun zwei Wege in die Zukunft: Der eine führt in eine Verfestigung der Grenze. Naturerleben wird dann mehr und mehr zum Sport, zu Wettbewerb und Kräftemessen. Das Schema der Moderne in uns lässt uns dann eine betonierte Straße zum Gipfel des Mont Ventoux bauen, auf der Autoralleys oder die Tour de France Gipfelerlebnisse produzieren, wie wir sie heute lieben. Die Landschaft wird Kulisse für irgendetwas anderes – so wie Landschaft dem Schema der Moderne eben zugänglich ist.

Im anderen Fall wird der Zugewinn an Innenraum und Ichhaftigkeit genutzt, um die Grenze noch durchlässiger zu machen und den Antennen für das Andere, für das Erhabene noch mehr Begegnungsraum zu geben. Dann wäre man unterwegs zu einer mehr integralen Sicht der Welt. Diesem Weg wollen wir nun folgen.

Integrale Phase

Etwa seit dem 18. Jahrhundert, seit dem 20. Jahrhundert vermehrt auftretend – überlappend mit der mentalen/rationalen Phase.

Die nächste Bewusstseinsstufe handelt davon, dass plötzlich eine Dimension eindringt in unser inneres und äußeres Erleben, die *jenseits des Denkens* ist. Eine Dimension, die das Denken transformiert und gleichzeitig integriert. Die es also einerseits verändert und andererseits nutzt. Keinesfalls hört man also auf zu denken oder wird unscharf, unpräzise oder diffus – im Gegenteil. So ähnlich galt das auch am Beginn der *mentalen Zeit* für das Fühlen: das Entwickeln eines gesunden mentalen Bewusstseins bedeutete keinesfalls, dass man aufhören musste, zu fühlen. Man konnte seit Beginn der mentalen Zeit viel besser reflektieren, *warum* man etwas fühlt und inwiefern es gut war, dem Gefühl zu folgen oder nicht. Vergleichbar dazu hat man mit dem *integralen Bewusstsein* eine innere Instanz mehr zur Verfügung, die Ebene des *Geistes*, die über dem rationalen logischen Denken steht.

Ein Teil dieser Instanz ist das achtsame Bewusstsein, welches bereits erwähnt wurde. Mit diesem achtsamen Bewusstsein hat man nun die Möglichkeit, nicht nur klarer wahrzunehmen, was man fühlt, sondern auch, was man denkt – und wie unterschiedlich eigene Gedankengänge zu ein und derselben Sache oftmals sind. Man nimmt also verschiedene Perspektiven in sich selber wahr; und oftmals wirken diese unterschiedlichen Perspektiven wie unterschiedliche Seiten des eigenen Selbst („Wer bin ich und wenn ja wie viele"). Das ist ein Grund, warum Gebser das integrale Bewusstsein auch *aperspektivisches* Bewusstsein nennt. Das bedeutet aber nicht, dass es damit zu einer totalen Verwirrung oder einer „Dekonstruktion" von Werten, Haltungen, Meinungen kommen muss, wie wir sie in den letzten Dekaden erlebt haben und immer mehr erleben. Nach dem Motto: „Jede Perspektive ist ja nur eine Perspektive und jede Perspektive ist gleich viel wert", „everything goes", „alternative Fakten sind eben eine mögliche Perspektive". Ein vertieftes Bewusstsein hat durchaus einen Kompass. Aber dieser funktioniert anders als durch dualistisches, logisches Ausschließen im Sinne von: „Entweder die Sache ist so oder so …" Es ist eine Haltung, die erst einmal annehmen und akzeptieren kann und dann integriert, ohne notwendigerweise aufheben zu müssen. So kommt es nach und nach zu einem Raum, der Unterschiede weder verleugnet oder aufhebt, aber auch nicht vergrößert und daraus duale Trennungen macht wie: Ja/Nein, Entweder/Oder, Materie/Geist, Körper/Seele oder Gefühl/Gedanke. Wieder werden scheinbar starre Grenzen aufgehoben und damit ist die Möglichkeit gegeben, Dinge „zusammenwachsen zu lassen, die (scheinbar nicht) zusammengehören" – das wäre eine Definition des Integralen Potenzials, sehr frei nach Willy Brandt.

Versuchen wir, einige weitere Charakteristika des integralen Bewusstseins anzudeuten:

1. Das Innere und das Äußere wird auf dieser Stufe durchsichtiger: Was an Fähigkeiten in den letzten beiden Abschnitten beschrieben wurde, lockert die innere Verkapselung – Gebser spricht von „durchsichtiger werden" oder „durchscheinen". Man nimmt vielfältige Perspektiven in sich wahr. Und kann sie erst einmal stehen lassen, um sie besser zu verstehen. Dasselbe ist auch im Äußeren, im Umgang mit den Perspektiven anderer Menschen, anderer Nationen, anderer Kulturen möglich und notwendig. Alles andere würde auf eine Globalisierung hinauslaufen, welche die Welt mit westlichem Wirtschaftsdenken kolonialisiert. Aber das Gegenteil davon – der absolute Werterelativismus, verbunden mit einer Pauschalkritik aller westlichen Werte – ist genauso schädlich.

2. Durch die Fähigkeiten des integralen Bewusstseins werden die schädlichen Aspekte des Schemas der Moderne (oder des rationalen Bewusstseins): Dualismus, Reduktionismus, Materialismus allmählich verwandelt.

3. Kompass in dieser schwierigen Zeit, in welcher der alte Boden des rationalen westlichen Denkens nicht mehr trägt, muss also der mehr und mehr „durchscheinende"

Geist werden, der Orientierung geben kann jenseits dua-
listischer, rationaler, abspaltender Prinzipien. Orientierung, die aber weder zurückführt in alte Bewusstseinsstu-
fen wie die *magische* oder *mythische* noch in ein „mehr
desselben", das wir gerade am Ende der Moderne zur Ge-
nüge haben: also noch mehr individuelle Vereinzelung,
Abkapselung bei gleichzeitiger Ent-Individualisierung
durch mediale Echokammern und gleichmachenden
Konsumzwang.

4. Dieses verstärkte Wahrnehmen des Geistigen ist nun nach
Gebser verbunden mit einem anderen Bewusstsein von
Zeit. Er formuliert das ziemlich drastisch als „Einbruch
der Zeit" in den Raum. In unseren dreidimensionalen
Welten-Raum, in unser Bewusstsein, das so orientiert ist
am räumlichen Sehen, dringt nun als vierte Dimension
die Zeit ein: „Für das Zeitphänomen hatte die dreidimensionale Vorstellungswelt unserer (Vor-)Väter kein Sensorium", schreibt Gebser. „Die Zeitwelt war für sie, die in
einer festgefrorenen Raumwelt lebten, jener Störfaktor,
der durch Nichtbeachtung unterdrückt oder durch Mes-
sung in eine räumliche Komponente umgefälscht wurde
… Für den perspektivisch denkenden Menschen hatte die
Zeit keinen Qualitätscharakter."[65] Für Gebser stellt aber
das Zeithafte eine eigene Qualität dar, so wie auch die
dritte Dimension eine neue Qualität einbringt in eine
Welt, die zuvor nur zweidimensional war: aus einer Fläche
kann plötzlich ein Quader werden. – Und doch wieder anders. Denn sie ist eben keine Raumdimension, sondern
etwas, das mit den drei Raumdimensionen zusammen
einen ganz neuen Raum gestaltet, wenn sie Teil davon
werden kann. Sie als eigenständige Komponente des Welterlebens wahrzunehmen und tiefer zu verstehen, ist Auf-

gabe und Therapie unserer Zeit, so wie es in der Renaissance darum ging, den dreidimensionalen Raum tiefer zu verstehen. Man kann nach Gebser das Geistige nur fassen, wenn man die Zeit besser fasst. Er regt deshalb eine eigene Zeitwissenschaft, die Temporik, an.[66]

5. Das dimensionale Bild, das Gebser für das integrale Bewusstsein entwickelt (wir erinnern uns: für das *magische* war es eher eindimensional punktförmig, für das *mythische* eher zweidimensional kreisförmig, für das *mentale* dreidimensional) ist das Bild einer sphärischen Kugel. Aber einer besonderen, denn sonst wäre sie ja dreidimensional. Es ist das Bild einer durchsichtigen, sich bewegenden, sphärischen Kugel: „Die einfache Kugel ist bloß dreidimensional, erst die sich bewegende und durchsichtige Kugel ist vierdimensional, und nur die Durchsichtigkeit gewährleistet die aperspektivische Wahrnehmung". Auch wenn Gebser selbst diesen Vergleich nicht zieht: ist das nicht ein wunderbar treffendes Bild für unsere Atmosphäre!?

Zu ihr – der Atmosphäre und unserem Bewusstsein von ihr – wollen wir jetzt im nächsten Kapitel zurückkehren.

X. Kapitel
Atmosphärisches Bewusstsein

Hier werden die notwendigen Seelenfähigkeiten dargestellt, die wir für ein konstruktives Handeln brauchen. Es sind drei unterschiedliche Qualitäten, die miteinander in Wechselwirkung stehen: zusammen ergeben sie ein Seelenvermögen, das ich „atmosphärisches Bewusstsein" nenne. Es kann uns helfen, in ein inneres und äußeres Resonanzerleben zu kommen und damit aus der Gegenwart – aus der Begegnung heraus - zu handeln.

Dieses Buch spricht im Untertitel von einem „atmosphärischen Bewusstsein". Wir sind thematisch einen weiten Weg gegangen, bis wir nun endlich bei ihm angelangt sind. Wir haben ganz in der Peripherie angefangen, an der Außengrenze unserer Atmosphäre, der Exosphäre, die sich, einer kosmischen Pauke gleich, bis zu 600 000 Kilometer weit vom Zentrum der Erde ausdehnen kann. Im Laufe des Kapitels haben wir uns diesem Zentrum dann immer mehr angenähert. Wir schauten auf die Biosphäre, in der alles Leben auf der Erde gemeinsam Atmosphäre bildet und kamen schließlich bei uns Menschen an, die wir ja Teil dieses Lebens sind. Dann sind wir von der Gegenwart der Moderne in die Vergangenheit getaucht und haben gemerkt, dass wir gar nicht „so modern sind", weil wir ein Erlebnisschema in uns tragen, das in den letzten 600 Jahren geprägt wurde: Innerlich sieht es ganz schön alt aus in uns, wenn wir uns modern fühlen.

Der Beginn dieser Prägung fiel in die Zeit, in der die „Sphären dämmerten". Damals ging ein „Riss" durch ein Weltbild, das die Erde im Mittelpunkt des Universums sah, umhüllt von vielen Schalen: den Planetensphären, der Fixsternsphäre und den Himmelssphären. Und wenngleich damals sicher sehr viele richtige Erkenntnisse über astronomische Gegebenheiten entstanden, scheint die Kehrseite davon ein unbewusstes Ignorieren der Sphärenidee gewesen zu sein. Fortan stand der Mensch „nackt im Garten der Erkenntnis", der sich mehr und mehr anfühlte wie ein unendlicher kosmischer Raum mit dem kalten Hauch der Freiheit. Dieser Entwicklung des Schemas der Moderne sind wir also gefolgt, von der Gegenwart in die Vergangenheit und wieder zurück zur Gegenwart in uns und zu dem Mythos, in dem wir leben. Nun waren wir in der Lage, einen inneren Konflikt besser zu verstehen: die „zwei Seelen, ach! in unserer Brust". Um aber die eine Seele, die ökologische, noch besser zu erkennen, sind wir ein zweites Mal in die Vergangenheit gereist und tief eingetaucht in unsere magische und mythische Seite, aus deren Rudimenten unsere ökologische Seite besteht. Auf dieser Reise durch unsere Seelenentwicklung haben wir auch die Lichtseite unseres Schemas der Moderne kennengelernt: das mentale Bewusstsein. Und unsere Zukunft: das integrale Bewusstsein.

Damit sind wir nun ausgerüstet für die letzte Etappe dieses Weges. Wir wollen uns wieder der Atmosphäre zuwenden. Wir haben also gewissermaßen eine kreisförmige Bewegung gemacht und sind wieder da, wo wir angefangen haben. Und doch sind wir hoffentlich anders „da". Der Zugang, den wir jetzt wählen, ist ein anderer: haben wir uns beim ersten Mal der Atmosphäre von außen genähert, wollen wir es jetzt aus der Gegenrichtung tun. Wir wollen versuchen, uns von unse-

rer Psyche aus der Atmosphäre zu nähern. Für diesen umge-
kehrten Weg, der nicht nur von unten nach oben, von innen
nach außen, sondern auch von der Gegenwart in die Zukunft
führen könnte, müssen wir in uns ein Organ entdecken, dass
das Sphärische und Atmosphärische, das uns ja immer umhüllt, besser abbildet, als uns das bisher möglich war. In der
Psychologie und den Neurowissenschaften nennt man das
„Repräsentanz". Goethe hätte es vielleicht ein Seelen-Organ
genannt, und da er so vieles in diesem Buch inspiriert hat,
möchte ich gerne seine Begrifflichkeit übernehmen. Wir
müssen also zu einem sphärischen Empfinden, Fühlen und
Denken in uns finden, das in der Lage ist, das komplexe atmosphärische Geschehen außer uns lebendig abzubilden und in
eine Beziehung mit ihm zu treten: in eine Resonanz.

Dabei ist klar, dass wir keinesfalls zu einem alten sphärischen Denken zurückkönnen und wollen: Die Sphärenlehre
der Antike oder des Mittelalters muten uns Heutigen zu
Recht zu statisch und schalenartig an. Mit den gewaltigen, in
Wirklichkeit chaotischen und sich im dauernden Wandel be-
findlichen Vorgängen unserer Atmosphäre haben sie nahezu
nichts gemein. Insofern können wir uns an ihnen im konkret
wissenschaftlichen Sinne nicht orientieren. Andererseits gibt
es zweifelsfrei eine atmosphärische Hülle um den Planeten.
Und davon haben wir ganz wenig Bewusstsein. Natürlich
wissen wir, dass es eine Atmosphäre um die Erde gibt, aber
das bleibt ganz überwiegend ein rationales Wissen. Es ist
wohl ganz ähnlich wie mit der Erkenntnis des Kopernikus
und uns: natürlich *wissen* Sie und ich, dass sich die Erde um
die Sonne dreht – aber wir *empfinden* es nicht. Am leichtesten fällt diese Empfindung vielleicht noch angesichts einer
Mondfinsternis. Dann kann ich mich für Momente hinein-
fühlen in ein Welterleben, wo ich „spüren" kann: Ich befinde

215

mich auf einem Planeten, der gerade auf seiner Bahn um die Sonne unterwegs ist und dabei langsam rotiert. Und während er dies tut und ich dessen gewahr werde, kreist auch noch der Mond um uns. Noch stärker ist das Erlebnis, in einem realen räumlichen Verhältnis zum Mond und zur Sonne zu sein, bei einer Sonnenfinsternis. In so einem Moment ist das kein intellektuelles Wissen, sondern eine vertiefte Erkenntnis, die zu einer anderen Welterfahrung wird. In dem Moment habe ich ein anderes, ein „gewandeltes" Bewusstsein. Wenn in diesem Buch also immer wieder von *Bewusstseinswandel* die Rede ist, so ist damit ein anderes Welterleben gemeint so wie in diesem Beispiel.

Aber für unser alltägliches Empfinden geht die Sonne auf und unter und wandert während des Tages über den Himmel: wir empfinden geozentrisch. Und für unser tägliches Empfinden gibt es keine Atmosphäre: wir empfinden uns „oben ohne".

Es gilt also, in sich Bilder zu entwickeln von diesen atmosphärischen Vorgängen, die diese lebendigen Prozesse abbilden, ohne in ein starres schematisches schalenartiges Vorstellen zu fallen. Und das gilt nicht nur für die kosmische Dimension von Atmosphäre. Denn wir haben nicht nur eine Atmosphäre um unseren Planeten, dessen Teil wir sind. Auch um jeden Einzelnen von uns existiert eine Atmosphäre: sie bildet die Grenze zwischen innen und außen und bildet so unseren Innenraum, in dem wir uns als eigenständiges Ich empfinden. Aber auch diese Atmosphäre mit ihrer Grenze ist nicht statisch, sondern dauernd im Fluss: mal haben wir mehr Raum, mal weniger. Mal sind wir offener, mal verschlossener. Mal haben wir mehr Energie, mal weniger. Mal sind wir mehr im Kopf, mal mehr im Körper. *Das ist die erste Atmosphäre, quasi unser Seeleninnenraum.*

Diese erste Atmosphäre war an ihrer Grenze, wir erinnern uns, sehr lange verkapselt, als Reaktion auf den mittelalterlichen „Atmosphärenriss". Wenn wir diese Grenze unseres Innenraums aber überschreiten, kommen wir in eine Begegnung mit dem anderen. Das kann unser Partner sein oder der Apfelbaum im Garten. Und auch dieser Begegnungsraum nach außen ist nicht statisch. Er kann groß sein oder klein, offener oder verschlossener, intensiv oder gedrosselt. Und auch dieser Raum wandelt sich dauernd! *Das ist die zweite Atmosphäre, die lokale Atmosphäre um uns, unser Begegnungsraum mit anderen Wesen.*

Dann aber bewohnen wir noch eine dritte Atmosphäre; die, von der ich oben sprach. Den globalen Raum. Der Raum, in dem die Klimakrise und unsere globale soziale und ökologische Krise stattfinden. Dieser Raum der „Globalisierung" ist in aller Munde, aber nicht in unserem Herz und nicht in unserem Körper. Wir können ihn nicht fühlen und empfinden, wie es angemessen wäre. Wir *wissen* von unserer globalen Vernetztheit und von unseren globalen Wechselwirkungen, aber wir haben keine tiefere Wahrnehmung davon: es ist kein Welterleben, sondern abstraktes Wissen. Insofern *spüren* wir unsere wechselseitige Fernwirkung aufeinander nicht. Hier weiterzukommen wird aus meiner Sicht die existenzielle Aufgabe der Gegenwart und nächsten Zukunft sein. Ich glaube, dass das zukünftige Überleben vieler menschlicher und nicht-menschlicher Wesen davon abhängen wird, ob hierfür möglichst viele Menschen eine vertiefte Wahrnehmung entwickeln können. Wenn es nur beim rationalen Denken bleibt, werden wir die erforderlichen Schritte zur Veränderung unseres Verhaltens nicht gehen können.

Hier gilt es also ein inneres Organ zu entwickeln, das uns helfen kann, global zu empfinden, zu fühlen und zu denken.

Und dabei kann uns vielleicht gerade *die* Atmosphäre helfen, die sich momentan so in der Klimakrise befindet. Die uns alle verbindet, vernetzt, umwebt. Die das globale sphärische Geschehen zum Kosmos hin abgrenzt und uns einhüllt. Sie kann uns aber nur weiterhelfen, ein sphärisches Bewusstsein zu entwickeln, wenn wir eine innere Vorstellung von ihr haben. Ein „atmosphärisches Bewusstsein". Zu diesem führt der Weg über drei Schritte. Wir müssen nämlich zuvor auch an den zwei anderen Seelenorganen gearbeitet haben, die uns begegnungsfähiger machen für die beiden Sphären, die ich gerade beschrieben habe: für unsere Innenwelt und unsere lokale oder regionale Außenwelt. Wir müssen also letztlich drei Organe in uns ausbilden:

1. Dasjenige, das uns achtsamer macht für unsere Innenwelt und uns zu ihr in Beziehung setzt. Ich möchte es das *mikrosphärische Bewusstsein* nennen.
2. Dasjenige, das uns achtsamer macht für die lokale Mitwelt und uns hilft, in Beziehung mit ihr zu treten. Ich möchte es das *mesosphärische Bewusstsein* nennen.
3. Und eines, das uns achtsamer und begegnungsfähig macht für die globale Mitwelt. Ich möchte es das *makrosphärische Bewusstsein* nennen.

Alle drei zusammen bilden das *atmosphärische Bewusstsein*. Es baut sich auf aus diesen drei Organen und wächst von innen nach außen. Man kann also nicht mit dem makrosphärischen Bewusstsein anfangen. Täte man das, kann man durchaus auf rationaler Ebene global denken, aber es ist kein *lebendiges* Denken, weil damit wenig Fühlen und Empfinden verbunden wäre (das muss im Handeln gar nicht negativ sein – es ist nur etwas anderes). Andererseits kann man mit dem Inneren anfangen, aber nicht den ganzen Weg gehen. Dann kann es sein, dass man ein entwickeltes Bewusstsein hat für einen Großteil seiner Innenwelt (mikrosphärisches Bewusstsein), ein „spiritueller Mensch ist" und trotzdem nicht besonders ökologisch empfindet. Oder es kann sein, dass man in seinem Umkreis, im Lokalen, viele Antennen ausgebildet hat für seine Mitwelt, aber kaum global empfinden kann.

Die Seelenorgane und ihre Räume

SEELEN-ORGAN	SPHÄRE
Mikrosphärisches Bewusstsein	Individueller Innenraum
Mesosphärisches Bewusstsein	Das Lokale
Makrosphärisches Bewusstsein	Das Globale

Es handelt sich also um drei unterschiedliche Räume und ähnlich wie in der Systemtheorie, in der aus einem untergeordneten System ein komplexeres Größeres entsteht (Emergenz), verhält es sich auch hier. Es handelt sich hier um „Zukunftstore" (Harald Welzer), weil sie uns jeweils in *neue Räume* führen können. Und weil sie füreinander Tore sind. Was in der kleineren Sphäre Grenze war, wird auf dem Weg zur größeren Sphäre Tor – es wird durchlässig. Und bleibt doch auch irgendwie Grenze. Das heißt, wir kommen in diesem Kapitel wieder zurück auf das Grenzproblem – und vielleicht wird es dabei ein wenig klarer.

Es geht aber im Folgenden nicht in erster Linie um die Räume selbst – diese entstehen in der Folge. Es geht in erster Linie um die Organe in uns, die diese Räume schaffen können. Diese Unterscheidung ist mir sehr wichtig, weil wir beide Aspekte – das Organ und den Raum – oft vermischen.

Wir sprechen über das Organ so, als wäre es der Raum und umgekehrt. Dabei ist das Organ unser Innenraum für den Raum. Unser Mikrokosmos für den Makrokosmos. Aber es ist nicht der Raum. Nicht der Außenraum jedenfalls. *Das Organ ist nicht die Sphäre!*[67]Es geht um Klimapsychologie.

Und weil ich meine Klimapsychologie so präzise wie möglich im Folgenden darlegen will, ohne jeden zweiten Satz mit: „Meine Hypothese ist ...“ zu beginnen, sei hier betont: das ist ein Modell – mein Modell. Man kann und darf vieles auch ganz anders sehen. Und viele Menschen sind bereits einen transformativen Weg hin zu einem globalen Bewusstsein gegangen, den sie sicher ganz anders beschreiben würden.

Atmosphären und Grenzen

Bevor wir unsere Achtsamkeit aber auf die drei genannten Seelenorgane richten werden, müssen wir zunächst noch unsere Aufmerksamkeit auf den Sphären- und Atmosphärenbegriff selbst richten. Denn dieser Begriff ist extrem unscharf. Wenn ein Begriff nicht eindeutig ist, muss das aber gar nicht so negativ sein, wie es auf Anhieb klingen mag. Eindeutigkeit freut unser rationales Denken. Und wenn es um Technik, um einen Bauplan oder eine „Check-list" für Flugzeugpiloten geht, ist an Eindeutigkeit nichts auszusetzen – sie ist im Gegenteil sogar zu fordern. Wenn es aber um lebendige Wesen und Prozesse geht, gibt es keine Eindeutigkeit in diesem Sinne: Alles fließt und alles hat so viele unterschiedliche Ebenen, bewusstere und unbewusstere. Hier können flexiblere Begriffe, die eine gewisse Elastizität haben, die sich also entwickeln und wandeln können, hilfreich sein. Weil sie dem, was sie abbilden – das Leben mit seiner Vieldeutigkeit – viel gerechter werden. Und dabei nicht die Illusion vermitteln, dass über ein rationales und reduktionistisches Beschreiben das Leben zu erfassen wäre. Andererseits hilft natürlich ein Begriff, der so weit und vieldeutig ist, dass jeder sich etwas anderes darunter vorstellt, auch nicht weiter. Es geht also wie so oft um die richtige Balance von Weite und Elastizität einerseits und Klarheit und Eingrenzbarkeit andererseits. Und da scheinen mir die Begriffe Sphäre und Atmosphäre sehr viel Weite und Elastizität zu bieten – insofern will ich im Folgenden auf das Weite und Elastische in ihnen schauen und den Begriff anschließend noch etwas klären und eingrenzen.

Sphäre kommt ursprünglich von *sphaira* aus dem Altgriechischen und bedeutet soviel wie Ball, Kugel, Kugeloberfläche, Himmelskugel, aber auch Kreis. Über die Jahrhunderte bis zur Transformation ins Lateinische (sphaera) und dann ins Alt- und Mittelhochdeutsche *spēra, später spære,* meinte es dann mehr und mehr „Himmelsgewölbe, Himmelskörper, Bahn der Himmelskörper". *Atmos*, ebenfalls griechisch, heißt Hauch. „Hauchkugel" oder „Hauchrund" und „Hauchkreis" wären somit wörtliche Übersetzungen von Atmosphäre. Wenn wir also von der Atmosphäre um unsere Erde sprechen, schafft sie, wie im Prolog beschrieben, *einen gekrümmten Raum zwischen zwei durchlässigen Grenzen.* Die untere ist der Boden (der aber auch aus Eis und Meer bestehen kann), der geologisch gesehen die obere Erdkruste bildet. Die obere Grenze für (fast) alles Leben ist die Grenze zwischen der Troposphäre und der Stratosphäre, die über den Polen eher auf zehn Kilometern Höhe, über dem Äquator auf 16 Kilometern Höhe zu finden ist. Wir leben also *in einem Raum, der letztlich keine Kugel ist, sondern ein gekrümmter Raum,* der zwischen zwei Grenzen gebildet wird. Das zu unterscheiden, scheint mir besonders wichtig.

Aber hier entsteht eine *Doppeldeutigkeit:* Meint Atmosphäre nun die Grenze nach oben oder den Raum, der zwischen den beiden Grenzen liegt? Atmosphäre ist offensichtlich beides: die Grenze und der sphärische Raum darunter. Wissenschaftlich korrekt wäre also folgende Beschreibung: Die Atmosphäre hat fünf Schichten, die unterste Schicht, die Troposphäre, ist der gekrümmte Raum zwischen Erdkruste und Stratosphäre (siehe noch einmal Abbildung 1). Am oberen Ende der Troposphäre gibt es eine kleine Grenzschicht hin zur Stratosphäre: die Tropopause.

Damit sind wir beim Grenzproblem – wieder einmal! Hier gibt es eine zweifache Unschärfe: Wo genau beginnt und endet diese Grenze? Und was meint Grenze – „Mauer" oder Membran? Die Grenze ist, wir haben es gerade noch einmal gesehen, fließend. Über uns in Mitteleuropa in rund zwölf bis vierzehn Kilometern Höhe. Aber nach der Grenze ist ja die Atmosphäre nicht zu Ende: dann kommen die Stratosphäre, die Mesosphäre, die Thermosphäre, die Exosphäre (zu der die Magnetosphäre gehört). Die Grenze also ist flexibel und öffnet gleichzeitig in ihrer Durchlässigkeit neue sphärische Räume. Und außerdem ist sie nicht verschlossen: Licht kann hindurch. Aber sie ist auch nicht ganz offen: Wärme, die von der Erde reflektiert wird, kann nicht, beziehungsweise nur zum Teil hindurch. Und je dichter sie wird, desto weniger. Die Grenze ist also nicht starr und dicht, sondern gleichzeitig Übergang zu einer neuen Sphäre.

Und so haben wir es mit einem *Paradoxon* zu tun. Diese Atmosphäre wird nicht wie eine Zeltkuppel von irgendeiner dritten Partei gebildet: wir alle bilden an ihr mit. Gleichzeitig leben wir in und unter ihr und brauchen sie. Sie ist also einerseits etwas Separiertes, Fremdes, Drittes. Und andererseits sind wir sie: „Wir sind alle Atmosphäre", seien wir Baum,

Wald, Känguru, Stiefmütterchen oder atmender und konsumierender Mensch.

Damit entsteht in der Hülle der Atmosphäre *ein Beziehungsraum*, der gleichzeitig von den Wesen gebildet wird, die sich in ihm begegnen. Das ist das Phänomen unserer Erdatmosphäre und es ist gleichzeitig ein Phänomen der Sphären generell.[68]

Die fünf Kriterien von Atmosphären

1. Gekrümmter Raum zwischen zwei anderen Sphären

2. Atmosphäre beschreibt gleichzeitig den Raum und die Grenze

3. Den Raum bilden wir alle zusammen: „Wir sind alle Atmosphäre", Gebende und Empfangende

4. Grenzen sind verschiebbar und schwanken in ihrer Durchlässigkeit – geben aber Schutz/Hülle

5. Grenzen sind Tore für neue (Atmo-)Sphären

Alle diese Kriterien gelten für die globale Sphäre, die durch das makrosphärische Bewusstsein in uns besser wahrgenommen werden kann. Aber mit Ausnahme des ersten Kriteriums (dass hier ein gekrümmter Raum beschrieben wird zwischen zwei gekrümmten Grenzen) gilt er auch grundsätzlich für Sphären oder Atmosphären, die dort entstehen, wo eine Begegnung stattfindet: sei es die Beziehung zu sich selbst, sei es die zu etwas oder jemand anderem: auch hier wird ein kreisförmiger Raum gebildet, in dem eine Atmosphäre entsteht, in dem die Grenzen flexibel und durchlässig sind. Und bei dem man einerseits Mit-Schöpfer des Raumes ist, andererseits

Empfangender. Insofern werde ich die drei Räume im Folgenden alle als Sphären beschreiben. Aber die Ausnahme der globalen Sphäre, die ein offener gekrümmter Raum nach allen Seiten ist im Vergleich zu den anderen, wird noch einmal ein wichtiger Faktor sein.

Nach dieser begrifflichen Klärung können wir jetzt unsere Achtsamkeit wirklich den drei Bewusstseinsorganen zuwenden, mit deren Hilfe sich diese Sphären erschließen lassen. Wir gehen also von innen nach außen vor. Natürlich ist die getrennte Beschreibung der Organe und Sphären dabei eigentlich etwas Künstliches: sie wirken ineinander, sie wirken miteinander, sie entwickeln sich aneinander. Und doch hilft sie, unterschiedliche Sphären besser wahrzunehmen, die man durchaus getrennt wahrnehmen kann: die individuelle, die lokale und die globale.

SEELEN-ORGAN	SPHÄRE	INNEN-GRENZE	AUSSEN-GRENZE
Mikrosphärisches Bewusstsein	Individueller Innenraum	Achtsame BeobachterIn Vertieftes Sein	Aktuelle persönliche Grenze
Mesosphärisches Bewusstsein	Das Lokale	Achtsame BeobachterIn Verwandelter Magischer/ Mythischer Anteil	Soweit die Sinne tragen
Makrosphärisches Bewusstsein	Das Globale	Achtsame BeobachterIn Inneres Atmosphärenorgan	Atmosphäre/ Hinter dem Horizont …

1. Mikrosphärisches Bewusstsein

Dieses Organ hilft uns, jenen Raum noch klarer zu sehen, der uns eigentlich der nächstgelegene ist: unseren Innenraum, also die Sphäre, in der sich unser Denken, Fühlen und Körperempfinden und unser Wollen abspielen. Sie ist irgendwie mit unserem Leib verbunden und irgendwie auch wieder nicht, denn sie endet nicht an den Grenzen unseres Leibes. Die Bewusstseinsfähigkeit, die wir dafür nutzen, diesen Raum in seinen Weiten und Stimmungen noch besser auszuleuchten, ist die Achtsamkeit. Wir haben sie im achten Kapitel kurz beschrieben als eine Aufmerksamkeit, die sich nicht bewertend verhält, sondern akzeptierend, gerichtet und gegenwärtig – als Geistesgegenwart im wahrsten Sinne des Wortes. Es handelt sich also um eine Instanz in uns, eine innere Beobachterin, die mit ihrem Bewusstseinslicht diesen Raum erschließt und uns damit in Erstaunen versetzen kann: weil das Haus deutlich mehr Etagen hat, als man bis dahin dachte. Auch Kellerverliese kommen in diesem Innenraum zum Vorschein. Aber auch ein Dachstuhl wird plötzlich wahrnehmbar, der sogar Fenster zu haben scheint – jedenfalls dringt Licht herein und man könnte ein Atelier draus machen … Und wir müssen diesen Raum so gut wie möglich ausleuchten. Nur wenn wir ihn ausreichend erkennen und beherrschen, werden wir die Kraft haben, „hinzuschauen" und zu handeln.[69]

Diese Haltung der Achtsamkeit (englisch „mindfullness") ist ursprünglich eine Technik, die von spirituellen Schulen in Ost und West praktiziert wurde, besonders intensiv im Buddhismus und Zen-Buddhismus. Von dort wurde sie auch von der westlichen Psychologie übernommen und als Therapieinstrument zur Behandlung von Depressionen und Stress

(Kabat-Zinn) oder von Borderline (Linehan, Bohus) eingesetzt. Mittlerweile hat sie in verschiedensten Therapieverfahren ihren festen Platz.

Diese Haltung der Achtsamkeit können wir nun nutzen,
um sie sowohl nach außen als auch nach innen zu richten. Die
Außenrichtung werden wir gleich beschreiben, wenn wir das
mesosphärische Bewusstsein näher anschauen. Hier geht es
zunächst um die Innenrichtung, also um die Sphäre, die entsteht, wenn man die Achtsamkeit nach innen richtet. Und
dieser Raum hat – wie es sich für eine Sphäre gehört – wieder
zwei Grenzen: nach außen hin irgendwo zwischen uns und
dem uns nächsten Wesen: sei es Pflanze, Tier, Stein, Meer
oder Mensch. Und nach innen hin zu unserem Unterbewusstsein. Die Bereiche unserer Seele also, die uns nicht bewusst werden; sei es, weil sie für uns zu hoch oder zu tief liegen. Aber beide Grenzen sind nicht klar definiert, sie sind
nicht starr, sondern durchlässig. Und innerhalb dieser Grenzen und dank dieser durchlässigen Grenzen entsteht eine Atmosphäre, eine Begegnungsatmosphäre: mit uns. Wir können quasi in eine innere Resonanz gehen mit uns selbst. Wie?

Körperachtsamkeit

Das kann über den Körper gehen. Drei Ansätze seien ange-
deutet: Ernährung ist der erste. Die Ernährungsphysiologie
kommt in den letzten Jahren immer mehr zu der Einsicht,
dass es, je nach Konstitution, ganz unterschiedliche Bedürfnisse und Schwerpunkte gibt, welche Nahrung der Organismus benötigt. Hier gilt es eine Achtsamkeit dafür zu entwickeln, was einem guttut. Das aber bedeutet ein achtsames
Hineinspüren (das nicht mit Hypochondrie verwechselt werden darf), welche Nahrung mir „bekommt" und welche
nicht.

Das zweite hat mit Sport und Bewegung zu tun. Wichtig ist hier das Empfinden von *Resonanz,* von Aufeinander-bezogen-sein, von Wechselwirkung. Man wird aktiv und lauscht hinein in den Körper und der Körper wird aktiv und antwortet (zum Beispiel Storch 2011). Häufig aber lauscht man dabei nicht wirklich und dann entsteht sehr schnell eine Trainingsatmosphäre, die nichts mehr von Wahrnehmung und Resonanz hat, sondern von Anspannung und Unterwerfung. Der Unterschied liegt in der *Haltung.* Bin ich in einer Wahrnehmung mit mir – in diesem Fall mit meinem Körper – dann ist da eine Verbindung, etwas wie ein wechselwirkender „vibrierender Draht" (Hartmut Rosa) zwischen uns. Wenn nicht, wird der Raum hin zu meinem Körper eng oder ganz abgespalten. Wenn aber eine Verbindung da ist, dann lebt da etwas wie ein Dialog. Und wenn dieses Empfinden da ist, sei es beim Schwimmen in einem See oder beim Wandern in den Bergen, und man richtet die Achtsamkeit auf sich, dann spürt man, dass der (Innen-)Raum nicht da endet, wo der Körper seine Grenze hat. Der Innenraum geht also über die Körpergrenzen hinaus. Das ist unsere Mikrosphäre.

Noch intensivieren lässt sich dies Selbstwahrnehmung – das ist der dritte Zugang - durch Achtsamkeitsmethoden, die sich auf den Körper beziehen. Hier sind die Grenzen zwischen eher energetischen oder eher materiellen beziehungsweise strukturellen Zugangswegen oft fließend: der älteste ist wahrscheinlich Yoga, aber auch Methoden wie Tai Chi oder Chi Gong seien genannt. Moderne westliche Verfahren wie Heileurhythmie, Feldenkrais, Cantienica können zu bemerkenswerten Wahrnehmungen im Innenraum führen und Blockaden und Verspannungen auflösen helfen. Wichtig bei all dem ist es, aus der Fixierung auf den Kopf heraus und in den Körper hineinzukommen. (Storch, Fuchs).

Achtsamkeit für innere Anteile: Gefühle und Gedanken

Wir können aber auch über ein achtsames Wahrnehmen unserer Gefühle und Gedanken in eine innere Resonanz mit uns gehen. Und wieder gibt es hier das Paradox, das wir bereits kennengelernt haben bei den Charakteristika der Erd-Atmosphäre: dass die Gefühle und Gedanken einerseits unsere sind; wir erleben sie als zu uns gehörig. Und andererseits erleben wir uns irgendwie unabhängig von ihnen. Wir *haben* Gefühle, aber wir *sind* sie nicht. Wir *haben* Gedanken, aber wir *sind* sie nicht. Wir können sie beobachten, wir können ihnen auch Kraft geben und sie so an uns binden, dass wir denken, wir seien sie. Aber wir können uns auch wieder lösen von ihnen und sie gehen lassen – dann sind sie fort und wir sind immer noch da. Körperempfindungen, Gefühle und Gedanken bilden also zum einen unsere innere Identität. Zum anderen erleben wir uns ein Stück weit unabhängig von ihnen, als hätten wir eine tiefere und höhere Identität, die über sie hinausgeht. Und je mehr wir diesen inneren Muskel der Achtsamkeit – unsere innere BeobachterIn – trainieren, desto mehr entsteht ein Gefühl von Unabhängigkeit. Und auch von Tragekraft. Denn man kann Gefühle und Gedanken immer besser tragen. Und je besser wir sie tragen können, desto intensiver können sie sich zeigen.[70]

Schließlich kann uns die innere BeobachterIn auch helfen, innere Widersprüche besser wahrzunehmen. Alltägliche Widersprüche wie: Eigentlich wollen wir unseren CO_2-Fußabdruck deutlich reduzieren, aber die schöne USA-Reise soll es eben auch dieses Jahr geben und der neue Geländewagen ist auch schon bestellt. Wir haben den Prozess ja im achten Kapitel kennengelernt. Je wacher wir hinschauen, desto mehr kann es sein, dass wir diese Widersprüche als eigenständige Anteile oder Seiten in uns wahrnehmen und mit ihnen in Beziehung treten können. Wieder also geht es um Dialog und Begegnung. Und wieder ist dieser Prozess bereichernd, weil er Spannung mindert und unser Fühlen intensiviert. Vor allem verhindert er, dass wir unsere Konflikte delegieren und auslagern. Und Konflikte auslagern heißt immer: *projizieren.* Das, was man selber nicht tragen kann, oft aus Scham oder schlechtem Gewissen, wird anderen unterstellt.

Das erfreuliche an diesem Prozess ist: je länger man seine Achtsamkeit erübt, desto durchlässiger werden die Grenzen nach innen und nach außen. Und schon wieder stoßen wir auf ein Paradox: größere Durchlässigkeit heißt nicht automatisch schwächere Grenzen.[71] Wenn das Üben gut durchgeführt wird, geschehen zwei sich scheinbar widersprechende Prozesse parallel: Man spürt einerseits mehr Durchlässigkeit, wird also sensibler für Wahrnehmungen. Und man spürt gleichzeitig mehr Schutz und Haltekraft – also mehr Hülle und Grenze als zuvor. Die „Atmosphärengrenze" in und um uns wird kraftvoller, ohne verkapselt zu sein (wie sie es beim Schema der Moderne ist). Man wird also durchlässiger, man kann leichter *erspüren*, was ist, ohne im negativen Sinne immer dünnhäutiger zu werden und an Stabilität zu verlieren. Woher kommt das? Nach innen merkt man mehr und mehr Haltekraft, die aus einem inneren Zentrum zu kommen scheint. Goethe, der mit solchen Beschreibungen eher zurückhaltend war, beschrieb das in einem Gespräch so: „Ich glaube, dass wir einen Funken jenes ewigen Lichtes in uns tragen, das im Grunde seines Seins leuchten muss und welches unsere schwachen Sinne nur von Ferne ahnen können. Diesen Funken in uns zur Flamme werden zu lassen und das Göttliche in uns zu verwirklichen, ist unsere höchste Pflicht." Sein Freund Schiller nannte das den „idealen Menschen in uns". Und die meisten Leser werden wissen, was gemeint ist, wenn von einer inneren Kraft, einem inneren Zentrum, einem inneren Potenzial die Rede ist: sei es, dass Sie es in einer Extremsituation in sich spürten, sei es, dass Sie es spüren, wenn Sie meditieren, sei es, dass Sie es eigentlich fast immer spüren.

Indem man also solche Seiten in sich erahnt, erahnt man auch ganz anders, als es das rationale Bewusstsein kann (und aushält!): dass man Teil ist eines Entwicklungskreislaufes, der sehr wohl mit Wachstum zu tun hat, aber auch mit Vergehen; mit Geburt *und* mit Tod. In dem Moment, wo man etwas Größeres, etwas Dauerhafteres in sich spürt, spürt man auch die eigene Endlichkeit – wieder ein Paradox! Man ahnt, dass der Konsumismus, also das „Immer mehr", so nicht stimmig ist. Und man spürt, dass das gute Leben nicht nur aus Verzicht besteht, sondern auch aus Genuss. Aber der geht anders als durch Konsum. Genuss braucht Achtsamkeit! Und man spürt außerdem etwas von der Tragekraft und dem Mut, den man brauchen wird, wenn es darum geht, an der Gestaltung der Transformation in den nächsten Jahren mitzuwirken. Denn wir werden lernen müssen, noch mehr Unsicherheit und Konflikt innen und außen auszuhalten.[72]

Insofern verschiebt sich durch diese Arbeit die innere Grenze. Es wird ein Tor durchschritten, das zuvor nicht wahrnehmbar war. Was wahrnehmbar war, war eine Grenze. Wird diese aber durchlässiger, kommt man in Kontakt mit seinem tieferen Sein und das gibt Haltekraft. Und die innere Sphäre vergrößert sich – man gewinnt buchstäblich mehr Raum – und intensiviert sein Erleben. Eine Seelenlandschaft weitet sich. Das Begegnungs-Organ, das in mir dieses Bewusstsein ausbildet, habe ich hier das mikrosphärische Bewusstsein genannt. Zu diesem Bewusstsein gehört die achtsame BeobachterIn (sie gehört zu allen drei Komponenten), die größere

Tragekraft und eine größere Wahrnehmung eines „tieferen Seins".

Aber wieder gilt das schon im fünften Kapitel beschriebene Motto: „Nur du alleine kannst es schaffen, aber du kannst es nicht alleine schaffen." Denn einerseits ist dieser Weg ein sehr fruchtbarer und bereichernder. Andererseits verlangt er aber auch, sich den eigenen Widersprüchen, den dunklen Seiten und Schwächen zu stellen – gerade auch in Bezug zur Mittäterschaft an der Zerstörung der Mitwelt. Das alles ganz alleine mit sich ausmachen zu wollen, birgt ein hohes Risiko, wieder in ein Insel- und Isolationsbewusstsein zu geraten und damit wieder das Schema der Moderne zu aktivieren. Das wäre nicht heilsam. Wenngleich es also bei der Entwicklung des mikrosphärischen Bewusstseins um unseren seelischen Innenraum geht, sollte dieser innere Begegnungsprozess immer wieder in äußere Begegnungen einfließen. Insofern hilft der offene Kontakt zu Gleichgesinnten – ob eher spontan (wenn es sich ergibt oder wenn man es nötig hat) oder organisiert (als Gruppen, die „Verzweiflungsarbeit" im Sinne Macys leisten), ist sicher sehr typabhängig.

Und damit öffnen wir schon das Tor zur Außenwelt. Denn das bedeutet, die Achtsamkeit nicht nur in den Innenraum zu richten, sondern in Richtung seiner Außengrenze. Es bedeutet, diese Grenze zu überschreiten und darüber in eine Begegnung zu kommen mit der Welt: sei es mit menschlichen Leidensgenossen, sei es mit nicht-menschlichen Wesen (fast hätte ich auch hier geschrieben: Leidensgenossen). Und so wird aus einer Grenze ein Begegnungsorgan nach außen: ein Tor, durch das ich in einen Austausch komme mit einem anderen. Damit aber entsteht ein neuer Raum, eine neue Sphäre, in dem diese Begegnung stattfinden kann.

2. Mesosphärisches Bewusstsein

Mit dem mesosphärischen Bewusstsein erkenne ich (vertieft) den äußeren Raum, der mir mit meinen Sinnen erreichbar ist. Natürlich kann das insofern die ganze Welt sein, als ich ja reisen kann. Aber auch wenn ich den Standort wechsele, bleibt mein Radius doch wieder ein lokaler. Denn die Reichweite meiner Sinnes-Antennen ist begrenzt. Mit dem mesosphärischen Bewusstsein kann ich also die Sphäre ausleuchten, die ich mit meinen Sinnen umfassen kann. Wichtig dabei ist, dass es sich immer um eine „Begegnungssphäre" handelt: zwischen mir und dem beziehungsweise den anderen. Begegnung in diesem Raum kann natürlich auch im Sozialen stattfinden, also von Mensch zu Mensch. Diese Begegnung zweier menschlicher Ichs werde ich im Kontext dieses Kapitels jedoch nicht weiter beschreiben, denn darüber gibt es vielfältige Literatur, unter anderem in der psychologischen Objektrepräsentanztheorie, der Spiegelneurontheorie, der Empathieforschung. Oder auch aus der philosophischen Dialogforschung, beispielsweise bei Martin Buber oder David Bohm. Um was es hier auf der Ebene des mesosphärischen Bewusstseins gehen soll, ist die Begegnung zwischen uns Menschen und nicht-menschlichen Wesen. Das mesosphärische Bewusstsein speist sich also aus der ökologischen Seite in uns, die wir im achten Kapitel kennengelernt haben und die wir noch besser verstehen, seit wir ihre Ursprünge in unserem magischen und mythischen Bewusstsein im letzten Kapitel angeschaut haben.

Wenn ich also in eine Begegnung mit der nicht-menschlichen Außenwelt gehe, kann dabei ein sehr großer Raum entstehen, wenn das Gegenüber beispielsweise ein Bergmassiv ist. In dem Raum, der zwischen den Gipfeln und mir entsteht, mag sich ein Tal befinden, ein rauschender Bergbach, Kiefernwälder und Bergwiesen; ein herrlicher Sommerhimmel mit ein paar Cirruswölkchen mag ihn umspannen. Eine riesige Sphäre also. Und doch endet sie spätestens am Horizont hinter den Berggipfeln. Weiter kann ich sie nicht überblicken. Theoretisch könnte dort gerade ein Flugzeug abgestürzt sein – es wäre nicht Teil meines Welterlebens. Das ist die Außengrenze in der Ferne. Es kann aber auch ein ganz kleiner Raum entstehen. Wenn ich mich beispielweise einer kleinen Raupe zuwende oder einer Kornblume am Rand eines Kornfeldes, die ich mit meinem Blick „umfasse". Dann entsteht eine sehr kleine „Atmosphäre" zwischen uns, die aber nicht weniger intensiv sein muss als die gewaltige Sphäre zwischen mir und dem mächtigen Bergmassiv.

Die Innengrenze liegt wieder in mir. Aber sie ist etwas verschoben im Vergleich zum mikrosphärischen Bewusstsein. Ich brauche andere Instanzen. In diesem Fall geht es um die magische und mythische Bewusstseinsstufe in mir, die, je nach meiner kulturellen Herkunft, meinem Lebensstil, meiner seelischen Konstitution, mehr oder weniger im Unterbewusstsein schlummert. Das mesosphärische Bewusstsein hat also damit zu tun, das magische und mythische Potenzial in mir zu aktivieren und es als Wahrnehmungsfähigkeit für meine Umwelt zu nutzen. Das kann zu einer Vertiefung der Wahrnehmung führen, weil ich Ressourcen in mir nutze, die bis dato unbewusst waren; sie „schliefen". Es geht darum, wieder so an diese „Sourcen" anzuschließen, dass die Welt „anfängt zu singen", wie Eichendorff in seinem berühmten Gedicht beschreibt: „Schläft ein Lied in allen Dingen, die da träumen fort und fort. Und die Welt hebt an zu singen, triffst du nur das Zauberwort." Das Organ in uns, welches das Zauberwort finden muss, um die Welt zu erwecken, ist das mesosphärische Bewusstsein. (Und wieder hat dieser Prozess sehr viel mit Geistesgegenwart zu tun, mit Achtsamkeit. Goethe hat aus dieser Form der Geistesgegenwart für das andere eine eigene wissenschaftliche Methode entwickelt und nannte sie: *anschauendes Denken*).[73] Wenn das gelingt, ist die Welt nicht mehr Umwelt, sondern Mitwelt. Und das ist dann nicht mehr nur rationale Einsicht, das ist Erfahrung. Eine Erfahrung von gemeinsamem Schwingen, aber jeder in seiner eigenen Frequenz (Hartmut Rosa). Wenn ich also in einer innigen Beziehung bin mit einer Kornblume oder einer kleinen Raupe, so *werde* ich nicht zur Blume oder zur Raupe – und doch kommt es zu einer Annäherung zwischen mir und diesen ganz anderen Wesen. Wir kommen uns näher in dieser Sphäre, in dieser Atmosphäre, die wir gemeinsam bilden. Jeder singt sein eigenes Lied, aber in diesem Begegnungsraum wird daraus ein gemeinsames, eines mit zwei Stimmen.

Hartmut Rosa hat diese Art der Weltbegegnung nach innen oder nach außen wie oben erwähnt in seinem großartigen Buch *Resonanz* beschrieben als den „vibrierenden Draht" zwischen zwei Wesen, der zu einem Gefühl von Verbundenheit führt und der das Gegenteil ist von Entfremdung, jener „Beziehung der Beziehungslosigkeit", die wir im sechsten Kapitel kennengelernt haben. Und ich hatte versucht, einiges von dieser Welterfahrung zu beschreiben in dem Kapitel über das magische und mythische Bewusstsein. Ich kann mich aber nur auf diese Weise öffnen für die Welt, wenn die Wand zwischen ihr und mir (und zwischen mir und meiner magisch-mythischen Seite) durchlässiger wird. Solange sie zu dicht, gar verkapselt ist, weil mein Schema der Moderne aktiviert ist, wird die Welt ziemlich schweigsam sein. Oder ich muss sie sehr umgestalten: zum Golfplatz, zum Skigebiet, zur Mountainbike-Rennstrecke, damit sie spricht. Heißt das aber, dass sie nur da wirklich spricht, wo sie unberührt ist (oder auch, dass sie nie sprechen kann auf dem Golfplatz oder der Skipiste)? Nein, das ist nicht gemeint. Landschaften wirklich unberührter Natur gibt es fast keine mehr auf dieser Welt. Fast alles, was wir als Naturlandschaften wahrnehmen, sind ja in Wirklichkeit menschliche Kulturlandschaften. Viele Gebiete Europas zeigen noch die „Handschrift" der Kelten, der Römer, der christlichen Mönche, der Winzer und Bergbauern, die über Jahrhunderte, gar Jahrtausende nachhaltig gewirtschaftet haben. Sie haben etwas entwickelt, das Ertrag brachte, ohne sich aus dem Zyklischen der Natur, aus den Kreisläufen des Wachsens und Vergehens, aus den Kreisläufen des Jahreslaufes, auszuklinken.[74] Insofern kann ich theoretisch überall etwas zum Sprechen bringen – auch in einem völlig vermüllten Hinterhof, wo aus einer Ritze ein Löwenzahn heraussprießt und erst recht auf einem Golfplatz. Der Punkt ist, dass es eben nur dann spricht, wenn ich es innerlich aufschließe.

Und doch: je öfter mir das gelingt, desto sensibler werde ich für äußere Eingriffe, die nicht stimmig sind, weil sie das Wesen des Gegenübers und damit die Kreisläufe des „Stirb und werde" nicht respektieren. Dann mag es mir immer mehr Schmerz bereiten, wenn ich sehe, wie viel Müll wir produzieren. Wie viele Lebensmittel wir verschwenden. Wie viele unnötige Kleider, Kosmetika, Schuhe und Möbel wir kaufen. Wie beengt und stinkend die Städte sind, die einen Großteil ihres Raumes an die Auto-Mobilität verkauft haben. Dann mag es mir Not machen, wenn ich die Spuren der industriellen Landwirtschaft sehe bei meinen Fahrten durch die „Natur". Einer Landwirtschaft, die in allem, was sie tut, nicht in Resonanz steht mit dieser Natur, sondern angetriggert ist vom Schema der Moderne und seiner mächtigen Innenraum-Verkapselung. So entsteht keine Kulturlandschaft mehr, sondern eine entfremdete, benutzte, manipulierte Industrielandschaft. Auch was den Tieren angetan wird, den Millionen von Schweinen, die jedes Jahr in Deutschland sterben, den Hühnern, den Rindern, die in einer industriellen Massentierhaltung „produziert" werden, macht einem dann mehr und mehr zu schaffen. Hier wieder braucht man unbedingt die Fähigkeiten, die im achten Kapitel und beim mikrosphärischen Bewusstsein beschrieben wurden, sonst schreckt man buchstäblich wieder zurück davor, die Wand durchlässiger zu machen. Sonst kommen die „Inneren Helfer", die einem ganz schnell Erleichterung verschaffen: durch *Resignation* („Kann ja eh nichts machen"), *Projektion* („die Politiker!) oder *Verdrängung* („schau mal, heute Abend kommt Dschungelcamp"), Wahn („Verschwörung von Klimakreisen"). Und schwups ! – so schnell kann man gar nicht schauen, kippt etwas: das Schema der Moderne ist wieder aktiv, die Wand verkapselt und unsere magischen und mythischen Anteile werden in die Tiefe versenkt und ebenfalls verkapselt ... und weiter geht's wie zuvor![75]

Wie also kann ich das mesosphärische Bewusstsein in mir stärken? Grundsätzlich gibt es zwei Zugangswege. Zum einen über Natur-Begegnung, die dann das nachhaltige Tun stärken. Und über das engagierte Tun, was wiederum das Bewusstsein stärkt. Also auch hier gilt Alexander von Humboldts Satz: „Alles ist Wechselwirkung."

Wie also kann ich der Natur begegnen? Fast alles dazu Nötige ist bekannt. So bekannt, dass es fast banal klingen mag. Achtsames Spazierengehen, Wandern oder Fahrradfahren, Schwimmen in der Natur, Waldbaden, Gärtnern. Aus meiner Sicht wirkt es am intensivsten, wenn diese Aktivitäten irgendwie in den Alltag integriert werden können. Idealerweise würde es also nicht eine Radtour am Wochenende sein, sondern ein täglicher Fahrradweg zur Arbeit – aber das geht natürlich nicht für jeden. Alles, was also auf eine natürliche Weise öffnet für die jahreszeitlichen Rhythmen der Natur, verstärkt das mesosphärische Bewusstsein. Das kann auch eine meditative Arbeit sein.[76]

Wie komme ich ins ökologische Tun? Durch alles, was mir hilft, in Kontakt zu kommen mit Kreisläufen, wenn möglich, mit regionalen Kreisläufen: das Kaufen von regionalen Lebensmitteln, durch Kontakt zu Gärtnern und Höfen in der Umgebung, vielleicht als Teil einer solidarischen Landwirtschaft oder einer regionalen Forstwirtschaft. Wenn man Fleisch oder Tierprodukte isst, dann solche, bei denen an das Tierwohl und die Kreisläufe gedacht worden ist. Auch der Versuch, Verpackungen zu minimieren, indem man es in Läden einfordert, die das bisher nicht tun und die unterstützt, die es tun, stärkt das Bewusstsein und wirkt transformativ. Genauso wie das kritische Überprüfen von Konsumartikeln, die man bis dato selbstverständlich gekauft hätte, „weil man sie halt braucht": Inwiefern sind sie wirklich notwendig? Inwiefern können alte nicht repariert werden? Bei all diesen Dingen ist bereits der Übergang zum globalen Bewusstsein fließend, zu dem wir gleich kommen werden.

Vielleicht kann man aus dem bisher Beschriebenen schon sehen, wie schwer es sein kann, gerade auch für vielbeschäftigte Verantwortungsträger und -trägerinnen, bei denen sich Welterfahrung hauptsächlich innerhalb klimatisierter Limousinen, Flugzeuge und Konferenzräume abspielt (das soll keine Verteidigung sein; aber Dinge verstehbar machen). Dasselbe gilt auf eine ganz andere Weise auch für Menschen aus eher ärmeren Verhältnissen, die in lauten verschmutzten Vorstädten oder öde gewordenen Dörfern leben müssen.

Es ist also ein wirkliches Privileg, wenn man in der Lage ist, das mesosphärische Bewusstsein ausbilden zu dürfen. Und es ist aus meiner Sicht die Vorbedingung, um eine weitere Grenze zu überschreiten: die zum makrosphärischen Bewusstsein, das uns hilft, wirklich global zu fühlen. Aber dieser Grenzübertritt, das „Tor über den Horizont hinüber", erfolgt nicht automatisch. So kann es Menschen geben, die erstaunliche Antennen haben für ihre lokale Umgebung, ohne jedoch über ein atmosphärisches Bewusstsein zu verfügen.

3. Makrosphärisches Bewusstsein

Das mesosphärische Bewusstsein eröffnet uns also einen Raum bis zum Horizont – so weit die Sinne tragen. Dass dahinter die Welt nicht zu Ende ist, wissen wir: „Hinter dem Horizont geht's weiter", wie Udo Lindenberg singt. Aber das Problem ist: wir *wissen* es nur und oftmals wissen wir es nur so, wie wir eben wissen, dass sich die Erde um die Sonne dreht. Es ist ein abstrakter Gedanke, aber keine tiefere Empfindung. Wir haben kein wirkliches Bewusstsein davon. Könnten Sie beispielsweise, ohne nachzudenken sagen, in welche Richtung sich die Erde dreht? Oder wie die Erdbahn um die Sonne verläuft und welches Tierkreiszeichen gerade durch die Sonne verdeckt wird? Genauso *wissen* wir zwar, dass die Atmosphäre hinter unserem Horizont weitergeht. Dass sie so lange weitergeht, bis sie hinter uns wieder zurückkommt zu uns. Und das gilt auch, wenn wir unseren Blick nach links wenden: sie geht so lange weiter, bis sie rechts wieder zu uns kommt. Egal wie wir uns drehen, egal wie wir stehen, diese Himmelshülle umspannt uns, umwebt uns, umgrenzt uns. Und ist verbunden mit allem anderen, was lebt.

Und verbindet uns mit allem anderen, was lebt. Das wissen wir, wenn wir es uns bewusstmachen – aber ehrlich: wie oft machen wir uns das bewusst? Und wenn wir es uns nicht bewusstmachen, dann erleben wir hier eine Grenze, wo eigentlich keine ist. Das zeigt die Klimakrise deutlich: Unser CO_2-Verbrauch hat katastrophale Konsequenzen für Menschen in Ghana, ohne dass wir die geringste Wahrnehmung dafür haben. Und was Brasilien mit seinem Regenwald anstellt, hat katastrophale Auswirkungen für uns, ohne dass wir die geringste Wahrnehmung dafür haben.[77] Erstes Problem des mangelnden atmosphärischen Bewusstseins also: *wir erleben eine Grenze, wo keine ist.*

Das zweite Problem ist ein gegenteiliges: *Wir erleben keine Grenze dort, wo tatsächlich eine ist.* Wieder besteht dasselbe Phänomen wie bei der Frage der Erdumdrehung oder der, ob die Welt am Horizont zu Ende ist: Wir wissen natürlich alle, dass es eine Erdatmosphäre um uns gibt; aber es ist nicht unser tägliches Erleben. Das Erleben ist das eines offenen, ungeschützten Raumes um uns. Nicht das einer schützenden, ummantelnden und uns einbettenden Sphäre (die sehr mächtig und gewaltig und zerstörerisch sein kann). Und schon gar nicht ist Teil unseres Erlebens (noch nicht einmal theoretisches Wissen bei den meisten), dass wir alle Mitbildner dieses Raumes sind. Genau dieses Erleben brauchten wir aber, um uns eingebettet und verbunden zu fühlen.

Es geht also um zwei Herausforderungen beim Erlangen eines atmosphärischen Bewusstseins:

1. Die falsche Vorstellung von der Grenze am Horizont zu verwandeln.
2. Die falsche Vorstellung von der fehlenden Himmelsgrenze zu verwandeln.

Wir müssen also unseren „Horizont erweitern" und ins Globale kommen, ohne dabei den Fehler zu machen, den Globus scheinbar zu verlassen, so wie wir es von Sloterdijk im fünften Kapitel gelernt haben. Wir müssen eine Grenze, und zwar eine Wahrnehmungsgrenze überschreiten: die des Horizontes. Über den *Raum des Lokalen*, den uns das mesosphärische Bewusstsein tiefer erschließt, müssen wir ins Globale kommen. Das „Tor" ist die Grenze des Horizonts, durch das wir hindurchmüssen, in den *Raum des Globalen*. Das, was uns dabei erdet, schützt und birgt, ist die Hülle der Atmosphäre. Und zweitens die buchstäbliche Erdung durch den Boden. Also durch den Kontakt mit uns, die wir auf dem Boden stehen (Mikrosphärisches Bewusstsein) und durch den Kontakt mit der Region, dem Lokalen (Mesosphärisches Bewusstsein). Denn – wir haben es schon ein paarmal gesagt – eine realistische Vorstellung der globalen Sphäre ist ja die eines Raumes, der zwischen zwei gekrümmten Grenzen entsteht: der gekrümmte Raum zwischen Tropopause und Boden. So sind wir geerdet durch unsere untere Grenze und geschützt und verbunden durch die obere.

Und so vermeiden wir, in das Schema der Moderne zu fallen. Denn es besteht ja die große Gefahr, dass wir mitgerissen werden von unserem alten Muster und in ein Globusgefühl „shiften", in dem wir uns der Welt enthoben fühlen. Denn wir erinnern uns: „Wer Globus denkt, ist draußen". Er fühlt sich unbewusst der Welt enthoben und glaubt, sie nicht wirklich zu brauchen. Sieht ihre Grenzen nicht, glaubt sie auch nicht sehen zu müssen, denn es gibt, gefühlt, genug davon: alte Welt, neue Welt, dritte Welt, die Welt auf dem Mond (ab 2025 in Form von permanenten Siedlungen geplant) und auf dem Mars und wo auch immer. So tickt, das haben wir gesehen, das Schema der Moderne in uns. Und es tickt eben nicht ganz richtig, was das Erleben von Raum und Grenzen anbelangt. Also: Erdung und ein Gefühl von Hülle und Schutz verhindern ein „Abheben", sodass wir den Schritt wagen könnten, den Schritt durch „das Tor des Horizontes" schreiten. Wie aber können wir da durchschreiten?

Dafür müssen wir ein neues Wahrnehmungsorgan in uns entwickeln, welches ich hier das makrosphärische Bewusstsein nennen möchte. Und aus meiner Sicht ist dieses Bewusstsein das jüngste von den dreien. Achtsamkeit und Geistesgegenwart für den Innenraum und den lokalen Außenraum gibt es schon seit vielen Jahrtausenden: in unterschiedlichen Systemen, Begrifflichkeiten, Sprachen haben viele weise Menschen und Mystiker ein Bewusstsein davon entwickelt und beschrieben. Ich habe hier letztlich nur versucht, es in einem „atmosphärischen Kontext" zu beschreiben – was aus meiner Sicht sinnvoll ist für die transformative Aufgabe, die wir in den nächsten Jahren haben. Aber so etwas wie ein spirituelles makrosphärisches Bewusstsein und seine Ausbildung wurde bisher wohl selten beschrieben, selbst wenn einzelne Mystiker darüber verfügt haben mögen.

Erster Zugang: Imaginativ
Wie also können wir das neue Organ in uns ausbilden, mit dessen Hilfe wir unsere Wahrnehmungsfähigkeit, unsere Antennen hinein ins Globale und Atmosphärische vergrößern? Hin zur „Fernstenliebe" in dem Sinne wie es Nietzsche sagte: „Eure Nächstenliebe ist eure schlechte Liebe zu euch selber ... Die Ferneren sind es, welche eure Liebe zum Nächsten bezahlen; und wenn ihr zu Fünfen miteinander seid, muss immer ein sechster sterben".[78] Ein Organ, das einen Wahrnehmungsraum öffnet, der nicht mehr ein Gegenüber ist: keine Sphäre des Ich und Ich, keine Sphäre des Ich und Du, in der es immer

eine Art von gegenüberstellender Wahrnehmung gab. An diese Stelle tritt jetzt der „Umkreis": ich schaue nach vorn und der Blick kommt von hinten zurück, nachdem er einmal die Sphäre durchwandert hat. Wie können wir solch ein Organ in uns ausbilden? Darum soll es jetzt gehen.

Die Methode hierfür stammt wieder von Goethe: Seiner Farbenlehre stellt er die Hypothese voran, dass sich das Auge „am Licht für das Licht" gebildet hat: Ein Äußeres Unfassbares, *Licht*, wirkt auf einen lebendigen Organismus. Dieser bildet als Reaktion auf diese Einwirkung und in Resonanz mit dieser Einwirkung in einem langen, generationsübergreifenden Metamorphosenprozess ein Organ aus, mit dem er dieses Unfassbare bewusst wahrnehmen kann. Damit wurde eine Erkenntnisgrenze überwunden und eine neue Weltsicht (in diesem Falle buchstäblich!) möglich. Man sieht plötzlich Dinge, die man zuvor nicht gesehen hat.

Goethe dachte in Prozessen und Metamorphosen (heute würden wir sagen: evolutionär): „Alles wandelt und steigert sich". Mit dieser „Idee" im Inneren konnte er die Phänomene genau anschauen – in der Farbenlehre ebenso wie in der Botanik und Anatomie. „Man erblickt nur, was man schon weiß und versteht", notierte Goethe.[79]

Der Zugang für ein tieferes Verstehen der Außenwelt lag für Goethe also in der Innenwelt (und andersherum): „Der Mensch kennt nur sich selbst, insofern er die Welt kennt, die er nur in sich und sich nur in ihr gewahr wird. Jeder neue Gegenstand, wohl beschaut, schließt ein neues Organ in uns auf."[80]

Wenn wir also zu einem anderen Bewusstsein unserer Atmosphäre kommen wollen, das nicht nur intellektuell ist, so wäre das die Methode, die helfen könnte: ein inneres Organ bilden, ein Bewusstseinsorgan ausbilden, das helfen könnte, Atmosphäre tiefer wahrzunehmen.[81] Das wäre der Bewusstseinswandel. Schauen wir also noch einmal auf das Phänomen unserer Atmosphäre und unserer Einbettung in sie.

Die Atmosphäre ist das einzige Medium, das uns global verbindet: Land ist unterbrochen, Wasser ist unterbrochen, Eis ist unterbrochen. Alleine die Troposphäre (Biosphäre), mit ihren staubförmigen, wässrigen, wärmenden und kältenden Komponenten ist wirklich global. Sie ist aber keineswegs von ebenmäßiger Gestalt; sie hat Löcher, Ausbeulungen, Beschleunigungen, Verwirbelungen, Kräfte, die gen Kosmos ziehen (Levitation), genauso wie Kräfte, die in die Tiefe reißen. Die Grenzen sind nicht klar konturiert: die Übergangszone hin zur Stratosphäre beginnt über den Polen schon in rund acht Kilometern Höhe, über den Tropen eher in sechzehn Kilometern. Dasselbe gilt für die Bodengrenzen, die eisförmig, wässrig, und erdig sind. Vor allem aber: Atmosphäre wirkt, als wäre sie nicht existent. Entweder schieben sich vor sie Nebel und Wolken. Oder aber da ist blauer Tages- oder sternenklarer Nachthimmel – also kein Eindruck von Hülle oder Ähnlichem. Und doch ist sie da! Die ganze Zeit. Initial aber kann man das nicht wahrnehmend erkennen, man muss es wissen. Initial ist der Erkenntnisweg also ein intellektueller. Ist der aber gegangen, dann *sieht* man vielleicht Dinge, die man davor nicht gesehen hat.

Blicken Sie also gerne einmal auf von dem Buch, das sie gerade lesen, treten Sie ans Fenster und schauen Sie achtsam gen Himmel. Weiten Sie Ihre Wahrnehmung. Und geben dem Gedanken Raum, dass da, in unterschiedlichen Schichten über Ihnen, eine Art Haut, eine Membran, eine Schale gebildet wird, die aber durchaus durchlässig ist: für das Licht, das in ihr wirken kann, für verschiedene andere Strahlen und auch für Materie wie Asteroiden oder auch menschenge-machte Flugkörper. Und die gleichzeitig Grenze ist, Halt, Schutz. Sie ist unsichtbar und gleichzeitig sichtbar. Wenn Sie sich an die Bilder der Astronauten der Apollomission vom Mond erinnern und die dort sichtbare „Atmosphäre" mit derjenigen vergleichen, die man hier auf der Erde sehen kann, dann sticht der Unterschied ins Auge: dieser licht-durchflutete Raum voller Farben. Selbst an Orten, wo schein-bar nichts lebt – in der Wüste und in der Antarktis – ist ein farbliches Vibrieren von Blautönen, ein durchlichteter Raum wahrnehmbar. Den gibt es nur dank dieser Himmelshülle, die da ist, auch wenn man sie nicht sieht. Sie bildet unseren Raum und wir bilden ihn.

Und wenn Sie sich noch einmal an die Bilder der auf dem Mond spazierenden Astronauten erinnern: Wie atmen sie? Wie kleiden sie sich? Wie ernähren sie sich oder wie scheiden sie aus? Sobald sie die schützende Atmosphäre ihrer Raum-kapsel verlassen, die ähnliche Verhältnisse wie innerhalb der Erdatmosphäre simuliert, müssen sie diese Verhältnisse in-nerhalb ihres Raumanzuges jeweils für sich herstellen – jeder in seiner eigenen, inselartig simulierten Erdatmosphäre![82] Wir aber haben diese lebensermöglichenden Bedingungen hier auf Erden Tag und Nacht, wo immer wir auch sind. Wir bewegen uns jedoch durch diese Atmosphäre (und bilden an ihr) mit einer Selbstverständlichkeit, ohne uns dessen be-wusst zu sein. Ähnlich wie die beiden jungen Fische aus der Anekdote von Forster Wallace, die eines Morgens einem alten Fisch begegnen, der sie freundlich begrüßt: „Und, wie ist das Wasser heute, Jungs?!"– Fragt der eine den anderen im Wei-terschwimmen; „Was zum Teufel ist Wasser?" Genauso könn-ten wir auf die entsprechende Frage antworten: „Was zum Teufel ist Atmosphäre und atmosphärisches Bewusstsein?!"

Jemand, der gegen Ende seines Lebens ein tiefes Bewusstsein von dem hier beschriebenen Umgrenzt- und Gehaltensein in diesem riesigen sphärischen Raum bekam, war C. G. Jung, dem wir bereits als Mythenforscher begegnet sind. Im Jahr 1944, Jung war damals 69 Jahre alt, hatte er nach einem Herzinfarkt eine Nahtodeserfahrung (heute würde man sagen eine Out-of-Body Experience). Bemerkenswert ist, dass diese Erfahrung lange vor der Zeit stattfand, als es Bilder aus dem Weltraum gab:

„Es schien mir, als befände ich mich hoch oben im Weltraum. Weit unter mir sah ich die Weltkugel in herrlich blaues Licht getaucht. Ich sah das tiefblaue Meer und die Kontinente. Tief unter meinen Füßen lag Ceylon und vor mir lag der Subkontinent von Indien. *Mein Blickfeld umfasste nicht die ganze Erde, aber ihre Kugelgestalt war deutlich erkennbar und ihre Konturen schimmerten silbern durch das wunderbare blaue Licht.* An manchen Stellen schien die Erdkugel farbig oder dunkelgrün gefleckt wie oxydiertes Silber. ,Links' lag in der Ferne eine weite Ausdehnung – die rotgelbe Wüste Arabiens … Dann kam das Rote Meer und ganz weit hinten, gleichsam ,links oben', konnte ich gerade noch einen Zipfel des Mittelmeeres erblicken … Ich wusste, dass ich im Begriff war, von der Erde wegzugehen."[83]

Das ist aus meiner Sicht *die* Beschreibung des atmosphärischen Bewusstseins – eingebettet in einen gekrümmten Raum, der zwischen zwei porösen, durchlässigen sphärischen Grenzen gebildet wird: dem Erdboden und der Himmelsphäre. Und in dem die Bedingungen von Raum und Zeit gelten – aber in etwas veränderter, eben „sphärischer" Form.

Natürlich ist das eine spektakuläre Erfahrung und kann nicht der einzige maßgebliche Weg zu einem atmosphärischen Bewusstsein sein – zumal auch nicht jede Nahtodeserfahrung diesen Aspekt beinhaltet. Aber man kann dieses Bild als Imagination nutzen, um damit sein inneres Bewusstseinsorgan zu schulen.

Ein weiteres Bild, mit dem man das makrosphärische Bewusstsein schulen und versuchen kann, über die Grenze des Horizonts zu gelangen, ist folgende Geschichte:

„Ein Aborigine meinte einmal zu seinem weißen Freund, als sie in ein australisches Amtsgebäude gingen: ‚Was öffnest du da?‘ ‚Eine Türe.‘ ‚Und was hast du in der Hand?‘ ‚Papiere!‘ ‚Nein,‘ sagte er, ‚das sind Bäume, die gelebt haben und die gewachsen sind, jeder an seinem eigenen bestimmten Ort auf dieser Erde. Jetzt sind sie flach, sie haben keinen Raum und kein Leben mehr. Ihr habt die Bäume von dem Ort, an dem sie lebten, fortgenommen, aber im Gegenzug haben die Bäume euch in kleine Zeitabschnitte eingesperrt, wo ihr sitzt und vor Angst ums Überleben zittert und dieses Zittern mit dem Pulsschlag des eigentlichen Lebens verwechselt. Das System des weißen Menschen wird so lange im Reich des Toten gefangen sein, wie ihr den Unterschied nicht erkennt zwischen einer Türe, die Überleben, und einem Baum, der Leben bedeutet.‘“[84]

Diese Sätze erschließen sich einem rationalen Bewusstsein nicht. Man muss sie eher meditieren. Dann kann man eine Ahnung bekommen von unserer globalen Verflochtenheit, die ein ganz neues Raum- und Zeiterahnen notwendig macht.

Wenn wir unser Bewusstsein so schulen, kann es sein, dass wir in ein tieferes Wahrnehmen unserer globalen Vernetztheit, Verbundenheit und Verflochtenheit kommen. Dann können wir mehr fühlend und spürend erkennen, dass das Schnitzel auf unserem Teller einmal ein Schwein war. Fühlend, spürend erkennen, dass das Schwein auch verbunden war mit einem Stück Erde in Brasilien, das einmal fruchtbarer Regenwald war und noch einige Jahre ein Sojafeld sein wird, bevor der ausgelaugte Boden verwüsten wird. Dass das Schwein auch verbunden war mit einem Stück Boden in Niedersachsen, in dem Teile seiner Gülle die Nitratkonzentration in die Höhe treiben und das Trinkwasser belasten, bevor sie die Bäche und Flüsse belasten, die schließlich in die Nordsee und weiter in die Weltmeere fließen. So war das Schwein mit Erde in Südamerika und Europa verbunden. Und mit Wasser in Bächen, Flüssen und im Meer. Aber natürlich auch mit dem luftigen Element, der Atmosphäre. Der wegen ihm gerodete Regenwald kommt als CO_2-Speicher nicht mehr in Frage, auch der erodierte Boden speichert kein CO_2 mehr, im Gegenteil. Und der Transport des Soja an die Küste und mit dem Schiff über den Atlantik, weiter mit dem LKW, der Transport der Schweine zum Schlachthof, vom Schlachthof in Kühlkammern und weiter in die Supermärkte – das alles macht seinen Abdruck in die Atmosphäre. So hatte das Schwein eine räumliche Ausbreitung, die weltumspannend ist. Und das Schwein, das längst verendete Schwein, hatte diese Ausbreitung natürlich nur wegen mir, der ich gerade einen Teil von ihm auf meinem Teller liegen habe. Insofern gehe ich über viele Grenzen, wenn ich das Fleisch mit Behagen verzehre – und ein Stück globalen Raum in mich aufnehme, der weit größer und weit schwerer ist als das Stück auf meiner Gabel. Wenn ich wirklich spüren könnte, wieviel globaler Raum und Substanz darin steckt, könnte ich ihn wahrscheinlich kaum zum Mund befördern, so schwer wäre der Bissen.

Je mehr ich an meinem sphärischen Bewusstsein arbeite, desto mehr kann ich meine Verbundenheit fühlen. Und da kommt die Frage ins Spiel, ob ich das überhaupt will. Ich will es sicher nicht, wenn ich mir den Effekt nur defizitär vorstelle: als Verzicht auf alles Schädigende. Deshalb ist wichtig zu betonen, dass die Ausbildung der drei Bewusstseinsqualitäten zwar einerseits wirklich zu Verzicht im Sinne eines reduzierten Konsums oder reduzierter Ressourcenverschwendung führen wird. Aber sie führt gleichzeitig zu einer deutlich intensiveren Welterfahrung, die alles andere als Verzicht bedeutet. Und sie führt zu freien und individuellen Entscheidungen. Nicht jeder wird deshalb zum Vegetarier oder Veganer werden. Aber es gibt viele Übergänge zwischen Veganertum und drei Mal Billigfleisch am Tag! Je mehr man also an der Ausbildung dieses Bewusstseins arbeitet, desto wacher wird man für das Globale beziehungsweise Atmosphärische und für den Fußabdruck, den man darin hinterlässt. Idealerweise bräuchte man dann keine quantitativen Messverfahren mehr, mit denen man ihn berechnen muss in den Bereichen Mobilität, Wohnen, Konsum, Nahrung, sondern man hätte eine unmittelbar qualitative Wahrnehmung der Folgen.

Das war also die eine Möglichkeit, das makroskopische Bewusstsein auszubilden und zu trainieren: über die Imagination und das Denken. Es gibt aber auch eine zweite Möglichkeit: über das konkrete Tun. Das handelnde Umgehen mit globalem Bewusstsein, ob lokal oder global. Und hier kommt der Gedanke der *Kompensation* ins Spiel, den ich kurz skizzieren will – vor allem inspiriert von den Thesen Wolfgang Radermachers.[85]

Zweiter Zugang: Kompensation

Das Thema *Kompensation* ist ja gerade in alternativen Kreisen oft sehr negativ besetzt mit Begriffen wie „Freikauf", „Greenwashing" oder „Ablasshandel". Radermacher legt dagegen sehr schlüssig dar, dass sich an dieser Interpretation etwas ändern muss. Denn wir müssen der südlichen Welt bei einer wirtschaftlichen Entwicklung helfen, die nicht auf fossilen Brennstoffen beruht. Das wird Mittel fordern, die durch die (fragilen) 100 Milliarden Euro pro Jahr Kompensationszahlung des Pariser Abkommens nicht gedeckt sind. Hier steht man oft in einem Dilemma: wenn man Bildung, Gleichberechtigung, vor allem ein Entkommen aus der Armutsfalle wünscht, geht diese fast zwangsläufig mit einer deutlichen Vergrößerung des CO_2-Ausstoßes einher – Beispiel China –, und die Welt kann kein zweites Chinamodell mehr kompensieren.[86]

Man kann auf zwei grundsätzlich unterschiedliche Weisen kompensieren. Der eine Weg hat mit allen Initiativen zu tun, die versuchen, CO_2 und andere Klimagase aus der Atmosphäre zu entziehen. Hier gibt es drei Ansätze: 1. Pflanze Bäume 2. Bilde Humus 3. Schaffe Feuchtgebiete. Diesen Weg kann man im eigenen Umfeld gehen, zum Beispiel im eigenen Garten. Viel effektiver aber ist es oft, solche Maßnahmen in Schwellenländern zu unterstützen. – Der andere Weg besteht darin, anderen Menschen zu helfen, Emissionen zu reduzieren, etwa über alternative Energieerzeugung (also Thermoöfen für Kleinbauern; Solarpanels und Kraftwerke für südliche Länder etc.) Vor allem aber auch: Indem man Ausgleichszahlungen leistet im Gegenzug für die Nicht-Nutzung von fossilen Energien. Was das bedeutet? Man bezahlt einem Land Geld dafür, dass es seine fossilen Schätze da belässt, wo sie seit vielen Millionen Jahren ruhen: tief in der Erde (und vielleicht unter dem Regenwald). Der ganze Gedanke der Kompensation, vor allem dieser letzte Aspekt, ist ohne ein makrosphärisches Bewusstsein, mit dem man die Wechselwirkung und Verbundenheit von allem nachfühlen kann, nicht verstehbar.

Was passiert, wenn man erst wenig davon entwickelt und verstanden hat, zeigt eine Geschichte des ehemaligen Entwicklungshilfeministers Dirk Niebel (FDP) aus dem Jahr 2007. Damals bot der Präsident von Ecuador, Rafael Correra, der Weltgemeinschaft an, 850 Millionen Fass Öl im Boden zu lassen (was zugleich bedeutete, den Urwald, der den Boden bedeckte, nicht zu roden). Die Hälfte des zu erwarteten Gewinns wünschte er sich von den Industrieländern ausgezahlt zur Finanzierung seiner Staatsausgaben. Dirk Niebel, der eine große Verantwortung am Scheitern des Deals trägt (das Öl wird zwischenzeitlich gehoben), sagte damals: „Ich zahle doch nicht dafür, dass etwas nicht passiert." Diese „Logik" (die abgesehen davon auch jegliches Versicherungswesen karikiert) muss unbedingt überwunden werden – ob aus aufgeklärtem Egoismus oder geschwisterlicher Gesinnung. Aber die Geldgeber für solche Ausgleichfonds müssten eben in Zukunft gar nicht unbedingt nur die Staaten sein, sondern auch Bürger, Firmen und Gemeinschaften. Das zu verstehen heißt ein globales Bewusstsein auszubilden – und immer mehr Menschen verstehen das!

Eine andere Art den Kompensationsgedanken zu leben kann darin bestehen, sich mit Initiativen auf anderen Kontinenten auseinanderzusetzen, mit ihnen in Kontakt zu treten und sich auszutauschen.

Aber noch einmal zurück zur klassischen Kompensation: was wir hier tun können, haben wir schon beim mesosphärischen Bewusstsein gesehen: Lege Humus an (durch adäquate Landwirtschaft, die man auch als KonsumentIn unterstützen kann), helfe Moore bilden, pflanze Bäume, entweder im eigenen Umfeld oder durch Unterstützung eines der vielen Baumpflanz-Projekte.[87]

Vielleicht ist er das Urbild für das makrosphärische Bewusstsein nein, eigentlich für das atmosphärische Bewusstsein als Ganzes – der Baum. Er steht, in seiner eigenen Mikrosphäre, aufrecht auf der Erde, in Kontakt mit ihr und dem Kosmos. Und über ein feines Wurzelgeflecht sowie Tausende von Blättern steht er in regem Austausch über eine unsichtbare Grenze mit seiner Umgebung. Dieser Raum geht aber über die lokale Mesosphäre hinaus: vor allem über seine Blätter ist er mit der Atmosphäre im Kontakt und atmet Weltenluft und kosmisches Licht. Und obwohl diese Weltenluft für uns wirkt wie immateriell, bildet er daraus Materie. Wie kann man das wahrnehmen? Vielleicht wiegen Sie mal eine Ihrer Topfpflanzen (möglichst eine große) samt Topf. Und dann wiegen Sie sie wieder in ein paar Jahren – ohne sie umzutopfen oder Erde hinzugefügt zu haben. Vielleicht ist sie zehn Kilo schwerer geworden. Und woher kam das Material? Das ist wahrlich creatio ex nihilio, Schöpfung aus dem *Nichts*, das uns *alles* ist.[88]

XI. Kapitel

Nachwort als Antwort aufs Vorwort

Was heißt das nun alles für unsere (globale) Gesellschaft – für die zweite Ebene der Transformation, von der Anfangs die Rede war?

Es könnte sein, dass ein Gutteil der gegenwärtigen Radikalisierung in der Welt damit zu tun hat, dass mehr und mehr Menschen ahnen, dass der Boden wankt. Und dass die Atmosphäre, in der sie leben, nicht mehr stabil ist. Es könnte sein, dass dieses „Ahnen" bei vielen zu einer Rückwendung in die vermeintlich gute alte Zeit von Heimat und Nation führt, als der Raum noch überschaubar war.[89] So wie man sich im persönlichen Leben manchmal in seine heile Kinderwelt zurücksehnen mag. Psychologisch nennt man diese Rückwendung, diesen Rückfall in alte Kindheitsmuster, eine Regression. Das würde bedeuten, dass auch viele Menschen, denen die ökologische Thematik scheinbar kein Thema ist, irgendwo spüren, dass die Welt ökologisch „aus den Angeln" ist. Vielleicht reagieren auch viele extreme Klimaleugner, die gleichzeitig durch nationale bis rassistische Denkweisen auffällig werden (und mir ist ganz wichtig zu betonen: nicht jeder Leugner des menschengemachten Anteils am Klimawandel ist Nationalist oder gar Rassist; aber es ist evident, dass es Schnittmengen gibt) auf diese Weise, weil sie spüren, dass etwas gravierend falsch läuft in ihrer Welt. Und das Gefühl ist eben auch dann vorhanden, wenn es ihnen materiell gut geht. Die Reaktion ist psychologisch verständlich: auf diffuse Angst reagieren rund ein Drittel der Menschen mit einer Regression und mit abgrenzenden Tendenzen. Die Mechanismen dazu, die „Inneren Helfer", haben wir kennengelernt. Aber es ist eine höchst unvernünftige Reaktion mit Mechanismen und Scheinlösungen *aus* der Vergangenheit *für* die Vergangenheit. Und ethisch gesehen ist es nicht in Ordnung!

Wenn diese These stimmt, kann man das beschriebene Problem psychologisch auch noch einmal anders begründen. Wenn man nämlich ein Potenzial, ein Talent, hat, dann muss man diese Gabe auch entwickeln und nutzen. Man muss sie „auf die Welt bringen". Vergräbt man sie, dann hat man nicht nur das Problem, sie nicht nutzen zu können. Das wäre in vielen Fällen halb so schlimm (in diesem Fall aber schon schlimm genug!). Sondern das Potenzial wendet sich irgendwann gegen einen selbst. Wenn ein Kind geboren werden will, die Wehen einsetzen und es nicht weiterkommt, dann wird es sehr gefährlich für Mutter und Kind. Die unglaubliche Kraft und Energie, die eigentlich auf die Welt gebracht werden will, fließt dann in die falsche Richtung und das kann tödlich enden. Vielleicht ist ein Teil des Extremismus, des Hasses, der Verzweiflung, des Einspinnens in Egozentrik und Selbstmitleid, das wir gerade auf der ganzen Welt erleben, auch so zu erklären, dass eigentlich ein neues Bewusstsein entwickelt werden will (das ich hier das Atmosphärische genannt habe). Und es stockt bei der Geburt. Dann könnte man diesen Prozess mit einem destruktiven Dreischritt beschreiben:

Erstens bemerken viele Menschen mit den rudimentären Antennen dieses neuen Bewusstseins, dass Dinge gefährlich entgleiten: dass der Welt-Raum des Schemas der Moderne entgleitet.

Zweitens reagieren sie mit einem Rückfall in lokales Denken: Kategorien wie Heimat, Nation, Stamm, und „Rasse" werden für manche wieder wichtig, weil sie vermeintlich Sicherheit bringen sollen. Wichtige globale Lösungen aber werden dadurch blockiert und verschleppt. Damit wächst die Unsicherheit und mehr vom Welt-Raum entgleitet.

Drittens verleugnen sie einen wichtigen Teil in ihrer Psyche, der eigentlich geboren und entwickelt werden will (Hannah Arendt nennt das „Natalität) und gegen die Blockaden ankämpft, die ihn nicht auf die Welt lassen. Aus diesem destruktiven Dreischritt entsteht gerade ein destruktiver Dreiklang mit jeder Menge Dissonanz.

Andererseits werden wir gerade Zeuge eines gegenläufigen Prozesses: mehr und mehr Menschen – junge und alte (aber tendenziell mehr junge als alte!) – leben einen neuen Dreischritt. Auch diese Menschen spüren das Existenzielle und Bedrohliche der Situation mit ihrem neuen Bewusstsein, dessen Antennen sich makrosphärisch ausdehnen. Aber sie versuchen auszuhalten, was sie wahrnehmen und tasten nach Neuem: nach Zukünftigem in sich und in der Welt. Und weil sie das Neue suchen und ihm Raum geben, fängt es an, sich zu realisieren. So entstehen in neuen Welt-Räumen Dinge, die man nicht für möglich gehalten hätte. Eine „globale Bürgerbewegung" (Schellnhuber), die sich in der gesamten Erdensphäre gegenseitig wahrnimmt und unterstützt. Die gegenwärtige Fridays for Future-Bewegung scheint genau so etwas zu sein.

Aus diesem Dreischritt kann eine neue Kultur erwachsen, eine neue „Natur-Kultur" (Latour), die weder eine Wiederholung ist aus nomadischen oder mittelalterlichen Zeiten noch Science Fiction. Etwas noch Undenkbares, das in seinen Anklängen aber gerade schon durchtönt. Es ist, so glaube ich, kein reiner Harmonieklang, den man da erlauschen kann. Es klingt nach mehr als drei Tönen und es klingen auch mächtige Dissonanzen an: Natur und Mensch haben gewaltige und auch gewaltvolle Kräfte. Aber es klingt nach einem neuen Raum, einer mächtigen Sphäre, die kosmische Höhen und irdische Tiefen abbildet, die wir bisher noch nicht gehört haben. Es klingt nach erhabenen Klängen.

Dieser Raum aber braucht ein neues Bewusstsein und er gebiert es gleichzeitig. In dieser Wechselwirkung kann eine neue „Partnerschaft mit der Natur" (Andreas Suchantke) entstehen, mit allem, was dazugehört: Landwirtschaft, Ästhetik, Ethik, Architektur, Pädagogik, Ökonomie, Wissenschaften. Und ein Vertrauen ist spürbar, dass sich mehr und mehr von dieser partnerschaftlichen Natur-Kultur entwickeln wird, wenn sich das atmosphärische Bewusstsein (oder wie immer man es auch nennen mag) weiter ausbildet. Und sehr wahrscheinlich wird diese Partnerschaft deutlich stürmischere Zeiten zu durchleben haben als die letzten Jahrtausende, selbst wenn wir in den nächsten Jahren als Menschheit mehr ökologische Fortschritte machen sollten, als es gerade den Anschein hat.

Essenziell aber erscheint mir dafür ein anderer Begriff von Entwicklung, den wir immer tiefer denken müssen. Das Schema der Moderne kann Entwicklung nur quantitativ denken. Ein reiner Rückgriff auf den Entwicklungsbegriff der Natur wird jedoch unserer menschlichen Natur auch nicht gerecht. Denn die Natur kennt Entwicklung tendenziell eher zyklisch, in Form von Werden und Vergehen. Doch wir Menschen wollen mehr und das hat nicht nur mit dem Schema der Moderne zu tun. Das Kapitel über Bewusstseinsevolution hat das zu zeigen versucht. Irgendetwas in uns will Entwicklung, die über das Zyklische hinausgeht, ohne rein quantitativ zu sein. Irgendetwas Geistiges in uns. Wir müssen also einen neuen Begriff von Entwicklung erarbeiten, der Zyklisches und Linear-Dynamisches verbindet. Auch das gehört zu der neuen Natur-Kultur. Vielleicht ist es gar ihre Essenz?

Epilog

Wir sind also wahrlich einen weiten Weg gegangen und es schließt sich nun gewissermaßen ein Kreis: denn wir haben mit der Atmosphäre begonnen und kommen nun zu ihr zurück.

Und andererseits schließt er sich hoffentlich nicht. Wir kommen hoffentlich anders zurück, als wir begonnen haben. Und wir kommen hoffentlich zu einer anderen Sicht von Atmosphäre zurück als der, mit der wir begonnen haben.

Wir kommen also nicht zurück und kommen doch zurück: das Bild dafür ist also nicht der Kreis. Kein Zyklus. Aber auch nicht die linear ansteigende Wachstumskurve aus dem ersten Kapitel. Weder Kreis noch Wachstumskurve bilden ab, was organische Bewegung, Entwicklung, Prozesshaftigkeit ist. Es gibt aber eine Graphik, die diesen Widerspruch abbilden kann und die gleichzeitig ein tiefes Bild ist, eine Metapher, für menschliche *Entwicklung*: es ist die Spirale. Sie vereint beide Qualitäten in sich. Die zyklische, ewig wiederkehrende, atmende. Und die dynamische von Entwicklung, Wachstum und Veränderung. Sie könnte helfen, einen organischeren, natürlichen Begriff von Entwicklung zu bekommen, den wir brauchen.

Danksagung

Das Motto aus der Suchttherapie: „Nur du alleine kannst es schaffen, aber du kannst es nicht alleine schaffen", ist besonders zutreffend für die Entstehung dieses Buches. Das Buch und vor allem mein dahinterstehender Bewusstseinsprozess schuldet vielen Menschen Dank – viel mehr als hier leider erwähnt werden können.

Zuallererst gilt er Hans Joachim Schellnhuber, obwohl der nichts davon weiß. Es war ein Vortrag von ihm im kleinen Kreis im Mai 2017, der mich an einen „inneren Kipppunkt" geführt hat. Seither ist es mir nicht mehr möglich, was dreißig Jahre lang irgendwie funktionierte, nämlich, dass meine ökologische, meine soziale und meine individuelle Seite separat nebeneinander her leben und für manche Phasen mal diese, mal jene die Oberhand hat. Der Prozess ist natürlich mein ganz eigener, damit hat Schellnhuber nichts zu tun, aber Katalysator war er und dafür danke ich ihm sehr! Etwas überspitzt kann man sagen, dass das gesamte Buch ein Versuch ist, meinen inneren Prozess, den ich in ähnlicher Weise bei so vielen Menschen wahrnehme, in allgemeine psychologische, soziologische und philosophische Kategorien zu übersetzen. Ein „allgemeines Selbsterfahrungsbuch".

Der zweite ist Jens Heisterkamp, mit dem ich über diese Thematik seit dieser Zeit korrespondiere und in konstruktiven Dialogen vieles weiterentwickeln und publizieren konnte. Ohne seine Ermunterung hätte ich das Buch nie geschrieben. Auch als Lektor und Verleger eines Buches, das aufgrund der besonderen Zeiten nicht noch ein oder zwei Jahre reifen durfte, war er hier sicher mehr als üblich gefordert. Dafür sei ihm sehr herzlich gedankt!

Dann gibt es vier unterschiedliche Gruppen, denen ich viel Inspiration und Tragekraft verdanke:

Die erste ist die Mäander-Jugendhilfe, deren therapeutischer Leiter ich sein darf. Wir haben in den letzten eineinhalb Jahren intensiv zusammen, also Jugendliche und MitarbeiterInnen, diese Fragen bewegt. Immer auf der Suche nach einer Pädagogik, Therapie und Ästhetik, die dieser ökologischen Zeitfrage gerecht wird. Ich verdanke dieser Gemeinschaft sehr viel Anregung und Halt – und außerdem immer mal wieder ein paar freie Tage „fürs Buch". Besonders sei hier Kathrin Dommel, Sebastian Sieboldt und Wilhelm Kux gedankt. Und Alfred Bast, dem vielfältigen Künstler, der uns anregte – genauso wie Tom Bruhn vom IASS.

Die zweite Gruppe ist der „Berliner Klimakreis", der in Form von Broschüren, Vortragsorganisation und Diskussion sehr viel zu dem Buchprozess beigetragen hat. Hier danke ich besonders Christiane Baldini, die wichtige Korrekturen und Rückmeldungen auch zum Manuskript gab, aber auch Sharon Siedner, Roland Jahn und Angela Baldini. Und Olaf Baldini, dem „Scriber". Ihm danke ich auch für die wunderbare Erdsphären Graphik, die er für das Buch geschaffen hat!

Der dritte Kreis ist der Kreis der Frankfurter Herbstakademie: ein wirklicher „Gesprächs-Raum", in dem wichtige Fragen des Buches von ganz unterschiedlichen Geistern und Temperamenten offen und auf eine tiefere Weise „selbstlos" bewegt werden konnten. Ich bin sehr froh, ihm angehören zu dürfen!

Der vierte Kreis ist der meiner Familie. Meiner Frau und meinem Sohn ist zu verdanken, dass das Buch über weiter Strecken eher „nebenher" geschrieben werden konnte und dabei immer unterstützt wurde – vielleicht, weil wir alle drei, jede(r) auf seine Weise, an der Thematik arbeiten. Ihnen ist das Buch auch gewidmet. Und meiner Frau sei besonders gedankt fürs Korrekturlesen und das Literaturverzeichnis. Und Edgar Harnack für Vieles.

Und zuletzt dankt sich – spätestens seit Parceval wissen wir das – so ein Buch den richtigen Fragen. Zwei Menschen möchte ich hier besonders erwähnen: Luca Püplichhuisen, der wissen wollte, wie in diesem Prozess denn dann Entwicklung zu denken sei, wenn nicht zirkulär oder linear?!

Und meiner Schwiegermutter Gudrun Stetter. Für die scheinbar ganz einfache Frage: „Was heißt eigentlich Atmosphäre?!"

Literaturverzeichnis

Aron, Elaine N.: Sind Sie hochsensibel? Wie Sie Ihre Empfindsamkeit erkennen, verstehen und nutzen, München, 2005, mgv Verlag.

Assmann, Jan: Tod und Jenseits im alten Ägypten. München, 2003 sowie ders.: Ma'at. Gerechtigkeit und Unsterblichkeit im Alten Ägypten, München, 1995, beide C. H. Beck Verlag.

Bateson, Gregory, Geist und Natur, Frankfurt am Main 1987, Suhrkamp.

Böhme, Gernot: Atmosphäre. Essays zur neuen Ästhetik, Berlin, 2017, Suhrkamp Verlag.

Bohus, Martin: Interaktives Skill Training für Borderline-Patienten, Schattauer Verlag 2012.

Capra, Fritjof: Lebensnetz. Ein neues Verständnis der lebendigen Welt, Frankfurt, 2015, S. Fischer Verlag.

Chatwin, Bruce: Traumpfade, Roman, Frankfurt, 2018, Fischer Taschenbuch.

Damasio, Antonio R.: Descartes' Irrtum. Fühlen, Denken und das menschliche Gehirn. München, 1995, List Verlag.

De Madariaga, Salvador: Kolumbus. Entdecker neuer Welten, Bern-München-Wien, 1973, Scherz Verlag.

Edition Le Monde Diplomatique Heft Nr. 20 2017: Warmzeit. Klima, Mensch und Erde, Berlin, 2017, taz verlag.

Enders, Giulia: Darm mit Charme. Alles über ein unterschätztes Organ, Berlin, 2018, Ullstein Verlag.

Freely, John: Kopernikus. Revolutionär des Himmels, Stuttgart, 2015, Klett-Cotta.

Forster Wallace, David, Das hier ist Wasser, kiwi Verlag 2012.

Friedrich, Alexander, Löffler, Petra, Schrape, Niklas und Sprenger, Florian: Ökologien der Erde: Zur Wissensgeschichte und Aktualität der Gaia-Hypothese. Lüneburg, 2018, meson press.

Fromm, Erich: Haben oder Sein. Die seelischen Grundlagen einer neuen Gesellschaft, München, 1990, dtv .

Fuchs, Thomas: LEIB RAUM PERSON. Entwurf einer phänomenologischen Anthropologie, Stuttgart, 2000, Klett-Cotta.

Gadamer, Hans-Georg, Lesebuch, Berlin 1997, UTB Verlag.

Gebser, Jean: Ursprung und Gegenwart. 1. Teil: Die Fundamente der aperspektivischen Welt; 2. Teil: Die Manifestationen der aperspektivischen Welt, beide München, 1992, dtv.

Gleick, James: Chaos – die Ordnung des Universums. Vorstoß in Grenzbereiche der modernen Physik, München, 1990, Knaur Verlag.

Goethe, Johann Wolfgang von: Naturwissenschaftliche Schriften, Band 13 der Hamburger Ausgabe, München, 1991, C.H. Beck Verlag.

Ders.: Faust. München, 2018, C.H. Beck Verlag.

Gottwald, Franz-Theo/Klepsch, Andrea (Hrsg.): Tiefenökologie. Wie wir in Zukunft leben wollen, München, 1995, Eugen Diederichs Verlag.

Graeber, David: Schulden. Die ersten 5000 Jahre, Stuttgart, 2012, Klett-Cotta.

Grof, Stanislav, The Holotropic Mind, First Harper Collins Paperback Edition 1993.

Gurjewitsch, Aaron J.: Das Weltbild des mittelalterlichen Menschen. München, 1997, C. H. Beck Verlag.

Harris, Thomas A.: Ich bin ok, Du bist ok, Reinbek, 1975, rororo.

Heisenberg, Werner: Der Teil und das Ganze. Gespräche im Umkreis der Atomphysik, München, 2003, Piper Verlag.

Hensel, Ulrike: Hochsensible Menschen im Coaching. Was sie ausmacht, was sie brauchen und was sie bewegt, Paderborn, 2015, Junfermann Verlag.

Heymann, Matthias: Klimakonstruktionen: Von der klassischen Klimatologie zur Klimaforschung. Artikel: N. T. M. 17 (2009) 171–197 0036-6978/09/020171–27 DOI 10.1007/s00048-009-0336-3, Basel, 2009, Birkhäuser Verlag.

Howe, Joshua P.: *Behind the Curve: Science and the Politics of Global Warming*. University of Washington Press 2014, Seattle.

Jung, C. G.: Symbole der Wandlung. Düsseldorf, 1995.

Ders.: Psychologie und Alchemie. Düsseldorf, 1995.

Ders.: Erinnerungen, Träume, Gedanken, hrsg. von Jaffé, Aniela, Olten, 1992.

Ders.: / von Franz, Marie-Louise / Henderson, Joseph L. / Jacobi, Jolande / Jaffé, Aniela: Der Mensch und seine Symbole, Olten, 1991, alle: Walter-Verlag.

Kabat-Zinn, Jon: Gesund durch Meditation, Frankfurt am Main, 5. Auflage 2008, Fischer Verlag.

Keeling, Charles D.: Rewards and Penalties of monitoring the earth. Scripps Institution of Oceanography, La Jolla, California Annu. Rev. Energy Environ. 1998.

Kegel, Bernhard: Epigenetik. Wie Erfahrungen vererbt werden. Köln, 2009, DuMont Buchverlag.

Klein, Naomi: Die Entscheidung Kapitalismus vs. Klima. Frankfurt, 2016, Fischer Taschenbuch.

König, Karl: Über die menschliche Seele, Stuttgart , 2011, Freies Geistesleben Verlag.

Kühlerwind, Georg: Aufmerksamkeit und Hingabe, Verlag Freies Geistesleben, 2. Auflage 2002.

Kuhn, Thomas S.: Die Struktur wissenschaftlicher Revolutionen, Frankfurt am Main, 1993, Suhrkamp Verlag.

Lammers, Claas-Hinrich: Emotionsbezogene Psychotherapie. Grundlagen, Strategien und Techniken, Stuttgart, 2011, Schattauer Verlag.

Latour, Bruno: Existenzweisen. Eine Anthropologie der Modernen, Berlin, 2014, Suhrkamp.

Ders.: Das terrestrische Manifest, Berlin, 2018, edition suhrkamp.

Ders.: Kampf um Gaia. Acht Vorträge über das neue Klimaregime, Berlin, 2017, Suhrkamp.

Levine, Peter A. mit Frederick, Anne: Trauma-Heilung. Das Erwachen des Tigers. Unsere Fähigkeit, traumatische Erfahrungen zu transformieren, Essen, 1998, Synthesis Verlag.

Lievegoed, Bernard: Der Mensch an der Schwelle. Biographische Krisen und Entwicklungsmöglichkeiten, Stuttgart, 1994, Verlag Freies Geistesleben.

Linnehan, Marsha, Dialektisch-Behaviorale Therapie der Borderlinestörung, 2008, CIP Verlag.

Lovelock, James: Gaia. Die Erde ist ein Lebewesen, Bern, München, Wien, 1992, Scherz Verlag.

Macy, Joanna / Young Brown, Molly: Die Reise ins lebendige Leben. Strategien zum Aufbau einer zukunftsfähigen Welt, Paderborn, 2003, Junfermann Verlag.

Mason, Paul: Postkapitalismus. Grundrisse einer kommenden Ökonomie, Berlin, 2016, Suhrkamp Verlag.

McKannan, Dan: Eco-Alchemy. Anthroposophy and the History and Future of Environmentalism, Oakland, 2018, University of California Press.

Neider, Andreas: Der Mensch und das Geheimnis der Zeit. Zum Verständnis der Zeit im Werk Rudolf Steiners, Stuttgart, 2016, Verlag Freies Geistesleben.

Pinker, Steven: Gewalt. Eine neue Geschichte der Menschheit. Frankfurt am Main 2011, Fischer Verlag.

Plöger, Sven / Böttcher, Frank: Klimafakten. Frankfurt am Main, 2015, Westend Verlag.

Powers, Richard: Die Wurzeln des Lebens, Frankfurt am Main, 2018, S.Fischer Verlag.

Radermacher, Franz Josef: Der Milliarden-Joker. Wie Deutschland und Europa den globalen Klimaschutz revolutionieren können, Hamburg, 2018, Murmann Publishers.

Radkau, Joachim: Natur und Macht. Eine Weltgeschichte der Umwelt, München, 2012, C. H. Beck Verlag.

Renz-Polster, Herbert /Hüther, Gerald: Wie Kinder heute wachsen. Natur als Entwicklungsraum, Ein neuer Blick auf das kindliche Lernen, Fühlen und Denken, Weinheim, 2016, Beltz Verlag.

Rilke, Rainer Maria: Die Gedichte. Frankfurt am Main, 1990, Insel Verlag.

Roediger; Eckhard: Praxis der Schematherapie. Grundlagen-Anwendung-Perspektiven, Stuttgart, 2009, Schattauer Verlag.

Ders.: Besser leben lernen; Stuttgart 2006, Verlag Urachhaus.

Rosa, Hartmut: Resonanz. Eine Soziologie der Weltbeziehung, Berlin, 2016, Suhrkamp Verlag.

Roszak, Theodore: Ökopsychologie. Der entwurzelte Mensch und der Ruf der Erde, Stuttgart, 1994, Kreuz Verlag.

Scharmer, C. Otto: Theorie U. Von der Zukunft her führen, Heidelberg, 2009, Carl-Auer Verlag.

Schellnhuber, Hans Joachim: Selbstverbrennung. Die fatale Dreiecksbeziehung zwischen Klima, Mensch und Kohlenstoff, München, 2015, Bertelsmann Verlag.

Schwenk, Theodor: Das sensible Chaos. Stuttgart, 1995, Verlag Freies Geistesleben.

Sedlácek, Tomás: Die Ökonomie von Gut und Böse, München, 2012, Carl Hanser Verlag.

Sellin, Rolf: Wenn die Haut zu dünn ist. Hochsensibilität – vom Manko zum Plus, München, 2014.

Ders.: Bis hierher und nicht weiter. Wie Sie sich zentrieren, Grenzen setzen und gut für sich sorgen, München, 2015, beide Kösel Verlag.

Sennett, Richard: Handwerk. Berlin, 2008, Berlin Verlag.

Sloterdijk, Peter: Was geschah im 20. Jahrhundert? Berlin, 2017, Suhrkamp.

Ders.: Sphären-Trilogie (Sphären I-Mikrosphärologie, Blasen, Frankfurt am Main1998, Sphären II-Makrosphärologie, Globen, Frankfurt am Main 1999, Sphären III-Plurale Sphärologie, Schäume, Frankfurt am Main, 2004, alle Suhrkamp).

Steiner, Rudolf: Anthroposophischer Seelenkalender. Dornach, 1994, Rudolf Steiner Verlag, Ders.: Wie erlangt man Erkenntnis der höheren Welten, GA 10.

Storch, Maja; Cantieni Benita; Hüther, Gerald; Tschacher, Wolfgang: Embodiement, 2. Auflage 2011, Huber Verlag.

Suchantke, Andreas: Partnerschaft mit der Natur. Entscheidung für das kommende Jahrtausend, Stuttgart, 1993, Verlag Urachhaus.

Taylor, Charles: Ein säkulares Zeitalter. Frankfurt, 2012, Suhrkamp Verlag.

Teichmann, Frank: Die Kultur der Verstandesseele. Griechenland, Stuttgart, 2008; Verlag Freies Geistesleben.

Ders.: Die Kultur der Empfindungsseele. Ägypten-Texte und Bilder, Stuttgart, 1990, Verlag Freies Geistesleben.

Than, Thich nath: Schlüssel zum Zen, Freiburg 1996, Herder Spektrum.

Thurman, Robert F. (Übers. u. Kommentar): Das Tibetische Totenbuch oder Das Große Buch der Natürlichen Befreiung durch Verstehen im Zwischenzustand. Frankfurt, 2002, Fischer Taschenbuch.

Ulrich, Bernd: Guten Morgen, Abendland. Der Westen am Beginn einer neuen Epoche – ein Weckruf. Köln, 2017, Verlag Kiepenheuer & Witsch.

Weber, Andreas: Indigenialität. Berlin, 2018, Nicolai Publishing & Intelligence.

Weizsäcker, Ernst Ulrich von / Wijkman, Anders u. a.: Wir sind dran. Was wir ändern müssen, wenn wir bleiben wollen - Eine neue Aufklärung für eine volle Welt. Gütersloh/München 2017, Gütersloher Verlagshaus.

Welzer, Harald: Selbst denken. Eine Anleitung zum Widerstand, Frankfurt am Main, 2015, Fischer Taschenbuch.

Ders.: Die nachhaltige Republik. Umrisse einer anderen Moderne, Frankfurt am Main, 2017, Fischer Taschenbuch.

Wilber, Ken: Eros, Kosmos, Logos. Eine Jahrtausend-Vision, Frankfurt am Main 2006, Fischer Taschenbuch.

Ders.: Integrale Psychologie. Geist, Bewusstsein, Psychologie, Therapie, Freiamt, 2006, Arbor Verlag.

Eugen Willerding: Die Gaia Hypothese, 2004, https://scilogs.spcktrum.de/landschaft-oekologie/die-erde-ist-kein-lebewesen-beitrag-zur-kritik-der-gaia-hypothese/

Wolf, Christa: Kindheitsmuster. Berlin und Weimar, 1982, Aufbau-Verlag.

Young, Jeffrey E. / Klosko, Janet S. / Weishaar, Marjorie, E.: Schematherapie. Ein praxisorientiertes Handbuch, Paderborn, 2003, Junfermann Verlag.

Zajonc, Arthur: Die gemeinsame Geschichte von Licht und Bewusstsein, Reinbek bei Hamburg, 1997, Rowohlt Verlag.

Anmerkungen

1 Zitiert nach Howe 2014.

2 Siehe Schellnhuber 2015/Capra 1996/Lovelock 1992.

3 Beispielsweise von Plato und Kepler, siehe Willerding 2004.

4 Ergänzungen Latour 2017.

5 Lovelock 1992.

6 Enders 2018.

7 Siehe Damaiso 1995, Fuchs 2000.

8 Kegel 2009.

9 Latour 2018.

10 Plöger 2015.

11 Diesen Gedanken arbeitet Bruno Latour glänzend heraus in seinen Büchern *Kampf um Gaia* und *Das Terrestrische Manifest*.

12 Ernst Ulrich v. Weizsäcker/Club of Rome 2017.

13 Schellnhuber 2015.

14 Welzer 2013.

15 De Madariaga 1973.

16 Obwohl hier momentan viel in Bewegung ist und wissenschaftliche Autorität in einem Maße angegriffen wird, die vor ein paar Jahren noch unvorstellbar gewesen wäre – gerade auch im Zuge der Klimaproblematik. Auch das ist ein Zeichen für unseren Epochenwechsel. Insofern geht es mir bei dem Paradigmabegriff nicht darum, ernsthafter Forschung ihren Boden zu entziehen, indem man alles historisch relativiert. Wir brauchen ernsthafte Forschung. Ihre Ergebnisse dürfen nur nicht verwechselt werden mit einer ewigen absoluten Wahrheit – sie bleiben relativ, weil sie mit menschlichen Methoden im Kontext des Zeitbewusstseins gefunden wurden. Und wir brauchen ernsthafte Forschung, die ihre Parameter erweitert. Siehe dazu beispielsweise Latour 2014.

17 Der bekannteste war der griechische Astronom Aristarch von Samos.

18 Sogar Sigmund Freud sah seine Psychologie als Hilfskonstruktion, die irgendwann unnötig werden sollte, wenn man das Unterbewusste endlich biochemisch würde beschreiben können – so lange aber sollte seine Triebtheorie überbrückend hilfreich und in ihren Beschreibungen so nah an der „wirklichen" materialistischen Naturwissenschaft wie möglich sein.

19 Siehe Taylor 2012.

20 Ein wenig wie Kolumbus, der nie ein Amerika entdecken wollte, sondern den Seeweg nach Indien, hat Kopernikus die Sphärenlehre und die Fixsternsphäre an sich nie angetastet – und doch fiel sie, als Konsequenz seiner Entdeckung. Beide waren sie von ihrer Mentalität Menschen zwischen Mittelalter und Neuzeit. Vgl. Freely 2015 und De Madariaga 1973.

21 Die Dinge sind ja in der Realität oft viel komplizierter – hier ist so ein Fall, der eine längere Fußnote rechtfertigt. Aber nur eine Fußnote, weil sich an der Grundthese nichts ändert. Ein paar Aspekte aber sind interessant: 1. Auch Aristarch von Samos, der erste Philosoph, der für ein heliozentrische Lösung eintrat, wurde für seine Theorie rund 100 v. Chr. bekämpft und von Plutarch verbal mit dem Tode bedroht. Es war also für das Welterleben der antiken Menschen noch nicht verkraftbar, nicht im Zentrum des Universums zu sein. Das hatte aber damals noch nichts mit einem christlichen Dogma zu tun, sondern mit einer seelischen Haltung oder Reife (dazu im elften Kapitel mehr). Vielleicht hat auch das christliche Dogma des Mittelalters gar nicht so viel mit dem Christentum zu tun, sondern mit der dahinterstehenden seelischen Haltung oder Reife 2. Wenn man genau nachrechnete, war das Ergebnis von Kopernikus für die Berechnung des unregelmäßigen Planetenverlaufes gar nicht besser als das von Astronomen, die die geozentrische Theorie bevorzugten (zum Beispiel Tycho de Brahe). Es wurde erst zutreffend durch Keplers Theorie der elliptischen Bahnen. Das heißt, es wurde dem Grund, weswegen es eigentlich entwickelt wurde, initial noch gar nicht gerecht! Sondern erst im Rückblick stellte es sich als wirklich gerechtfertigt heraus (auch hier eine Parallele zu Kolumbus).

22 Ich folge hier im Groben der sehr differenzierten Darstellung von Peter Sloterdijk aus dem zweiten Band seiner Sphären-Trilogie.

23 Siehe hierzu Freely, Kopernikus, Sloterdijk 1999.

24 De Madariaga 1973.

25 Zitiert nach Neider 2012.

26 Wer noch mal auf originelle Weise beschrieben lesen will, wie moderne Forschung die Welt „abtöten" muss, um sie zu beherrschen, dem sei das Buch von Bruno Latour *Existenzweisen* ans Herz gelegt.

27 Capra 1996.

28 Hier zitiert nach Rosa 2016.

29 Zajonc 1997.

30 Heisenberg 2003.

31 Capra 1996.

32 Mit einer gar nicht unwichtigen Ausnahme: es gab eine Holzkrise, weil es mehr und mehr Brennstoff für die maschinellen Verfertigungen brauchte. Damals entstand das Wort „Nachhaltigkeit" als Prinzip der Forstwirtschaft, die nicht mehr entnehmen sollte, als sie nachhalten konnte. Aber das war nur ein Teil der Lösung. Der andere – wir werden es gleich sehen – macht uns heute die großen Probleme.

33 Mason 2016.

34 Klein 2015.

35 Roediger 2009.

36 Welzer 2015.

37 Und wieder will ich betonen, was ich schon beim Schema der Moderne geschrieben habe: Keinesfalls sind Emotionen wie Begierde, Gier, Neid, Konkurrenz neu – sie sind wahrscheinlich in der gesamten Menschheitsgeschichte nachzuweisen. Der Mensch hat neben sozialen Anlagen auch Anlagen, die sein Eigensein stärken und die haben automatisch antisoziale Qualitäten. Der Umgang mit diesen Qualitäten ist wahrscheinlich sogar in weiten Teilen des Globus heutzutage zivilisierter als er das früher war. Es geht also wieder um das „Gesamtpaket". Und das scheint mir in dieser Form – zumindest, dass es breiten Schichten als Grunderleben möglich ist (und nicht nur dekadenten aristokratischen Kreisen wie im alten Rom oder der Feudalzeit) – einmalig: vor allem in der Kombination mit immer künstlicheren, virtuelleren schnelllebigeren Materialien, während es früher gezwungenermaßen um „Handwerk" aus natürlichem Material ging.

38 Assmann 2003.

39 Trotzdem gibt es einen missverständlichen Dualismus bei Adam
    Smith: der Ethiker in ihm glaubt an Werte und auch an einen Zu-
    sammenklang der Menschen, der Ökonom an das Eigeninteresse,
    das sehr dicht dran ist an der Grenze zu Gier und Egoismus.

40 Aber es besteht eine Gefahr, dass selbst dieses wechselwirkende sys-
    temische Bild von einem Mythos zu abstrakt, zu technisch rüber-
    kommt. Denn die Frage ist: Was lebt in der Wechselwirkung, im
    „Gewebe", in dem Dazwischen? Ist es die Leere? – Vielleicht.
    Genauso gut aber ist auch vorstellbar, dass „die Leere bewohnt ist"
    (Latour). Und wenn sie bewohnt ist, dann kann man zwei Sicht-
    weisen wählen. Einmal die systemtheoretische der Emergenz.
    Komponenten einer tieferen Ebene lassen durch ihr Zusammen-
    wirken eine höhere Ebene entstehen: Aus Milliarden von Zellen
    entstehen Organe, aus Organen ein Organismus. Oder auch: Aus
    Nervenzellen entsteht Bewusstsein. Jedesmal entsteht durch den
    „Zusammenklang" der tieferen Ebene eine höhere, die von ganz
    neuer Natur ist.
    Aber man kann den Prozess auch andersherum sehen, gerade was
    die Entstehung des Bewusstseins anbelangt. Stanislav Grof, ein
    tschechisch-amerikanischer Psychiater und Pionier der transper-
    sonalen Psychologie, benutzt die folgende Metapher: Der Nach-
    richtensprecher wird nicht im Fernsehgerät aus tausenden von Ver-
    schaltungen produziert, sondern das Fernsehgerät mit seinen
    tausenden Verschaltungen ist in der Lage, ein Bild vom Nachrich-
    tensprecher zu empfangen (siehe Grof). So betrachtet, würde unser
    individuelles Bewusstsein nicht von einem darunterliegenden Sys-
    tem gebildet, in dem etwas „aufsteigt", sondern das darunterlie-
    gende System würde den Raum geben dafür, dass etwas „absteigen"
    kann (Wilber 1995). Und so betrachtet würde man, was den My-
    thos anbelangt, gesellschaftlich einer Kraft, einem Zeitgeist Raum
    geben, in dem er lebt. Aus Sicht eines modernen Bewusstseins ist
    das natürlich eine völlig verrückt wirkende Aussage.

41 Natürlich gab es bewundernswerte Pioniere einer Ökopsychologie
    oder Tiefenökologie: Naess und Macy gehören dazu, ebenfalls Ros-
    zak und Shepard. Aber erstens konnten sie bisher nicht durchdrin-
    gen in ein psychologisches Paradigma, das sehr geprägt ist vom in-
    dividuellen verkapselten Selbst und einer Beziehungspsychologie,
    die nur die Beziehung zu anderen Menschen gelten ließ. Und zwei-
    tens wurde vielleicht in der Ökopsychologie noch nicht ausrei-
    chend an Konzepten gearbeitet, die die seelische und geistige Natur
    der Psyche mit der seelischen und geistigen Natur des Kosmos in

Relation bringen: hier sticht nach meiner Ansicht erneut C.G. Jung hervor mit seinem alchemistischen und archetypischen Konzept, das die Welten verbindet – aber er kommt eben von der Psychologie her. Von der anderen Seite, als Nicht-Psychologe, geht Rudolf Steiner mit seiner Anthroposophie den Weg.

42 Latour nennt sie in seinem Buch Existenzweisen die „Wesen der Gewohnheit" – ein sehr lesenswertes Buch!

43 Das soll hier nochmal betont werden: Erlebensmuster können sich als aktuelle Reaktion auf eine äußere Situation bilden – dann sind sie eine angemessene Reaktion auf die Umwelt/Mitwelt. Oder sie können alte Erlebensmuster sein, die sich in schmerzhaften Situationen gebildet haben, in denen die Grundbedürfnisse nicht ausreichend befriedigt wurden. Dann werden sie zwar durch eine aktuelle Situation auch ausgelöst. Das Erleben auf die Situation ist aber nicht angemessen, weil zu einem angemessenen aktuellen Erlebensmuster ein altes dazustößt, das nicht kreativ mit der Situation umgehen kann, sondern nur starr. Es vermischt sich also Aktuelles und Altes und das Alte steht meist im Vordergrund und beeinflusst die Reaktion, die dann auch starr ist und aus der Vergangenheit kommt. Ein altes, starres, destruktives Erlebensmuster nenne ich nach dem Sprachgebrauch der Schematherapie Schema. Auch unsere ökologische Seite beinhaltet Gedanken/Gefühle/Körpersensationen, die typisch und beschreibbar sind. Man könnte es deshalb ein Erlebensmuster nennen. Aber es reagiert aus dem Moment heraus auf die Außenwelt, nicht aus einer biographischen Vergangenheit. Es reagiert also angemessen. Deshalb nenne ich es nicht Schema, sondern Seite oder Anteil. Aber auch Schemata leben als Seite oder Anteil in uns. Der Unterschied ist der Charakter: Schemata haben eher einen starren oder eingefrorenen Charakter (selbst wenn sie hochaggressiv oder dramatisch daherkommen), gesunde Anteile sind flexibel, durchlässiger, angemessener.

44 Einige wenige Pioniere modischer Nachhaltigkeits-Labels werden mir hier vermutlich lebhaft widersprechen – und ich wünsche und hoffe: zurecht.

45 Die Alchemie war die Vorgängerwissenschaft der Chemie und ging unter anderem von fünf Prämissen aus, die wir auch heute wieder brauchen: 1. Die Natur und der Kosmos als Ganzes sind lebendig und beseelt und stehen in Wechselwirkung. 2. Der Mensch trägt den Makrokosmos in sich und ist insofern ein Mikrokosmos im Makrokosmos. 3. Aus den beiden vorigen Prämissen ergibt sich,

dass die geistige Haltung, mit der man Experimente mit lebendiger Substanz macht, wichtig ist. 4. Die Experimente haben oft mit einer Veredelung des Gegebenen aus seiner Natur heraus zu tun. 5. Diese Veredelung gelingt nur über ein Zusammenbringen der Polaritäten in der Substanz. Alchemie hat sehr viel mit dem Verstehen und Zusammenbringen von Gegensätzen zu tun. Dabei ist der Ansatz nie dualistisch, sondern dialogisch. 6. C. G. Jung, auf den hier immer wieder Bezug genommen wird, diente der alchemistische Prozess als Metapher, um den von ihm beschriebenen Weg der Individuation zu beschreiben.

46 Sowohl bei den Primaten als auch bei unterschiedlichen Walarten werden ja immer mehr regionale „Kulturen" entdeckt, die sich entweder durch andere Gesänge beziehungsweise Sprachen oder andere Formen von Werkzeugen oder, Jagdtechniken auszeichnen.

47 Gebser Ursprung und Gegenwart 1. Teil S. 81.

48 Hier besteht eine Gefahr, missverstanden zu werden. Dann nämlich, wenn man diese Überlegungen nicht auf indigene Menschen bezieht, die vielleicht vor 50 000 Jahren gelebt haben, sondern auf die heute noch lebenden letzten Vertreter ihres Lebensstils: weil in der Tat Vergleiche da sind zwischen einem kindlichen Bewusstsein und dem eines magischen Menschen. Einerseits ist das aus meiner Sicht nicht diskriminierend, denn ich glaube zutiefst, dass Kinder Einblicke in die Realität des Seins haben, die wir als normale Erwachsene nicht haben. Sie sind uns also in Teilen überlegen. So gesehen stellt sich diese Haltung also nicht *über* die Kinder und genauso wenig über indigene Menschen. Andererseits aber suggeriert der Vergleich mit einem kindlichen Bewusstsein einen überlegenen Standpunkt. Dazu nur in aller Kürze: 1. Die Überlegenheit ist rein kontextbedingt: in den Maßstäben unserer digitalisierten Welt sind wir (noch) die Überlegenen. In *ihrer* Welt sind die Indigenen (noch) die überlegenen. 2. Ob nach den traumatisierenden Erfahrungen der Versklavung und Kolonialisierung überhaupt noch Menschen auf dieser Erde leben, die einen annähernd vergleichbaren Bewusstseinszustand haben wie die Menschen vor 50 000 Jahren ist sehr fraglich. Namentlich die prominenten Vertreter eines indigenen Bewusstseins haben neben diesem Bewusstsein auch ein integrales – sind also in der Bewusstseinsentwicklung einem indigenen Bewusstsein und vielleicht auch einem modern-westlichen Bewusstsein deutlich überlegen 3. Es gibt aber eine Dialektik, einen Widerspruch, in der Philosophie der Bewusstseinsentwicklung, der nichts mit einer Bewertung zu tun hat. So wenig man ein Kind

als weniger wert sehen würde als einen Erwachsenen – eher ja umgekehrt hoffentlich – würde man einen indigenen Menschen als weniger wert betrachten. Und trotzdem geht die Bewusstseinsentwicklung aus meiner Sicht nicht in Richtung Indigenität. Aber sehr wohl in Richtung Aufwertung ihrer Fähigkeiten.

49 Ähnliches gilt für modernere esoterische Theorien der Weltentstehung.

50 Aboriginee-Autorin Margret Kemarre Turner aus Weber 2018.

51 Siehe hierzu die Arbeiten von Chatwin 2018 oder Weber 2018.

52 Von Rasmussen zitiert aus Roszak 1994.

53 Roszak 1994, S. 119.

54 Siehe dazu Radkau 2012.

55 Siehe u.a. Pinker 2011: bemerkenswert viele Skelettfunde aus frühester Zeit deuten auf Todesursachen durch menschliche Gewalt – allerdings gibt es Kontroversen über die Theorie.

56 Zum Beispiel Lammers 2011, Levine 1998.

57 Ähnliches kann man auch in der biographischen Entwicklung sehen: Die Gefühle von Säuglingen und auch noch Kleinkindern sind sehr körpernah: das Baby *ist* quasi Hunger, Durst, Ärger, Angst und auch noch die trotzig/zornige Zweijährige *ist* quasi ihre Wut, wenn sie nicht sofort bekommt, was sie will. Der ganze kleine Körper ist Wut. Einerseits wirkt die Emotion dadurch viel geballter, weil der ganze Leib von ihr vibriert, bis in den Raum hinein. Andererseits ist das Bewusstsein, das diese Emotionen fühlt, noch sehr herausgedrängt; es ist fast gar nicht dabei, weil wie überwältigt. Ein stärkeres Fühlen dessen, was man fühlt, wird erst mit fortgeschrittenerem Alter möglich, wenn die Kinderseele oder der Erwachsene lernt, zu halten, was einen rausdrängt: „Wer flieht, der wird gejagt" (Linehan) Dann *hat* man Hunger, Angst, Ärger, aber man ist es nicht mehr. Dafür aber müssen Kinder erst einmal genug Halteraum, Innenraum, Ichkraft entwickeln, damit das geht.

58 Diese Verknüpfung soll in keiner Weise einer relativierenden Verharmlosung des gegenwärtigen Klimawandels dienen, der ganz andere Ursachen – nämlich menschengemachte – hat und in einer ganz anderen Geschwindigkeit passiert.

59 Gerade in den letzten Jahren haben Archäologen herausgefunden, was für ein profundes astronomisches Wissen beispielsweise in der Himmelsscheibe von Nebra (rund 2500 v. Chr.) oder in Stonehenge (ungefähr zur selben Zeit erbaut) steckt.

60 Siehe Radkau 2012.

61 Teichmann 2008.

62 Ich lasse hier eine globale historische Sicht draußen.

63 Übrigens ohne dass Sloterdijk je auf ihn Bezug genommen hätte. Es ist aus meiner Sicht allerdings nicht denkbar, dass er ihn nicht kennt. Seine Interpretation Gebsers würde mich sehr interessieren. Aber Sloterdijks sphärische Philosophie ist gewiss keine Kopie von Gebser, sondern er leitet vieles sehr originell und originär her.

64 Gebser S. 40-44 Ursprung und Gegenwart Teil 1.

65 Gebser S. 381 Ursprung und Gegenwart Teil 2.

66 Spannenderweise scheint sich im Zeitbewusstsein seit Beginn des 20. Jahrhunderts wirklich etwas zu verändern. Beginnend mit Einsteins Relativitätstheorie und der Quantentheorie in der Physik, Heideggers *Sein und Zeit*, zuletzt mit Hartmut Rosa und seiner Resonanztheorie haben sich profunde soziologische Theorien entwickelt. Spannend dazu auch Neider 2016, in dem es um Steiners Zeittheorie geht, die von Neider als essenziell für Steiner und die Anthroposophie angesehen wird.

67 Gregory Bateson: „The map is not the territory."

68 Über die Ästhetik dieses Beziehungsraums hat Böhme 2017 geschrieben.

69 Wer diesen Raum als eine wunderbare Seelenmeterologie beschrieben hat, was hier leider nicht ausgearbeitet werden kann, ist der Arzt und Heilpädagoge Karl König, siehe König 2011.

70 Siehe hierzu beispielsweise Werke von Thich Nat Hanh, Georg Kühlewind, Rudolf Steiner.

71 Hier haben wir in den letzten Jahren viel aus der Forschung an hochsensiblen Menschen gelernt. Siehe dazu unter anderem die Studien von Aaron, Sellin, Hensel.

72 Lievegood 1994.

73 Goethe erwähnt diesen Ausdruck in dem Aufsatz *Bedeutendes Fördernis durch ein einzelnes Wort* und bezieht sich dort auf eine Erwähnung von Heinroth, der den Begriff mit Blick auf Goethes Wissenschaftsmethode prägte.

74 Siehe dazu zum Beispiel Suchantke 1993.

75 Solche projektiven Prozesse werden sehr schön erklärt in der Transaktionsanalyse, zum Beispiel von Harris, oder in Schulz von Thuns Kommunikationstheorie.

76 Beispielsweise mit Hilfe des Seelenkalenders von Steiner, der versucht, den Seelenzustand der äußeren Natur mit dem der inneren Natur zu verbinden.

77 Das aber ändert sich gerade.

78 Aus *Also sprach Zarathustra*.

79 Goethe an Friedrich von Müller, 24. April 1819.

80 Goethe, Bedeutende Fördernis durch ein einziges geistreiches Wort.

81 Eine Methode, diesen Innenraum zu schaffen, die sich zum Teil auf Goethe bezieht, ist Otto Scharmers *Theorie U*.

82 Siehe hierzu Sloterdijk, Sphären II (Globen)

83 Jung 1992.

84 Lawlor 1993. – Gandalf Lipinski, Siegfried Prumbach, Von der Therapie des Individuums zur Heilung der Gemeinschaft, in *Hagia Chora* 26/2007. Das ist aus meiner Sicht ein Beispiel für einen indigenen Menschen mit einem integralen Bewusstsein im Sinne Gebsers.

85 Rademacher 2018

86 Es gibt, wie auch der Club of Rome in seinem letzten Bericht herausgearbeitet hat, in einigen Bereichen einen großen Widerspruch zwischen den Zielsetzungen einiger der 17 Nachhaltigen Entwicklungsziele und der ökologischen Problematik.

87 Siehe hierzu etwa die *1 Billion Tree Initiative*. Bäume sind, was das Klima anbelangt, wahre Wunderwesen, die helfen CO_2 zu binden zu Lebzeiten und es auch noch binden, wenn wir sie als Material für Häuser der Kulturlandschaft der Zukunft verwenden: gerne auch für Wolkenkratzer.

88 Powers 2018

89 Latour führt das sehr differenziert aus im *Terrestrischen Manifest*.

Zukunftsvisionen im Info3 Verlag

Eine Auswahl – viele weitere Titel unter www.info3.de

Verein Integrale Architektur und Lebensraumgestaltung (Hg.)
Raum fürs Leben Schaffen
Integrale Ansätze für die Lebensraumgestaltung von Morgen
Mit Beiträgen von Dr. Andrea Hoffnung (Hg.), Stefan Kessler (Hg.), Christian Kaiser, Dr. Maurer Urs, Claudia Nelgen, Prof. Erwin Frohmann, Uwe Breuer, Dominique Starck, Joachim Pfeffinger

1. Auflage 2017, 280 Seiten, Klappenbroschur, € 28,00
ISBN 978-3-95779-057-6

Wie wohnen wir heute – wie wollen wir künftig wohnen? Diese Frage betrifft den Menschen, aber auch die Natur. Sie fordert nicht nur die Architektur heraus, sondern viele weitere Gebiete. Was alles will berücksichtigt sein, wenn es darum geht, Raum fürs Leben zu schaffen? Der auf Ken Wilber und andere Denker zurückgehende integrale Ansatz bietet sich an, die Frage der Lebensraumgestaltung vielschichtig, umfassend und entwicklungsorientiert zu untersuchen. So verbinden sich in diesem Band Beiträge zur Evolution der Architektur und zur Philosophie des Menschen mit ökonomischen, ökologischen, psychologischen und energetischen Aspekten zu einem ganzheitlichen Bild zukünftiger Lebensraumgestaltung. Die beteiligten Autorinnen und Autoren aus Deutschland und der Schweiz kooperieren im „Verein Integrale Architektur und Lebensraumentwicklung e. V."

Axel Ziemke

Alle Schöpfung ist Werk der Natur

Die Wiedergeburt von Goethes
Metamorphosenidee in der
Evolutionären Entwicklungs-
biologie
Illustrationen von Sarah Müller
1. Auflage 2015, 190 Seiten,
Broschur, € 19,90
ISBN 978-3-95779-030-9

Das Geheimnis einer kleinen Blume, die Evolution des Lebens und des Menschen, die Entwicklung der Evolutionsforschung selbst und die letzten Fragen nach Verlauf und Sinn der Schöpfung – dies sind die anspruchsvoll verfolgten und künstlerisch verwobenen Motive dieses Buches. Der Autor zeichnet ein anschauliches Bild der modernen Evolutionsforschung, in dem weder ein außerweltlicher Schöpfergott noch das blinde Wirken des Zufalls die Evolution bestimmt, sondern individuelle Entwicklungsfähigkeit, Lernen und Bewusstsein mehr und mehr zu den treibenden Kräften einer intelligenten Selbstentwicklung des Lebens werden. Am Ende erweist sich das Goethesche Wort „Alle Schöpfung ist Werk der Natur" als ebenso wissenschaftlicher wie tief mystischer Blick in das Rätsel alles Seins.

Benjamin Kolass (Hg)

Paul Schatz

Erfinder zwischen Kunst und Technik

1. Auflage 2019, 144 Seiten, zahlreiche Abbildungen, Broschur, **€ 16,90**

ISBN 978-3-95779-110-8

Paul Schatz erlebt in jungen Jahren die Testflüge des Zeppelins und den Einsatz der ersten Panzer. Begeisterung und Skepsis gegenüber den Entwicklungen des frühen 20. Jahrhunderts sind ihm gegenwärtig. Er studiert Mathematik, Maschinenbau, später Astronomie, das Ringen um die Grenzen der Wissenschaft führt ihn schließlich zur Kunst. Nach vielen Jahren als Holzbildhauer, entdeckt Paul Schatz mit der Umstülpung eine neue Bewegungsart. Dem folgen zahlreiche geometrische Entdeckungen, Modelle und eigene technischen Entwicklungen.

Paul Schatz' Lebensideal galt der Verwirklichung einer natur- und menschengemäßen Technik. Seine Erfindungen bekommen im Kontext aktueller Umweltfragen neue Brisanz. Diese Publikation zeigt anhand autobiografischer und zeithistorischer Dokumente Paul Schatz' Weg vom Künstler zum Erfinder. Wesentliche Texte aus dem Nachlass werden erstmals veröffentlicht.

Jens Heisterkamp
Schöne neue Wirklichkeit
Sieben post-faktische
Denkblockaden und ihre
Überwindung
1. Auflage 2017, 130 Seiten,
Broschur, **€ 12,80**
ISBN 978-3-95779-055-2
(E-Book: 978-3-95779-058-3)

*Nicht erst seit die Rede von „alter-
nativen Fakten" aufgekommen ist,
herrscht Verunsicherung über elementare Grundlagen der Verstän-
digung: Wirklichkeit und Wahrheit stehen als Orientierungsgrößen
zur Disposition, das verantwortungsfähige Individuum droht zu
einem bloßen „Konzept", Moral zu einer Sache der Deutungshoheit zu werden. Die postmoderne Relativierung aller Werte hat
sich in Form negativer Glaubenssätze tief in unsere Gesellschaft
eingenistet. In der Konsequenz bereiten sie einem Klima den Weg,
in dem rückwärtsgerichtete Kräfte leichtes Spiel haben.
„Schöne neue Wirklichkeit" plädiert für eine Besinnung auf die
Grundlagen denkender Vernunft und verantwortlicher Moral und
kann gleichzeitig als eine entscheidende Alternative verstanden
werden: Wollen wir die Pseudo-Realität der Beliebigkeit oder eine
Wirklichkeitserfahrung echten Seins, aus der persönliche Erfül-
lung und gesellschaftliche Verbindlichkeit entstehen kann?*

Ibrahim Abouleish
Die SEKEM-Symphonie
Nachhaltige Entwicklung für
Ägypten in weltweiter
Vernetzung
7. aktualisierte Neuauflage 2016
192 Seiten, zahlreiche Abbildun-
gen, Broschur, € **19,80**
ISBN 978-3-95779-027-9
(E-Book ISBN:
978-3-924391-77-5)

*2013 wurde Ibrahim Abouleish (1937–2017) für die Pionierarbeit
der SEKEM-Initiative mit dem Right Livelihood Award (Alternativen Nobelpreis) ausgezeichnet und legte zeitgleich sein Buch vor.
Inzwischen hat SEKEM als ein geschätztes Modell für die nachhaltige Integration von Wirtschaft, Bildung und Kultur auf inter-
nationaler Ebene Ansehen gewonnen. Die Stimme SEKEMS wird
auf dem weltbekannten Wirtschaftsforum in Davos und im „Welt-
zukunftsrat" gehört und gilt nicht zuletzt angesichts der unsicheren Lage Ägyptens nach dem „Arabischen Frühling" als Hoff-
nungsträger.*

*In einer aktualisierten und stark erweiterten Neuauflage hat
Ibrahim Abouleish die Entwicklung SEKEMS im beginnenden
21. Jahrhundert zusammengetragen. Anschaulich und von ein-
drücklichen Bildern begleitet tritt die symphonische Vielfalt dieser
Initiative von Wirtschafts- und Ausbildungsbetrieben, landwirt-
schaftlicher Produktion, medizinischen Einrichtungen, Schulen,
Therapieangeboten und Forschungsstätten hervor. Ein Klang der
Zukunft, der aus der Wüste Ägyptens in die Welt hinaus tönt.*

www.info3.de

Info3 Verlag
Kirchgartenstr. 1
60439 Frankfurt
Tel. (069) 58 46 47
vertrieb@info3.de
www.info3.de